ÉTUDES THÉORIQUES ET PRATIQUES

SUR

LE CODE CIVIL.

ÉTUDES THÉORIQUES ET PRATIQUES

SUR

LE CODE CIVIL

Première série traitant

1° DES PRIVILÉGES SUR LES IMMEUBLES ;
2° DE LA TRANSMISSION DE LA PROPRIÉTÉ PAR ACTES ENTRE-VIFS ;
3° ET DE LA SÉPARATION DES PATRIMOINES.

PAR

A. HUREAUX,

JUGE AU TRIBUNAL CIVIL DE CHARLEVILLE.

TOME SECOND.

PARIS,

A. MARESCQ, LIBRAIRE-ÉDITEUR,

RUE DES GRÈS, 10, PRÈS DE L'ÉCOLE DE DROIT.

1847

ÉTUDES
SUR LE CODE CIVIL.

Ire SÉRIE. — IIIe PARTIE.

TRAITÉ

DE LA SÉPARATION DES PATRIMOINES.

PLAN GÉNÉRAL DE CE TRAITÉ.

1° La troisième Étude théorique et pratique traitera de l'histoire de la séparation des patrimoines, et contiendra la critique des différents systèmes émis sous l'empire du Code civil.

2° Dans la quatrième Étude, nous verrons quels sont les créanciers qui peuvent jouir du privilége des art. 2111 et 2113, et sur quels biens ce privilége peut s'exercer ;

3° Dans la cinquième, quels sont les obstacles à l'exercice du privilége ;

4° Enfin dans la sixième et dernière, quelle forme doit revêtir le privilége et quels sont ses effets.

Nous terminerons notre travail par quelques réflexions générales.

TROISIÈME ÉTUDE.

TRAITÉ DE LA SÉPARATION DES PATRIMOINES.

GÉNÉRALISATION DE LA MATIÈRE.

240. — Plan de cette Étude. Nous diviserons cette Étude en trois paragraphes.

Le premier traitera du système romain;

Le second, de l'ancienne jurisprudence française;

Le troisième et dernier aura pour objet l'exposition et la réfutation des différents systèmes émis sous l'empire du Code civil, et l'indication de celui que nous adoptons.

SOMMAIRE.

§ Ier. — SYSTÈME ROMAIN.

241. — Origine et objet de la séparation des patrimoines.
242. — Organisation du système romain.
243. — Obstacles au bénéfice de séparation.
244. — Ce que l'héritier a fait *medio tempore* est valable.
245. — Les créanciers de la succession sont séparés des créanciers hypothécaires de l'héritier.
246. — Par le droit romain, le bénéfice de séparation séparait les créanciers de la succession de la personne de l'héritier.
247. — Suite.
248. — Les créanciers de la succession ne pouvaient retourner à la personne et aux biens de l'héritier.
249. — Logique du système.

ÉTUDES

THÉORIQUES ET PRATIQUES

SUR LE CODE CIVIL.

SÉPARATION DES PATRIMOINES.

§ Ier. — EXPOSITION DU SYSTÈME ROMAIN.

241. — La séparation des patrimoines vient du
Préteur. D'après les principes du droit civil, l'héritier qui a fait adition d'hérédité s'est substitué à la
personne du défunt. Les biens composant le patrimoine de ce dernier deviennent donc la propriété
de l'héritier. Par suite, cet héritier est soumis personnellement à toutes les obligations dont était tenu
son auteur ; en sorte que les créanciers du défunt
sont, dans toute l'étendue du mot, ses créanciers
personnels. Or, comme entre les créanciers du
même individu, il n'existe en général aucune cause
de préférence, tous devraient venir en concurrence
sur les biens de l'héritier comprenant désormais

ceux de la succession. Telle est la conséquence de l'adition d'hérédité ; mais, comme cette conséquence peut être désastreuse pour les créanciers du défunt, comme elle l'est nécessairement lorsque la succession est solvable et que l'héritier ne l'est pas, il a paru équitable au Préteur d'accorder aux créanciers héréditaires le droit de faire diviser le patrimoine du défunt d'avec le patrimoine de l'héritier et de s'en tenir de cette manière aux seuls biens de la succession en se séparant de la *personne* de l'héritier ; ce qui implique l'exclusion des créanciers particuliers de ce dernier de la distribution du produit des biens héréditaires, jusqu'à ce que satisfaction ait été donnée aux créanciers et aux légataires du défunt.

Telle est l'origine de la séparation des patrimoines. Ce bénéfice a donc pour objet de maintenir autant que possible le *statu quo* à l'égard des créanciers du défunt tant qu'ils ne sont pas désintéressés, et de soustraire jusqu'à ce que ce résultat ait été obtenu en tout ou en partie suivant l'importance de la succession, les biens de l'hérédité à l'action des créanciers personnels de l'héritier, dans l'intérêt des créanciers du défunt. Cela est fondé en raison, car les biens n'existent au regard de l'héritier et par conséquent de ses propres créanciers que *deducto œre alieno*, déduction faite des charges qui les grèvent.

242. — Pour arriver au résultat proposé, sans

cependant favoriser outre mesure les créanciers de l'hérédité au préjudice des créanciers de l'héritier, les Romains organisèrent le bénéfice de séparation de manière à former deux masses distinctes de biens : 1° biens du défunt; 2° biens de l'héritier. Sur les biens du défunt durent venir les seuls créanciers héréditaires, et sur les biens de l'héritier, ses seuls créanciers personnels : *hæreditarios venire solos in possessionem bonorum defuncti, hæredis æque solos in possessionem bonorum hæredis* (1). Le moyen d'exécution consistait dans la possession des biens du défunt accordée aux créanciers de la succession. Nous reviendrons plus tard sur cette *missio in possessionem* qui joue un rôle si important dans la législation romaine (2). Quant à présent, constatons comme chose certaine que les créanciers du défunt et de l'héritier ne durent pas concourir confusément sur tous les biens réunis du défunt et de l'héritier : *non omnes confuse in omnia bona tam defuncti quam hæredis* (3).

Il n'est pas moins certain que les créanciers héréditaires ne pouvaient tout à la fois s'emparer des

(1) *Voy.* Cujas, *Parat.* sur le Dig. *de Separat.*, édit. Fabrot. t. Ier, p. 864, VI.

(2) *Vide infrà*, n°s 368 et suivants.

(3) *Voy.* Cujas (*Quæst. Pauli recit. solemn., ad leg.* 5 *de Separat.* Fabrot, t. II, posth., p. 1160).

biens de la succession et conserver en même temps le droit de venir encore concourir avec les créanciers de l'héritier sur les biens de ce dernier. On procédait au contraire, comme s'il y avait deux ventes distinctes de biens appartenant à deux débiteurs différents (1).

243. — Toutefois il restait bien entendu au pouvoir des créanciers de la succession de ne pas demander le bénéfice de séparation, s'ils trouvaient plus avantageux pour eux de concourir avec les créanciers de l'héritier sur les biens confondus des deux patrimoines. A cet égard, leur silence, pendant cinq ans à partir de l'adition d'hérédité, suffisait pour les rendre inhabiles à obtenir le bénéfice (2). Leur volonté pouvait aussi se manifester avant l'expiration du terme fatal par des stipulations faites avec l'héritier *animo novandi*, ou par des actes entraînant la reconnaissance de l'héritier pour débiteur *mente eligendi hæredis*. Enfin, la séparation ne pouvait plus avoir lieu relativement aux choses dont le domaine se perd par la confusion, après cette confusion opérée (3). En effet, à l'égard de ces objets, la matière manque à diviser. Il n'est plus possible de démêler ce qui vient du défunt. Les

____

(1) *Voy.* l. 1, § 1-17, et l. 5, ff. *de Separat.*
(2) L. 1, § 13, *eod.*
(3) L. 1, § 12, *eod.*

créanciers de la succession ne profitaient donc pas du produit du mélange; mais il est bien entendu que ce principe ne recevait d'application qu'autant que la confusion rendait toute séparation impossible (*Voy.* l. 5, ff. § 1, *de Rei vendicat.;* l. 12, § 1, ff. *de acq. rer. dom.*).

244. — Comme il est facile de le comprendre d'après ce qui précède, les effets de l'adition d'hérédité subsistaient de droit tant que les créanciers du défunt ne demandaient pas la séparation des patrimoines. De là, cette conséquence que les opérations faites par l'héritier depuis l'adition d'hérédité, jusqu'à l'établissement du régime en séparation, étaient ratifiées. Le bénéfice de séparation n'est, en effet, qu'une dérogation à la loi commune, et la protection due aux créanciers du défunt ne doit pas aller jusqu'à porter atteinte aux droits légitimement acquis par des tiers de bonne foi, à une époque où les créanciers de la succession n'ont pas encore manifesté leur intention de se séparer de la personne de l'héritier; en un mot, à une époque où, vis-à-vis de tous, l'héritier est le véritable représentant du défunt. Ainsi donc, ce qu'il a fait *medio tempore* est valable, pourvu, bien entendu, que la bonne foi ait présidé à ses actes. Il peut même aliéner les biens de la succession pendant cette période, et mettre ainsi obstacle à la séparation des patrimoines | *Voy.* l. *2*, ff. *de Separat.* (1), et l. 8, ff. *de reb. aut. jud. poss.*, § 1 | (2).

245. — Mais s'il en est ainsi, le créancier de l'héritier, auquel ce dernier aura consenti, dans le temps intermédiaire, l'aliénation d'une fraction de la propriété appelée hypothèque (3), va l'emporter sur les créanciers de la succession ; car les créanciers de l'héritier se hâteront d'acquérir *pignora* des droits de gage, sur les biens provenant du défunt, et faisant, avant la séparation des patrimoines, partie de la fortune de leur débiteur. Un pareil état de choses ne peut, évidemment, subsister. La question est donc soumise à l'empereur, et elle reçoit une décision qui écarte les créanciers de l'héritier

(1) C'est là, suivant notre opinion du moins, le côté faible de la théorie romaine. On ne peut se dissimuler que le législateur qui n'a souvent que le choix des inconvénients, ne protégeait les acquéreurs de bonne foi qu'au préjudice des créanciers du défunt. Toutefois cet inconvénient, qu'il était impossible d'éviter à moins de frapper l'héritier d'incapacité pendant un certain temps, ne pouvait avoir des conséquences bien graves. La *jacens hæreditas* dans un système sous lequel c'est l'héritier qui va trouver l'hérédité (*adire hæreditatem*), l'ouverture solennelle du testament donnaient aux créanciers du défunt le temps de se reconnaître et de demander la *missio in possessionem*, soit que l'héritier acceptât ou n'acceptât pas l'hérédité offerte. Ils pouvaient donc pourvoir à leur sûreté avant que l'héritier ne pût disposer des biens héréditaires (*Voy.* Gaïus, *Comm.* III, n° 79). Si l'héritier vendait l'hérédité incontinent après le décès, la question de fraude restait entière.

(2) Mais *voyez* ci-après, n° 263, *in nota.*

(3) La constitution d'hypothèque est une aliénation indirecte.

(*Voy.* l. 1, § 3, *tit. eod.*). Cette solution, relative à la simple hypothèque, s'étendra, par le même motif, à l'hypothèque privilégiée, et le fisc lui-même, créancier de l'héritier, se verra primé par les créanciers du défunt (l. 1, § 4, *eod.*). De cette manière, les créanciers héréditaires, séparés de la personne de l'héritier, et par suite de ses créanciers personnels, seront également séparés de ses créanciers hypothécaires (1).

246. — Nous disons que, dans le droit romain, les créanciers héréditaires, en demandant la séparation des patrimoines, se séparaient, non-seulement des créanciers, mais encore de la *personne* de l'héritier. C'est qu'en effet, le régime de séparation,

(1) La loi 1, § 3, dit que la séparation donne la préférence (*potiorem*) à celui qui l'a demandée sur le créancier hypothécaire qui a stipulé une hypothèque de l'héritier *medio tempore*. L'action *quasi-servienne*, étant persécutoire de la chose, suivait en effet les biens dans les mains des créanciers du défunt; car le gage était valablement constitué. Mais si ces créanciers n'étaient pas, à proprement parler, *séparés* des créanciers hypothécaires de l'héritier, ils étaient *potiores jure separationis*. Remarquons que les jurisconsultes ne se servent pas de cette expression *potiores* à l'égard des créanciers cédulaires. En effet, une fois la séparation établie, il n'y a pas concours entre les créanciers des deux classes. Chaque classe a son universalité juridique qui lui sert de gage particulier. Seulement le créancier hypothécaire de l'héritier primé par les créanciers du défunt, prime les créanciers cédulaires de la classe à laquelle il appartient, en ce qui touche les biens hypothéqués, si la masse héréditaire n'est pas épuisée par les créanciers du défunt (*Vide infra*, nos 368 et suivants).

introduit par le Préteur, modifiait profondément les conséquences de l'adition d'hérédité dans les rapports de l'héritier avec les créanciers du défunt, et cela, tout en voulant paraître la respecter. C'est toujours ainsi que le magistrat agit dans le droit romain. Il se passait, en matière de séparation des patrimoines, ce qui se passait dans le bénéfice d'abstention. Sans doute l'héritier restait toujours héritier aux yeux de la loi civile ; on n'eût pas osé dire, et même il eût été inexact de dire le contraire ; lui seul, et ses propres créanciers, avaient droit à ce qui pouvait rester des biens héréditaires après le payement des créanciers du défunt. Mais il n'en faut pas moins regarder comme constant, que la séparation opérait une scission véritable entre les créanciers du défunt et la personne de l'héritier qui devenait une sorte d'étranger à leur égard, en ce sens, qu'après s'être séparés de lui, ils ne pouvaient plus revenir à sa personne ou à ses biens (1). C'est la base fondamentale du système. La préférence des créanciers héréditaires sur ceux de l'héritier, ou plutôt la distraction des biens du défunt au profit exclusif de ses créanciers, ainsi que toutes les règles si susceptibles de la législation romaine, re-

____

(1) Quelquefois, et pour une cause *justissima* d'excuse fondée sur l'erreur, le Préteur accordait *veniam* la remise de la séparation. On la considérait comme non avenue (l. 1, § 17 *in fine, de Sep.*).

lativement à la reconnaissance de l'héritier pour débiteur, ne sont que les conséquences de ce principe.

247. — Cette proposition résulte des textes de la manière la plus évidente. En effet, les jurisconsultes romains tenaient communément, pour constant, que les créanciers du défunt, en demandant la séparation des patrimoines, se retiraient de la *personne* de l'héritier : *Recesserunt a persona hæredis,* dit Paul ; et de là ils concluaient, avec raison, que la séparation une fois obtenue, les créanciers de la succession ne pouvaient plus, dans aucun cas, retourner aux biens de l'héritier (*Voy.* Ulp., l. 1, § 17, et Paul, l. 5, ff. *de Separat.*).

C'est bien dire que l'héritier devenait, pour les créanciers héréditaires demandant la séparation, un véritable étranger ; qu'il n'était plus leur obligé personnel, au moins utilement, suivant le droit prétorien, dès qu'ils avaient obtenu le bénéfice.

248. — La séparation, bien entendu, devait cesser avec les causes qui l'avaient fait naître. Si donc, les créanciers de la succession se trouvaient désintéressés sans avoir épuisé entièrement les biens de l'hérédité, les choses rentraient aussitôt dans leur état normal. Les conséquences de l'adition d'hérédité reprenaient leur empire, et alors l'héritier et par conséquent ses créanciers personnels appréhendaient ce qui pouvait rester des biens de la succession. Il n'en était pas de même, comme nous l'avons vu, des créanciers du défunt quoique non satisfaits entièrement sur les biens héréditaires. Ils ne pouvaient jamais ressaisir, en revenant à la personne de l'héritier qu'ils avaient repoussé, ce qui pouvait rester de ses biens personnels après le payement intégral de ses propres créanciers ; et cela avait lieu non-seulement relativement aux biens présents, mais encore à l'égard des biens que l'héritier pouvait acquérir par la suite. Telle est en effet la conséquence du principe d'après lequel l'héritier, après la séparation établie, est devenu un étranger à l'égard des créanciers du défunt (*Voy.* l. 5, ff. *de Separat.*).

249. — Rien de plus clair et de plus logique que cette doctrine adoptée généralement (*vulgo*) par les jurisconsultes romains (*Voy.* Ulp., l. 1, § 17, *de Separat.*). Elle aboutit en définitive à cette idée, que les créanciers de la succession en demandant la séparation des patrimoines repoussent la personne de l'héritier comme continuant le défunt à leur égard. Ils aiment mieux faire revivre le défunt par une fiction en reconstituant son patrimoine, autant que cela est possible, et s'en tenir à la position qui leur est faite avant le décès, que d'avoir à concourir avec les créanciers de l'héritier sur les deux patrimoines confondus.

250. — Cependant, si la logique était satisfaite,

en ce que la séparation des patrimoines, ayant pour objet de protéger les créanciers du défunt contre les conséquences de l'adition d'hérédité, exigeait l'établissement d'un régime modificatif du principe, il n'en est pas moins vrai que l'équité avait à souffrir quelque peu du système. Le créancier héréditaire qui s'est séparé de l'héritier, qui n'en a pas voulu pour débiteur, préférant s'en tenir au défunt et à ses biens, peut être trompé dans son attente. Il peut se faire que l'hérédité soit moins bonne en réalité qu'il ne l'a pensé d'abord. Alors on se pose cette question : y a-t-il nécessité de le punir sans retour pour un acte, imprudent sans doute, mais enfin pour un acte dont il a pu ne pas calculer toutes les conséquences? Et voilà aussitôt que l'équité, cette ennemie des déductions logiques de la science, va d'abord tempérer le principe de la séparation des patrimoines, et puis avec le temps le faire disparaître, de manière que dans notre législation moderne, la séparation des patrimoines ne sera plus qu'un vain mot, qui ne révélera à l'esprit rien ou presque rien de ce qu'il révélait autrefois. Il est très-important de suivre le développement de cette idée, car c'est à elle qu'il faut dans notre législation attribuer l'introduction du régime hypothécaire en cette matière.

251. — Papinien, comme on le sait, décide (l. 2, § 3, ff. *de Separat.*) que dans le cas où le créancier héréditaire n'a pu obtenir son payement intégral sur les biens de la succession, il peut néanmoins encore, malgré la séparation qu'il a eu l'imprudence de demander, revenir sur les biens de l'héritier pour le reliquat de sa créance ; seulement ce recours ne doit pas nuire aux créanciers de l'héritier. Le créancier du défunt ne pourra l'exercer qu'autant que les créanciers de l'héritier seront entièrement désintéressés. Cela paraît très-raisonnable ; car il ne faut pas favoriser le créancier de la succession outre mesure, et il le serait si , après avoir appréhendé la totalité de l'hérédité à son singulier profit, il pouvait encore concourir avec les créanciers de l'héritier au marc le franc sur les biens de ce dernier.

Cependant Paul, qui est le logicien par excellence, et qui, un principe une fois admis, le pousse jusqu'aux dernières conséquences, gourmande Papinien [l. 5, ff. *de Separat.*] (1). Il ne veut pas admettre ce recours des créanciers de la succession sur les biens de l'héritier, même après que les créanciers de ce dernier ont été payés. C'est qu'en effet la doctrine de Papinien va dénaturer le principe ; car elle

---

(1) Les interprètes, dans leur fureur de concilier, sont pourtant parvenus à concilier la loi 5 avec la loi 2, § 3, ff. *de Separat.* (*Voy.* notamment Voët, nº 5 *in fine, de Separat.*). Il est par trop évident que Paul était d'un avis contraire à Papinien pour que nous nous arrêtions à cette conciliation (*Voy.* Cujas, *ad leg. 5, de Separat.*, *Quæst. Pauli*, Fabrot, t. II, p. 1160).

suppose l'existence d'un rapport de créancier à débiteur entre le créancier du défunt et l'héritier, tandis que par le bénéfice de séparation, le créancier de
la succession s'est séparé de l'héritier et n'en a pas
voulu pour débiteur personnel. C'est donc une théorie dangereuse ; la conséquence qu'on pourrait en
tirer serait de nature à détruire dans sa base le bénéfice de séparation. Voilà pourquoi il la condamne
et se réunit à l'opinion généralement suivie, d'après
laquelle le créancier du défunt ne peut, dans aucun
cas, retourner aux biens de l'héritier (*Voy.* l. 1,
§ 17 *eod. tit.*).

Lorsqu'on lit avec attention le texte de Paul précité, on voit que cet éminent jurisconsulte avait pré-
vu avec une admirable sagacité l'abus qu'on devait
faire un jour de la décision de Papinien ; car c'est
de là qu'est venu ce système incompréhensible qui
a prévalu dans notre législation et que nous aurons
bientôt à juger.

Il est inutile de nous arrêter longtemps sur la
cause évidente de ce dissentiment entre les jurisconsultes de Rome. Du reste, Papinien n'est nullement tranchant dans l'exposition de sa doctrine ; il
ne paraît pas très-convaincu. Il sait fort bien que le
droit est pour ses rivaux ; mais il pense cependant,
commodius qu'on doit faire cette concession à l'équité.

252. — Si l'on adoptait aujourd'hui ce système,

et si l'on s'arrêtait là, le bénéfice de séparation pourrait encore se soutenir, à condition toutefois de créer des mesures propres à le mettre en exercice et à remplacer l'envoi en possession et les mesures d'administration collective qui existaient dans la législation romaine. Le bénéfice aurait, il est vrai, perdu quelque chose de sa logique primitive. Cependant la scission existerait encore pour un temps au moins entre les créanciers du défunt et la personne de l'héritier : mais, comme nous le verrons plus tard, cette doctrine n'est pas celle du Code civil. Les interprètes sont généralement d'accord à cet égard. On reconnaît, et tel est en effet l'esprit de la loi qui nous régit, l'héritier comme débiteur personnel des créanciers du défunt, malgré le bénéfice de séparation ; ce qui conduit au marc le franc entre tous les créanciers sur les biens de l'héritier. Cela veut dire qu'il n'existe plus de scission entre les créanciers du défunt et la personne de l'héritier. Cela veut dire que le bénéfice de séparation est à tout jamais anéanti, et que dans ce dernier ordre d'idées la prétendue séparation des patrimoines n'est plus qu'une préférence de créanciers à créanciers d'un débiteur unique, c'est-à-dire un privilége ou une hypothèque (1).

(1) Le système romain est complété pour la procédure aux nᵒˢ 568 et suivants.

§ II. — ANCIENNE JURISPRUDENCE FRANÇAISE.

255. — L'ancienne jurisprudence française, non toutefois sans contestation, adopte le tempérament de Papinien. Lebrun (*Traité des successions,* l. IV, ch. I, sect. 1, n° **26** *in fine*) *place ce jurisconsulte dans l'un des plateaux de sa balance, et il trouve qu'il pèse autant à lui seul que tous les autres ensemble.* Il adopte en conséquence son système, et, qu'on remarque bien ceci, car c'est là l'origine de tout le mal, il l'explique en disant que la séparation des patrimoines ne porte pas atteinte au principe de l'adition d'hérédité. Alors commence à prendre le dessus ce système bâtard d'après lequel les créanciers du défunt sont séparés, par suite du bénéfice, non pas de l'héritier, mais seulement de ses créanciers personnels. On outre-passe la pensée de Papinien en voulant l'expliquer, et on tombe dans le danger que Paul voulait éviter. Ce que Papinien énonçait comme une dérogation à la rigueur du droit, commandée par l'équité, va se transformer en un système entier organisé sur des bases toutes nouvelles. L'adition d'hérédité va concourir avec la séparation des patrimoines !!... Et puis, par une aberration d'idées véritablement incompréhensible, on conservera des textes qui n'ont de sens que dans le système primitif de séparation. Oh! alors on arrivera au chaos le plus complet que l'on puisse imaginer.

254. — Après Lebrun, vient Pothier dont l'autorité est toujours un fait important (Voy. *Traité des successions*, ch. v, art. 4). Malheureusement il sacrifie aux idées de son temps. Il prétend même justifier en principe la décision de Papinien. « Parce « que, dit-il, la séparation des biens introduite en « faveur des créanciers de la succession ne doit pas « être rétorquée contre eux. En la demandant, ils « n'ont pas eu l'intention de libérer l'héritier de « l'obligation qu'il a contractée envers eux par l'ac- « ceptation de la succession, mais seulement d'être « préférés sur les biens du défunt aux créanciers de « l'héritier. »

Ainsi voilà le bénéfice de séparation réduit à une simple cause de préférence. Dans le système de Pothier le concours aura lieu entre les créanciers du défunt et ceux de l'héritier, seulement la préférence appartiendra aux créanciers héréditaires sur les biens dont l'origine est constante. Mais alors, c'est un privilége, c'est une hypothèque, et ce n'est rien autre chose. Ce ne sont plus deux patrimoines séparés et deux classes de créanciers se distribuant, sans avoir rien de commun entre elles, les patrimoines de deux débiteurs différents. Cela est évident.

J'ai la conviction profonde que Pothier n'a pas saisi le véritable sens des lois romaines. S'il eût pesé le passage suivant de Cujas, il ne serait pas tombé dans une erreur qui a amené les interprètes du Code et le Code lui-même dans un dédale inextricable.

« *Regulariter postulata separatio bonorum nocet creditori qui eam postulavit, ut postea non possit venire ad bona hæredis, si solidum ex bonis defuncti consecutus non sit.* »

Et plus loin, lorsqu'il examine la controverse qui existe entre Paul et Papinien :

« *Videtur inter eos fuisse æmulatio quædam, sed in proposito valet mihi plus quod ait Papinianus æquius suam sententiam probari commodius esse ; (sed) verius utiliusque cæteros certare jure meritoque.* »

Ainsi l'équité peut être du côté de Papinien, mais ses rivaux sont dans les véritables principes et Cujas se range à leur avis (*meritoque*). Il annonce ensuite que de son temps la question était vivement controversée : *In jure componuntur multæ et magnæ dissensiones* (*Voy.* Cujas, *Quæst. Papiniani, de Separat.* ad § *quid ergo* et ad § *sed in quolibet,* édit. Fabrot, t. I, posth. p. 694 ; — (*Voy.* aussi Duaren *de Separat.*, ch. iv).

Revenons à Pothier qui se sépare ici de son maître ordinaire. Sans doute il est certain qu'en général on ne peut rétorquer contre une personne un droit introduit en sa faveur. C'est là pourtant un de ces brocards de palais qu'il ne faut jamais accepter qu'avec réserve ; mais faites à la matière application de ce principe, qu'en résultera-t-il? C'est qu'il faudra d'abord considérer le créancier de la succession comme acquérant par la séparation un droit absolu sur le patrimoine du défunt, et ensuite pour connaître l'étendue de ses droits sur les biens de l'héritier, raisonner comme si le bénéfice n'existait pas, c'est-à-dire le considérer comme créancier personnel de l'héritier, malgré le régime de séparation : ce qui conduit tout droit au concours des créanciers héréditaires avec les créanciers de l'héritier sur les biens de ce dernier et par conséquent à l'anéantissement du système lui-même. Aussi Pothier, qui écrit sous des textes qui décident le contraire, aperçoit le précipice vers lequel le pousse forcément sa doctrine, et il cherche à l'éviter en consacrant une erreur, c'est-à-dire en réduisant la séparation des patrimoines à une cause de préférence. Et quelle cause de préférence? une cause de préférence d'un genre extraordinaire ; car elle donnera aux créanciers du défunt une espèce de privilége sur le patrimoine du *de cujus,* mais elle empêchera les mêmes créanciers de venir concourir avec les créanciers de l'héritier sur le patrimoine de ce dernier. Cependant la saisine sera conservée, et les créanciers du défunt seront devenus les créanciers personnels de l'héritier ; mais à la condition de ne pas user de ce droit personnel avant que les créanciers propres de l'héritier ne soient désintéressés. Tout cela veut dire que les créanciers du défunt seront privilégiés sur les biens de la succession, que les créanciers de l'héritier seront privilégiés sur les biens de l'héritier, et que tous seront créanciers du même débiteur.

255. — Si, comme législateur, nous avions à examiner cette théorie, nous aurions à rechercher jusqu'à quel point elle concilie tous les intérêts. Mais vouloir la faire passer comme étant celle des Romains, c'est là ce que, pour mon propre compte, je n'admettrai jamais. Pothier, sous l'empire de la législation qu'il explique, commet une erreur capitale en prétendant que la séparation des patrimoines ne modifie pas le principe de l'adition d'hérédité. De là il est amené forcément à confondre le bénéfice de séparation avec une cause de préférence, c'est-à-dire deux choses qui n'ont aucune espèce de rapport entre elles. Car, ainsi que nous l'avons déjà dit, il ne pouvait y avoir concours entre les deux classes de créanciers, puisqu'on procédait comme s'il y avait deux débiteurs différents.

« *Creditores Seii dicunt bona Seii sufficere sibi, cre-*

ditores Titii contentos esse debere bonis Titii, et sic quasi duorum fieri bonorum venditionem » (l. 1, § 1, ff. de *Separat.*).

Et plus loin : « *Cum separationem petierunt, recesserunt a persona hæredis.... Et quasi defuncti* (traduisez : *comme si le défunt était encore vivant*) *bona vendiderunt* » (Paul, l. 5, ff. de *Separat.*).

Il est donc évident qu'il n'y avait pas concours des créanciers héréditaires avec les créanciers de l'héritier ; par conséquent il ne pouvait s'agir de cause de préférence de créancier à créancier, puisque les causes de préférence ne s'exercent qu'entre créanciers du même individu. Aussi Pothier, si assuré ordinairement dans sa marche, tergiverse-t-il ici. Il ne sait comment sortir de la fausse route dans laquelle il s'engage. Alors, dans une de ces phrases entortillées si à la mode aujourd'hui et si rares chez lui, il se tire d'affaire en amalgamant deux idées contradictoires, lorsqu'il ajoute, « Que « les créanciers de l'hérédité ne doivent cependant « être payés sur les biens de l'héritier qu'après les « créanciers de ce dernier, quoiqu'ils puissent dire « qu'étant aussi créanciers de l'héritier, ils doivent « venir en concurrence sur les biens de l'héritier « avec les autres créanciers de ce dernier. » Il motive ensuite cette décision sur la raison d'équité que l'on connaît. C'en est assez sur ce point : cette doc-

trine est jugée. Car si vous en retranchez, comme l'a
fait le Code civil, la restriction imposée à Pothier
par le texte de Papinien qu'il croit expliquer, vous
anéantissez entièrement ce qui peut rester encore
de la séparation des patrimoines dans la théorie tran-
sitoire de Pothier et vous aboutissez à ceci : Que la
séparation des patrimoines ne sépare plus rien,
qu'elle dégénère en une simple préférence, laissant
la libre disposition des biens du défunt à l'héritier
qu'elle reconnaît dans tous les cas comme débiteur
personnel des créanciers héréditaires : d'où suit que
la fiction de la survivance du défunt à lui-même
disparaît complétement. Il faut avouer que c'est là
une singulière séparation, c'est une séparation des
patrimoines qui ne divise aucunement les deux patrimoines!!...

256. — Telle n'était pas certainement l'idée des
Romains admise généralement (*vulgo*); telle n'était
pas non plus la doctrine de Papinien lui-même, car
ce jurisconsulte ne modifie le principe fondamental
que pour l'avenir et après que tous les créanciers
de l'héritier auront été payés. Il ne prétend pas organiser un système sur des bases autres que celles
de Paul et d'Ulpien. Il admet la séparation des créanciers du défunt de *la personne* de l'héritier et toutes
les conséquences de la doctrine de ses rivaux. Seulement il diffère en un point particulier. Il rejette

leur théorie dans un cas où, poussée jusqu'aux dernières limites, elle arrive à une rigueur inutile. D'après son système, contraire dans un cas spécial à celui de Paul et d'Ulpien, l'adition d'hérédité dans les rapports de l'héritier avec les créanciers du défunt a été suspendue, a sommeillé pour un temps, et voilà tout ! Mais il est bien loin, ainsi que le fait Pothier, de considérer l'héritier comme débiteur personnel des créanciers du défunt, tant que dure la séparation et qu'elle n'a pas produit les effets qu'elle est destinée à produire. Si le texte de Papinien voulait dire ce que Pothier lui fait dire, c'est-à-dire, si l'adition de l'hérédité, en ce qui touche les rapports de l'héritier avec les créanciers du défunt, était conservée dans son système malgré la séparation obtenue, il y aurait deux théories rivales élevées l'une à côté de l'autre dans le titre *de Separationibus*. Or est-il présumable que Tribonien, quelque incurie qu'on puisse lui reprocher, ait voulu faire marcher de front deux systèmes contraires dans le même titre ? Mais il n'en est pas ainsi. Si le système que je combats était vrai, les deux théories ne différeraient pas seulement en un point. Organisées sur des bases étrangères les unes aux autres, les conséquences s'en feraient sentir sur tout le système. La *mens eligendi* n'aurait aucun sens dans la doctrine de Papinien entendue comme l'entend Pothier. Et

pourtant, le jurisconsulte romain admet évidemment
la simple reconnaissance de l'héritier pour débiteur
comme un obstacle au bénéfice de séparation. Un
dissentiment de sa part sur un point aussi important
n'eût pas manqué d'être signalé par Paul qui, ne
voyant que les principes, le combat chaque fois qu'il
abandonne la logique pour l'équité. Or, voyez-vous
d'ici Papinien poser la théorie suivante : « La sépa-
« ration des patrimoines n'empêche pas l'héritier
« d'être, aux yeux du Préteur, le débiteur person-
« nel des créanciers du défunt, parce que l'adi-
« tion d'hérédité ne souffre aucune atteinte du bé-
« néfice; mais il est défendu aux créanciers du
« défunt, à moins de consommer leur ruine, de re-
« connaître l'héritier comme leur débiteur per-
« sonnel !!.. » Et puis : « Les créanciers du défunt
« sont devenus pour toujours, quoi qu'il arrive, mal-
« gré la séparation des patrimoines, les créanciers
« personnels de l'héritier, mais ils ne viendront pas
« concourir avec les créanciers de ce dernier sur
« les biens propres de leur débiteur !... » Oh ! res-
pectons ces hommes prodigieux auxquels on ne peut
reprocher quelquefois que trop de logique ; mais ne
les rendons pas responsables de pareilles incohérences. Ce sont les interprètes qui ont perdu le bénéfice de séparation. Ils ont perdu bien d'autres institutions ! Certes il ne faut pas mettre sur le compte

de Papinien les idées bizarres qui ont prévalu dans les commentateurs du Code civil. Ce sont les *feudistes,* qui mélangeant à chaque instant des pratiques françaises avec le droit romain, ont créé ces théories mixtes que désapprouve la raison. C'est Lebrun, c'est Pothier surtout qui malheureusement s'est laissé aller au torrent, qu'il faut accuser ; car ce sont eux qui, pour n'avoir pas suivi l'opinion de Cujas, l'*homme-textes* par excellence, ont d'abord organisé un système qui n'était pas celui du droit romain, et qui ensuite, en conservant des fragments qui ne pouvaient subsister avec leurs idées nouvelles, sont arrivés à une doctrine qui sous le Code civil deviendra aussi contraire à la législation romaine qu'au bon sens, à moins qu'on ne se jette dans le refuge ouvert par les art. 2111 et 2113, c'est-à-dire dans le système hypothécaire. Est-il en effet possible pour tout homme qui raisonne d'admettre la séparation des patrimoines concourant avec la saisine sans modification aucune, c'est-à-dire d'admettre en même temps comme bases fondamentales d'un système, la conjonction et la disjonction !...

Telle n'était pas surtout la pensée d'Ulpien, et de Paul, qui regardaient avec raison la scission complète entre les créanciers de la succession et la personne de l'héritier, comme la condition d'existence du bénéfice de séparation. [*Voy.* l. 5, ff. *de Separat*] (1).

§ III. — CODE CIVIL.

257. — Arrivons au Code civil. Qu'ont voulu ses rédacteurs? La discussion au conseil d'État est nulle. Les orateurs du gouvernement ne nous apprennent rien. Et pourtant, s'il était une matière à éclairer, c'est assurément celle qui nous occupe. Mais enfin, qu'ont-ils voulu? ont-ils consacré le système de Paul et d'Ulpien? l'ont-ils consacré avec le tempérament de Papinien? cela n'est pas vraisemblable. Ce système suppose trop de choses qui n'existent plus dans notre droit. Je pense donc qu'ils ont créé un système tout nouveau, en empruntant au régime hypothécaire la garantie due aux créanciers du défunt, et qu'ils ont été forcément conduits à une excellente idée par les erreurs de l'ancienne jurisprudence sur le bénéfice de séparation. Du reste, il ne sera pas toujours facile de démêler ce nouveau système. Nous aurons à signaler des rédactions souvent vicieuses, des pensées entortillées; nous verrons les auteurs du Code tergiverser au titre *des Successions;* ils donnent à penser qu'ils veulent le

____

(1) *Voy.* nᵒ 368 et suivants, *infra.*

système ancien (*Voy.* art. 879), et cependant, ils n'établissent aucune modification au principe de la saisine en enlevant à l'héritier la possession des biens héréditaires, modification qui en est la base fondamentale. Ils sépareront les créanciers de la succession des créanciers de l'héritier, et ils ne les sépareront pas de la personne de l'héritier. Ils copieront ainsi la fausse doctrine de Pothier, et l'erreur de ce jurisconsulte deviendra une erreur législative. Cela ne les empêchera pas de reproduire des textes de la théorie romaine qui, séparés de l'idée-mère, n'auront plus de sens; puis, après avoir paru consacrer quelques fragments de l'élément romain dans ce titre, ils l'abandonneront au titre *des Priviléges* en se jetant dans les coutumes qui déclaraient les créanciers de la succession hypothécaires, sur les biens du défunt. Alors, dans tout cela, il y aura pour l'interprétation un gras pâturage. Toutes les doctrines pourront s'y repaître. En effet, pour peu que cela dure, on verra autant de systèmes divers qu'il y a d'articles sur la matière. De quoi n'est-on pas capable pour tout expliquer? Combien de distinctions et de sous-distinctions? concilier les éléments qui appartiennent à deux origines différentes sera le but des jurisconsultes. On ira jusqu'à scinder l'élément moderne lui-même (art. 2111 et 2113), pour rapprocher les textes anciens des textes nouveaux. Enfin des jurisconsultes, d'un mérite incontestable et assurément incontesté, verront sous l'empire du Code, et d'autres, entraînés par l'autorité qui s'attache à leurs noms, verront également, par suite de ce malheureux besoin de tout concilier, des droits de préférence sans droits réels qui les précèdent. Ces deux idées, droit de préférence sur le prix et droit de suite, ne seront plus corrélatives, quand pourtant le droit de préférence ne peut être de sa nature que le report sur le prix du droit réel, du droit dans la chose! On divisera ce qui est indivisible pour concilier les textes en dépit des textes eux-mêmes. Puis la jurisprudence, aussi peu dogmatique que la doctrine qui la prépare, ne se rattachera à aucune base fondamentale. Elle n'osera aborder franchement le système radical du régime des priviléges. Déclarer les créanciers de la succession hypothécaires sur les biens du défunt par le seul fait du décès! Quelle audace! Et pourtant, le Code n'a pu faire autrement sous peine de ne pas protéger les créanciers du défunt. Alors, cette jurisprudence flottera longtemps indécise, on n'osera pas revenir au système de Paul et d'Ulpien, ni même à celui mitigé de Papinien. On se jetera dans le vague en transigeant avec tous les systèmes. On aura anéanti le bénéfice de séparation et on voudra à toute force le conserver! Alors, on verra surgir des théories abstruses qu'il sera bien difficile d'analyser, car elles ne seront pas analysables et on finira par le chaos. Espérons toutefois que la Cour suprême, qui a mission de mettre l'unité dans la législation, verra le mal d'un point de vue élevé, qu'elle méprisera les arguties, et qu'enfin elle reconnaîtra que les auteurs du Code, dès qu'ils ont, malgré le bénéfice de séparation qui n'est plus qu'un vain mot dans leur ouvrage, conservé les effets de la saisine, n'ont dû et pu assurer le sort des créanciers de la succession qu'au moyen du régime hypothécaire appliqué dans toute son étendue. De cette manière, elle viendra utilement au secours des créanciers de la succession, et elle corrigera en même temps ce qu'il y a de mauvais dans la division des dettes tout en conservant ce qu'il y a de bon dans ce principe, tandis que, si elle persiste dans la voie qu'elle semble d'après quelques précédents vouloir prendre, elle acquerra un jour la conviction tardive que tout en voulant protéger les créanciers du défunt, elle aura pourtant livré leur sort au caprice ou à la mauvaise foi de l'héritier, c'est-à-dire qu'elle n'aura en réalité protégé personne.

258. — Et qu'on ne dise pas que je tombe dans l'exagération! Un coup d'œil critique sur tous les différents systèmes qui se sont fait jour jusqu'à pré-

sent, démontrera bientôt que je suis encore resté
au-dessous de la vérité.

Mais, avant d'arriver à la doctrine généralement
suivie, examinons d'abord si le système des Romains, j'entends celui de Paul et d'Ulpien sans le
tempérament de Papinien, ne pourrait pas se soutenir au point de vue de l'interprétation du Code
civil.

259. — Au milieu de la multitude des doctrines
diverses qui se croisent sur le bénéfice de séparation, il est vraiment extraordinaire qu'aucun commentateur moderne n'ait cherché à faire revivre la
théorie romaine dans toute sa pureté. Il n'est venu
à la pensée de personne que la séparation des patrimoines dût se traduire par cette idée, à savoir :
que les créanciers de la succession en demandant la
division du patrimoine du défunt d'avec le patrimoine de l'héritier, repoussent la personne de cet
héritier, que par conséquent, ils renoncent à faire
valoir leurs droits sur ses biens personnels pour s'en
tenir à la personne et aux biens du défunt. Cela
vient de cette circonstance que le titre *de Separationibus* aux Pandectes paraît avoir été assez généralement peu compris par les interprètes. Cujas s'en
plaignait déjà de son temps : *Turpiter autem in
ipso limine hujus legis* (l. 5, ff. *Separat.*) *impingit
Accurcius dum creditores hæreditarios interpretatur*

esse proprios creditores hœredis quos accurate Paulus separat a creditoribus hœreditariis (Cujas, *Quœst. Pauli*, édit. Fabrot, t. II posth., p. 1160).

Cela vient aussi de cette malheureuse habitude que nous avons en France d'accepter sans contrôle les idées de nos grands jurisconsultes et de nous traîner à la remorque des arrêts, au lieu de ne voir que les textes seuls d'abord comme cela devrait être. Nos voisins d'outre-Rhin n'ont pas commis la faute de Lebrun et Pothier, faute qui s'est encore accrue dans le système généralement suivi sous l'empire du Code. Loin d'étendre le tempérament de Papinien en faisant dire à ce jurisconsulte ce qu'il n'avait pas voulu dire, ils l'ont rejeté de leur théorie et cela avec raison (*Voy.* notamment Schneidt, *Jurisprudentia forensis* § 2029 ; — Marezoll, *Précis sur l'ensemble du droit romain*, p. 194, traduction de M. Pellat ; Mulhenbruck (1). Le bénéfice de séparation doit en effet, comme le pensaient Paul, Ulpien, Cujas, Duaren, empêcher les créanciers de la succession d'exercer les droits de créance sur les biens de l'héritier. Puisqu'ils aiment mieux s'en tenir au patrimoine du défunt qu'une fiction fait revivre dans le système en séparation, ils ne doivent pas pouvoir venir enlever aux créanciers de l'héritier

(1) *Doctrina Pandectarum,* § 701, 2.

une fraction quelconque de leur gage. Ne répugne-t-il pas en effet à la raison d'admettre les demandeurs en séparation tout à la fois comme créanciers du défunt qu'ils font revivre par leur demande, et comme créanciers de celui qui, par une conséquence forcée de la fiction, ne sera plus à leur égard à partir du jugement de séparation un véritable héritier? Comment comprendre un héritier en présence d'une fiction qui fait vivre le défunt?

Le système de Paul, Ulpien et Cujas est donc très-raisonnable. Il a été embrassé par une foule de docteurs dont je pourrais ici déployer la liste à la manière des Tiraqueau modernes, s'il ne fallait pas mépriser cette science facile qui consiste à entasser comme le disait Hottoman *des allégations et autorités chaffourées.* C'est le véritable système de la séparation des patrimoines. Il ne peut pas y en avoir d'autre. Mais la difficulté est de savoir s'il se soutient en présence du Code civil.

260. — Examinons donc les textes avec une entière indépendance. Isolons-nous surtout un instant des errements de Lebrun et de Pothier, et demandons-nous si nos législateurs n'ont pas remonté à la source en faisant abstraction de l'ancienne jurisprudence française. Je ne sache pas qu'aucun interprète du Code se soit posé cette question : et pourtant, je ne crains pas de le dire, si les art.

1017, 2111, 2113, 2146 n'avaient pas dans ma manière de voir organisé une théorie toute nouvelle, c'est à la doctrine de Paul, Ulpien et Cujas, qu'il faudrait encore donner la préférence et cela sans sortir des bornes d'une saine interprétation. Ce système paraîtrait surtout devoir l'emporter sur les autres que nous verrons bientôt, si l'on isolait le titre *des Successions* du titre *des Priviléges*.

Voici au surplus comment il faudrait raisonner.

SYSTÈME N° 1.

261. —Les créanciers de la succession ont droit à une protection quelconque contre les conséquences de l'événement qui les prive de la personne de leur débiteur. Parmi les moyens inventés pour organiser cette protection, se trouve la séparation des patrimoines. C'est en effet le premier expédient qui vient naturellement à la pensée; qu'est-ce que la séparation des patrimoines? C'est une opération par laquelle le patrimoine du défunt qui se trouve confondu par suite de la saisine avec le patrimoine de l'héritier sera séparé, divisé d'avec ce dernier patrimoine. La saisine confond les biens des deux patrimoines dans les mains de l'héritier; cette confusion est préjudiciable aux créanciers du défunt; nous voulons protéger ces créan-

ciers dont la position est favorable : Eh bien, faisons
cesser la confusion ; mais comme cette confusion est
le résultat de la saisine, tant que la saisine existera
avec toutes ses conséquences, la confusion existera
également. Modifions donc les conséquences de la
saisine, ne fût-ce que pour un temps. Et alors, nous
pourvoirons ainsi au sort des créanciers du défunt
en organisant une théorie dans laquelle nous aurons
deux masses distinctes de biens et deux débiteurs différents. Aux créanciers du défunt appartiendra le
patrimoine du défunt, aux créanciers de l'héritier appartiendra le patrimoine de l'héritier. Il y a par conséquent dans un régime de cette nature deux classes
de créanciers qui n'ont rien de commun entre elles.
La séparation des patrimoines suppose donc comme
condition de son existence la séparation des personnes ; encore une fois, elle suppose deux débiteurs différents. Mais si les personnes restent unies, si on
conserve un lien quelconque entre les créanciers du
défunt et la personne de l'héritier, cet héritier devient
l'anneau d'une chaîne qui réunit les créanciers du
défunt et les créanciers de l'héritier, et dès lors, la
séparation est perdue ; la confusion n'a pas cessé.
On pourra sans doute trouver un autre moyen de
protection en se jetant dans le régime hypothécaire ;
mais ce nouveau moyen ne sera plus la véritable
séparation des patrimoines.

J'insiste sur ce point parce que c'est la base fondamentale de la séparation des patrimoines. Sans la séparation des créanciers du défunt de la personne de l'héritier, il n'y a pas de séparation des patrimoines possible. C'est parce que les jurisconsultes de l'ancienne jurisprudence ont voulu séparer les créanciers du défunt des créanciers de l'héritier, sans les séparer de la personne de l'héritier, qu'ils ont perdu le bénéfice de séparation. Et pourtant, ils avaient les textes de Paul et d'Ulpien, ceux de Papinien lui-même, ces grands maîtres en législation, qui le leur disaient dans les termes les plus clairs !... Mais ils n'ont pas compris Papinien, et ce grand génie, sans s'en douter, a été la cause de la perte de la théorie romaine.

262. — Veut-on un exemple de la nécessité qu'il y a pour les créanciers du défunt de se séparer de la personne de l'héritier, lorsqu'on veut établir le régime d'une véritable séparation des patrimoines ?

Prenons l'espèce suivante, la plus simple de toutes : Je suis l'unique créancier du défunt ; ma créance est importante, elle n'est pas exigible, elle ne repose pas même sur un titre exécutoire. Je n'en ai pas moins le droit de demander la séparation des patrimoines. Ces expressions de l'art. **878**, *dans tous les cas*, rapprochées des textes anciens, prévoient évidemment cette circonstance. Après bien des recherches, je suis parvenu à savoir que l'héritier n'avait qu'un seul créancier. Mais comme je me défie de la personne de l'héritier dont l'administration n'est pas sage, j'ai le plus grand intérêt à faire séparer le patrimoine du défunt du patrimoine de cet héritier, afin d'assurer le payement de ma créance. Je suis, en conséquence, la marche tracée par l'art. 878 du Code civil, qui me prescrit de demander la séparation contre le créancier de l'héritier. J'obtiens un jugement contre lui, et ce jugement me dit que je suis séparé de ce créancier. Voyons les conséquences du jugement. Irai-je, muni de la grosse de la sentence, m'adresser à l'héritier et lui tenir ce langage : « Je me suis séparé de votre « créancier suivant l'art. 878 du Code civil; vous « allez me remettre le patrimoine du défunt, afin « que je l'administre pour mon propre compte, ou « que je le fasse administrer par un séquestre jus- « qu'à la vente, que j'en poursuivrai plus tard, « pour me payer sur le prix, à l'exclusion de celui « contre lequel j'ai obtenu la séparation des patri- « moines. » Est-ce que l'héritier ne me répondra pas avec raison : « Je ne suis pas séparé de vous, je « n'ai pas été partie au jugement de séparation. Ce « que vous avez fait avec mon créancier ne me re- « garde pas. Vous me demandez la remise entre « vos mains des biens du défunt; les voici. J'en suis

« propriétaire au moyen de la saisine, faites saisir
« les biens du défunt, si vous vous y croyez fondé. Je
« suis votre débiteur, je le reconnais : mais, comme
« votre créance n'est pas échue, comme elle ne re-
« pose pas même sur un titre exécutoire, comme,
« pour rendre ce titre exécutoire, il aurait fallu ob-
« tenir condamnation contre moi, ce que vous n'a-
« vez pas fait, ce que vous ne pouviez pas faire,
« puisque votre créance, n'étant pas échue, je
« vous aurais, dans tous les cas, fait déclarer non
« recevable dans votre demande en condamnation,
« vous trouverez bon que je profite du terme, que
« je garde les biens, que je les administre, que je
« les aliène malgré vous à des acquéreurs de bonne
« foi, que j'en dissipe le produit. Tel est mon bon
« plaisir, et vous n'avez pas un mot à dire. »

Et cependant, il est incontestable que le créancier à terme a le droit de demander la séparation des
patrimoines avant l'échéance du terme !... C'est un
point reconnu constant par tous les jurisconsultes.
Il est donc évident que la séparation des patrimoines, mesure préventive, ne peut être demandée que
contre l'héritier, dont la conduite suspecte donne
des inquiétudes aux créanciers héréditaires, et que,
dès lors, le but de cette demande est d'entraîner à
sa suite la nomination d'un séquestre autre que
l'héritier dont on se défie, lequel administrera le

patrimoine du défunt pour le compte des créanciers de la succession. Comment concevoir que les créanciers du défunt, qui veulent séparer les deux patrimoines, puissent s'adresser aux créanciers de l'héritier, qui ne sont pas détenteurs des deux patrimoines; dès lors, n'est-il pas démontré que de deux choses l'une : ou l'art. 878 du Code civil a commis une erreur en disposant que la demande en séparation serait intentée contre le créancier de l'héritier, ou bien, ce qui est plus probable, comme on le verra plus tard, il n'a pas conservé le bénéfice de séparation même au titre *des Successions*.

263. — Supposons que ce titre ait voulu conserver le régime en séparation. Dans cet ordre d'idées, l'art. 878 renferme un vice de rédaction. Ce n'est pas contre les créanciers de l'héritier qu'on ne connaît pas, qu'on ne peut pas connaître, mais bien contre l'héritier lui-même que la séparation est demandée. Ce qui prouve ce vice de rédaction, c'est 1° la nature préventive de la séparation des patrimoines ; c'est 2° l'art. 879 qui n'a de sens que dans un régime sous lequel les créanciers du défunt sont séparés de la personne de l'héritier. Son origine, dans un texte d'Ulpien, démontre cette vérité de la manière la plus certaine.

Ainsi donc, les créanciers du défunt ont demandé à être séparés de l'héritier, et le jugement qui intervient, en les séparant de l'héritier, les sépare par cela même des créanciers de l'héritier. Dès lors, le défunt revient à la vie, par une fiction, pour payer ses propres créanciers. Nous avons deux débiteurs différents : 1° le défunt qui ressuscite, lequel a ses créanciers ; 2° et l'héritier qui est le débiteur personnel de ses propres créanciers également. Mais, comme le défunt est revenu à la vie, et comme il n'y a pas d'héritier d'une personne vivante, l'héritier cesse d'être héritier, dans toute l'étendue du mot, pendant tout le temps, et suivant les besoins de la fiction. Il ne sera donc plus le débiteur personnel des créanciers de la succession qui se sont séparés de sa personne, qui n'en ont pas voulu comme continuant le défunt à leur égard, préférant s'en tenir à leur ancien débiteur qu'ils ont fait revivre, et aux biens qu'il possédait à son décès.

La séparation des personnes, résultant du jugement, a dès lors, pour conséquence inévitable, la séparation des choses, c'est-à-dire des patrimoines.

Le défunt, revenu à la vie, vient revendiquer, contre son héritier présomptif alors, les biens qu'il lui a transmis à sa mort naturelle. Mais comme la fiction ne va pas jusqu'à le faire parler, il faut que quelqu'un parle pour lui. Ce quelqu'un, c'est la réunion de ses créanciers ou, tout au moins, de ceux de ses créanciers qui veulent jouir du bénéfice de séparation ; et comme une réunion de créanciers ne parle pas davantage, il y a nécessité qu'elle s'exprime par la bouche d'un mandataire, d'un syndic, d'un séquestre, d'un *magister*, comme le *magister* de Gaïus (*Voy.* Gaïus, *Com.* 3, § 79).

Par conséquent, le jugement de séparation nomme ce *magister*, lequel alors est envoyé en possession, pour le profit de tous, des biens composant le patrimoine du défunt, et qui existent encore au moment de la demande. Quant à ceux aliénés avant la demande, et dont le prix a été reçu par l'héritier, le *magister* ne peut les revendiquer par la raison que ce qui est fait *medio tempore* est valable. Ils sont donc perdus pour les créanciers du défunt, sauf le cas de collusion frauduleuse entre l'héritier et les tiers, auquel cas le syndic fait rentrer à la masse les biens ainsi frauduleusement vendus (Code civil, art. 880-1167). Si le prix est encore dû, il n'y a pas d'inconvénient à ce qu'une saisie-revendication, pratiquée pour empêcher l'héritier et ses créanciers de le recevoir, réunisse à la succession, sinon la chose qui n'existe plus, au moins le prix qui la représente (1). Arrivés à ce point, nous avons séparé les

---

(1) C'est aussi ce qui avait lieu à Rome par le fait au moyen de l'action *rutiliana* (*Voy.* Gaïus, *com.* 4, § 55) quoique la loi 2 ff. *de Separationibus* paraisse contraire. Papinien veut seulement dire qu'on ne peut réunir à la masse héréditaire les biens vendus ;

deux patrimoines. Le *magister*, mis en possession des biens du défunt, les administre pour le compte de la masse. Quant à l'héritier, il reste ce qu'il était avec ses créanciers personnels. Seulement, ils sont là en expectative pour appréhender ce qui pourra rester des biens du défunt après les opérations du syndic consommées. En attendant, ce dernier fait les préparatifs de la vente du patrimoine du défunt. Il suit, pour y parvenir, les formalités des ventes de biens de mineurs, parce qu'il ne faut pas qu'il lui prenne la fantaisie de colluder ; nous devons prendre nos précautions contre lui ; d'ailleurs, il importe qu'un jour l'héritier et ses créanciers personnels ne puissent venir dire qu'on n'a pas tiré des biens du défunt tout ce qu'on aurait pu en tirer. Les biens sont enfin vendus. Ils sont convertis en argent, seule valeur susceptible d'être distribuée. Les fonds sont déposés à la caisse des consignations, ou mieux encore il a été décidé, par une clause du cahier des charges, que les acquéreurs des immeubles ne se libéreraient que sur le vu des bordereaux de collocation. Alors, on procède à la distribution du produit du mobilier et à l'ordre du prix des immeubles. Le syndic préside à ces opérations. Il y appelle

mais les créanciers de la succession profitent du prix s'il est encore dû, puisque le *bonorum emptor*, pour avoir la masse héréditaire, a offert un prix en conséquence.

l'héritier en le sommant de prendre communication du travail provisoire, afin qu'il ait à discuter la sincérité des créances colloquées, et à nous dire si, dans le temps intermédiaire, il n'a pas désintéressé quelques-uns des créanciers héréditaires. Rien ne s'oppose à ce que les créanciers de l'héritier interviennent également, mais bien entendu à leurs frais, s'ils veulent absolument voir comment tout cela se passe. L'espérance d'appréhender ce qui restera, est pour eux un intérêt suffisant. Enfin, on procède au règlement définitif; le juge-commissaire ordonne au greffier de donner aux créanciers du défunt, colloqués suivant leurs droits respectifs, les actions utiles contre l'*emptor,* c'est-à-dire, dans notre droit, que les bordereaux de collocation sont délivrés aux créanciers contre les tiers détenteurs. De cette manière, la séparation des patrimoines a conduit les créanciers du défunt au payement de leurs créances.

Ils sont entièrement ou non entièrement désintéressés. Au premier cas, le défunt a satisfait à toutes ses obligations. Nous l'avions fait revenir à la vie pour qu'il payât ses créanciers; maintenant, qu'ils sont payés, il peut nous quitter pour toujours. L'héritier, alors, réapparait héritier dans toute l'étendue du mot. Il appréhende en conséquence, et, par suite, ses créanciers personnels appréhendent ce qui est resté des biens du défunt.

Au second cas : Les créanciers du défunt pourront-ils venir concourir avec les créanciers de l'héritier sur les biens du représentant du défunt? Non évidemment. Ils seraient beaucoup trop favorisés.

Mais, ne pourront-ils pas, après que les créanciers de l'héritier auront été payés sur les biens de leur propre débiteur, venir s'emparer de ce qui restera de ces biens, en prétendant que l'héritier est leur obligé personnel, qu'il a contracté par l'acceptation de l'hérédité l'obligation de les payer, et qu'on ne doit pas rétorquer contre eux un bénéfice introduit en leur faveur? *Quidam putant, at ego non....* *Et sibi imputent...* En effet, puisqu'ils ont mieux aimé s'en tenir au défunt et à son patrimoine, que de concourir sur les deux patrimoines confondus, ils se sont fait une position dans laquelle ils doivent rester. Ils ne peuvent éluder le bénéfice du prêteur. *Sed separationi quam postularunt stare debent, nec eludere beneficium prætoris (Voy.* Cujas, *Quæst. Paul.,* Fabrot, t. II, p. 1160). Et cela avec d'autant plus de raison, que le Code civil n'a pas reproduit le tempérament de Papinien. C'est ainsi que le silence de la Loi, sur un point d'une législation ancienne, peut être interprété de deux manières opposées suivant la route qu'on a commencé à suivre. Dans le système que je viens de développer, les créanciers du défunt n'ont pas eu à redouter le concours des

créanciers de l'héritier, et les créanciers de l'héritier
n'ont pas eu à redouter non plus le concours des
créanciers héréditaires, ce qui est le but de la séparation des patrimoines. Il a été pourvu au sort des
créanciers du défunt par l'organisation d'un régime
par masses. On s'est d'abord réuni contre l'ennemi
commun, puis, après la victoire, les individualités
ont reparu comme cela doit être. Les créanciers du
défunt sont restés entre eux dans leurs positions respectives avec leurs qualités de privilégiés, hypothécaires ou simplement cédulaires.

264. — Avec cette théorie l'art. 878, à l'exception
de ces mots, *contre tout créancier de l'héritier,* qui sont
remplacés par ceux-ci *contre l'héritier,* l'art. 879 qui
veut que la simple reconnaissance de l'héritier pour
débiteur soit un obstacle au bénéfice de séparation ;
l'art. 880 qui semble donner à l'héritier la libre disposition des biens du défunt jusqu'à la demande, et
enfin l'art. 881 qui indique deux classes de créanciers incompatibles, ce qui résultait déjà des articles 879 et 878 combinés; tous ces articles ont un
sens parfait. Cela n'est pas étonnant; ils tirent leur
origine du droit romain, et la théorie ci-dessus exposée n'est que la théorie romaine appropriée à notre
législation. Pourquoi donc alors ne pas les entendre
ainsi? eh! pourquoi? C'est que, malheureusement,
Pothier a passé par là, et que son passage en a déna-

turé le sens, comme nous l'avons déjà fait pressentir et comme nous le verrons bientôt!....

265. — Tout cet échafaudage s'écroule. devant quelques réflexions.

Et d'abord, d'une part la loi n'a pas organisé les mesures collectives nécessaires dans un tel régime. Il faut les déduire du principe, et alors l'interprétation se fait législatrice.

D'autre part, nous avons raisonné en l'absence de l'ancienne jurisprudence française, et l'état de la science au moment de la rédaction de nos Codes, a constamment été pour nos législateurs un fait considérable. Or, l'ancienne jurisprudence séparait bien, ou plutôt croyait séparer les créanciers du défunt des créanciers de l'héritier, mais ne les séparait pas de la personne de l'héritier. Dès lors, la séparation des patrimoines n'a plus été la séparation des patrimoines des Romains; elle a dégénéré en une cause de préférence de créanciers à créanciers. Aussi l'art. 878 a-t-il dit, que la séparation des patrimoines devait se demander contre *tout créancier* de l'héritier. De là, au privilége et à l'hypothèque, il n'y avait plus qu'une nuance bien difficile à saisir, et le Code civil, après avoir tergiversé au titre *des Successions,* s'est jeté, parce qu'il y était forcé sous peine de ne pas protéger les créanciers du défunt, dans le régime hypothécaire au titre *des Priviléges.*

Les art. 2111 et 2113 font évanouir entièrement la théorie romaine. Ces articles ne peuvent marcher avec elle. Il faut les diviser, et, malgré l'évidence, considérer l'art. 2113 comme ne se référant pas à l'art. 2111. C'est ce qu'on a fait, ou plutôt ce qu'on a essayé de faire. Il faut avouer que la théorie des priviléges sur les immeubles a été bien peu comprise! mais, laissons là cette pierre brûlante; il faudrait des volumes pour mettre à nu toutes les erreurs amoncelées dans cette partie du Droit par la jurisprudence des tribunaux et les interprètes du Code civil!.... Et pourtant, le titre *des Priviléges*, au moins en ce qui touche les immeubles, est l'une des plus belles inventions des temps modernes.

Enfin, il faut non-seulement diviser les art. 2111 et 2113 et supposer que cet art. 2111 est placé après l'art. 2113, mais il faut encore morceler l'art. 2111 lui-même, substituer au mot privilége qu'on y lit le mot *droit*. Ce n'est pas tout : cette suppression ne signifierait encore rien. Il faut de toute nécessité, retrancher de cet article le paragraphe final qui suppose que les créanciers hypothécaires de l'héritier peuvent dans certains cas l'emporter sur les créanciers du défunt, car cela veut dire qu'il y a *concours* sur les biens du défunt entre les créanciers des deux classes, sauf des droits de préférence attribués à quelques-uns; que par conséquent, il n'y a plus qu'un seul débiteur; que le défunt ne revient pas à la vie, et qu'en un mot, la séparation des patrimoines n'existe plus. En sorte que l'art. 2111 lui seul, tel qu'il est rédigé, démontre évidemment qu'une théorie toute nouvelle a été organisée et que le législateur a pourvu au sort des créanciers du défunt par le régime hypothécaire.

Quoi qu'il en soit, le système précédemment exposé serait encore bien préférable à tout ce qu'on va lire.

SYSTÈME N° 2.

266. — Le système de Paul, d'Ulpien et de Cujas étant rejeté, le même système avec le tempérament de Papinien est évidemment rejeté. D'ailleurs, l'idée de Papinien, praticable à Rome avec les ventes de biens en masse et les moyens d'exécution qui existaient alors, est impraticable chez nous. Elle suppose des croisements de créanciers qui se comprendraient difficilement sous l'empire de notre législation.

267. — Nous quittons ici le régime collectif proprement dit pour entrer dans un régime mixte sous lequel l'individualité commence à paraître; mais ce régime individuel ne sera d'abord qu'un tâtonnement. Il se ressentira encore du régime collectif avec lequel il ne devrait plus avoir que des rapports bien éloignés. En législation on ne passe pas d'un système radical à un autre système radical sans payer le tribut à la transaction. La jurisprudence ancienne qui aurait dû conserver les lois romaines comme un dépôt sacré, ou les abandonner tout à fait dans les cas où elles n'étaient plus en rapport avec les mœurs, va mêler des pratiques hétérogènes au régime de séparation. Elle modifiera le principe sans s'apercevoir qu'elle le détruira au fond. Elle croira conserver la séparation des patrimoines, et elle aura introduit dans la matière le régime hypothécaire, tout en protestant que telle n'est pas son intention. Ainsi, on parlera beaucoup de la séparation des patrimoines et lorsqu'on arrivera à l'application, il n'en sera plus question. Ce sera comme sous le Code civil en matière de priviléges. Tous les commentateurs nous parlent de la publicité, puis la publicité se traduit en définitive par la clandestinité. Alors, ils s'en prennent à la loi, tandis qu'ils ne devraient s'en prendre qu'à eux-mêmes. Pourtant, le système nouveau qui finira par l'emporter, aura conservé, en ce qui touche les droits des créanciers héréditaires sur les biens de l'héritier une partie des conséquences du régime collectif. C'est là un hommage rendu à son origine. Telle sera l'idée générale. Cependant, quelques coutumes rares, ne comprenant rien à ces théories métaphysiques qui

font vivre le défunt à l'égard des créanciers de l'héritier et qui le considèrent comme mort au regard
de l'héritier, iront droit au but, au moyen d'une
composition faite avec ce dernier. Elles assureront
le sort des créanciers du défunt en les déclarant
hypothécaires par le seul fait du décès. Mais alors il
ne faudra plus aucunement parler du véritable régime en séparation. C'est surtout à Pothier qu'il
faut attribuer la perte du système romain. Son autorité puissante a fait pencher la balance en faveur
des adversaires de Cujas (*Voy. Répert.* de Merlin,
v° *Séparation des patrimoines,* § V, n° 6). Si je signale Pothier, de préférence à tous les autres, c'est
que son influence a été immense sur notre législation. On peut sans crainte l'appeler le père du Code
civil. Sans doute, c'était le meilleur guide à suivre.
Jamais il n'a existé d'intelligence plus nette. Jamais
homme ne s'est approprié avec plus de sagacité les
travaux de ses devanciers; son érudition est prodi-
gieuse, et il n'en fait jamais étalage. Mais malheureusement, il était bien plus ingénieux que radical.
Il faut l'avouer, notre grand jurisconsulte a peu de
critique, c'est là le côté faible de son esprit. Pothier
ne lutte jamais contre ce qui existe, lors même que
ce qui existe demande à être critiqué. Sa modestie
lui a fait trop souvent à tort sacrifier aux idées
reçues. De là sont venues ces doctrines transigées

dont le Code civil qui le suit pas à pas est presque toujours l'image. Nous allons juger de la vérité de ces observations.

268. — On se rappelle que Pothier maintient la saisine confirmée par l'acceptation de l'hérédité, malgré la séparation des patrimoines qu'il prétend établir. C'est là, au moins suivant notre conviction bien profonde, l'origine de son erreur, car la saisine qui est la conjonction ne peut évidemment marcher avec la séparation des patrimoines qui est la disjonction. Dans sa doctrine, les créanciers du défunt sont toujours, ne cessent pas d'être les créanciers personnels de l'héritier. Le défunt ne revient pas à la vie pour régler le sort de ses créanciers. En un mot, la saisine conservée, la confusion n'a pas cessé. L'héritier a toujours la libre disposition des biens héréditaires qui ne sont pas remis entre les mains d'un syndic chargé de les administrer pour le compte de tous. Il n'y a pas division, séparation des deux patrimoines considérés comme universalités juridiques. Mais la *préférence* appartient sur les biens du défunt dont l'origine est constante, aux créanciers de la succession. Et par contre, les créanciers de l'héritier l'emportent, par un motif d'équité, sur les créanciers de la succession dans la distribution des biens de l'héritier.

J'ai traduit ce système en disant que les créan-

ciers du défunt et de l'héritier sont tous créanciers
de l'héritier, le débiteur commun; mais que les
créanciers du défunt sont *privilégiés* au regard des
créanciers de l'héritier sur les biens héréditaires et
que les créanciers de l'héritier sont *privilégiés* sur
les biens de ce dernier, au regard des créanciers de
la succession. C'est au fond le résultat du tempérament de Papinien, mais dans un système tout
autre que celui du jurisconsulte romain. Je dis dans
un système tout autre. En effet, avec la doctrine
de Pothier, la séparation des patrimoines n'existe
plus. Cela me paraît évident. Il ne s'agit plus que de
causes de préférences s'exerçant individuellement
sur chacun des biens du défunt et de l'héritier. Ces
biens ne sont plus envisagés comme deux masses
administrées, l'une, la masse de la succession, par
un séquestre investi de la possession enlevée à l'héritier après un jugement de séparation (1), l'autre
par l'héritier qui, restant propriétaire dans toute
l'étendue du mot, en a toujours la libre disposition,
sauf les voies d'exécution accordées à ses créanciers
pour arriver au payement de leurs créances. Dans
ce système, la demande en séparation des patrimoines est un non sens. Elle se traduit par une
demande en collocation par privilége ou préférence.

(1) Ce serait le seul moyen, dans notre législation, de faire revivre la séparation des Romains.

Aussi, comme je le démontrerai plus tard, il n'existait plus, dès longtemps avant Pothier, de procédure particulière pour opérer la séparation des patrimoines, et même la séparation proprement dite n'a jamais existé en France. Sous l'ancienne jurisprudence, la séparation des patrimoines n'était pas sujette à demande ; chacun pourvoyait à sa sûreté en intervenant dans les poursuites exercées contre l'héritier, et en se faisant colloquer suivant ses droits dans les distributions des biens du défunt et de l'héritier.

Telles sont les impressions que j'ai ressenties en lisant nos anciens auteurs français (1).

(1) Toutefois, comme la question est tout aussi obscure dans l'ancienne jurisprudence que dans le Code civil, le lecteur pourra contrôler mes idées en voyant notamment :

1º Henrys, t. 1er, l. IV, quest. 28. Il procède par voie de préférence dans une saisie. Son annotateur procède au contraire par demande, ou du moins il parle de demande.

2º Leprêtre, 1re centurie, ch. LXXV ; et Claude Ferrière, *Jurisprud. du Digeste conférée avec les coutumes* (édition de 1677, t. II, p. 472). Ces deux auteurs parlent de *lettres royaux* pour opérer la séparation.

3º Brillou, *Dict. des Arrêts*, vº *Séparat. des patrimoines*. Il cite un arrêt du 16 février 1694, que le *Répertoire* de Merlin (vº *Séparat.*, § 4-5º) rapporte comme ayant jugé le contraire de ce qu'il lui fait dire. Cet arrêt a décidé avec raison, que le créancier de l'héritier, saisissant les loyers échus depuis le décès, avait la préférence sur les créanciers du défunt qui prétendaient les considérer comme accessoires de l'immeuble héréditaire. L'arrêt fait voir qu'il n'y a pas de demande en séparation proprement dite. Le créancier du défunt intervient dans la saisie et demande à être

269. — Chose remarquable ! Ce privilége (car ce n'est qu'un privilége puisque tous sont créanciers

colloqué par préférence. Dans l'espèce, il a été débouté de sa prétention, sauf à lui à *se pourvoir sur les loyers échus auparavant*. En effet, les loyers échus avant le décès font partie de la masse héréditaire.

4° Pothier, *Successions*, ch. v, art. 4.

5° Lebrun, *Successions*, liv. IV, ch. ii, sect. 1.

6° Bourjon, *Droit commun de la France* (2e partie, *des Successions*, sect. 6). Cet auteur nomme avec raison dans son système la séparation des patrimoines un privilége.

7° Domat, *Lois civiles*, liv. III, tit. ii, sect. 1.

8° Brodeau, sur Louet, lettre *H*, sommaire xix. Jurisconsulte précieux à consulter sur la pratique. Il s'est peu occupé de la séparation des patrimoines.

9° Legrand, sur Troyes, art. 83, glose 3.

10° *Journal du Palais*, 1er août 1686, 5e question.

11° Lemaistre, *Coutume de Paris*, titre xv, *des Successions*, *in fine*. Cet excellent jurisconsulte, qui a fait le commentaire le plus substantiel sur la Coutume de Paris a, comme Pothier, suivi les idées généralement admises.

12° Rousseau de Lacombe, *Répert.*, v° *Séparation des patrimoines*.

13° D'Espeisses, part. III, tit. ii, sect. 5. Il a fait sur la matière un bon article. Il est à mon sens le plus exact des auteurs de l'ancienne jurisprudence française, en ce qui touche le bénéfice de séparation.

Qu'il me soit permis d'exprimer mon opinion sur tous ces jurisconsultes. On dira peut-être que pour les juger, il faut se placer à leur point de vue, qu'il faut tenir compte des changements de mœurs, de la différence des temps qui modifient les institutions. Cela est possible; mais il n'en est pas moins vrai qu'ils partent tous du droit romain, qu'ils raisonnent tous sur les textes du droit romain, pour arriver en définitive à un système tout autre que celui du droit romain. En sorte que je les soupçonne fort d'avoir peu entendu le titre *des Séparations*. Il est évident pour moi que le système s'est perdu dans l'exécution. Jusque-là leur doctrine peut à la rigueur se soutenir en présence des textes; mais l'exécution

du même individu), accordé aux créanciers du défunt, on ne le reconnaissait pas comme tel. On voulait à toute force que ce fut la séparation des patrimoines, et comme la séparation des patrimoines
n'avait que des rapports éloignés avec la véritable
hypothèque (1) on voulut que ce privilége n'eût rien
de commun avec l'hypothèque. On en fit un privilége *sui generis,* et non pas une hypothèque privilégiée. Telle est évidemment au fond la pensée de
Pothier, quoiqu'il croie conserver la séparation des
patrimoines en séparant les créanciers du défunt
des créanciers de l'héritier, et en ne les séparant pas
de la personne de ce dernier. C'est là l'origine. Oh!
oui, c'est là l'origine de cette théorie abstruse que
nous allons voir bientôt adoptée généralement sous
le Code. Elle se réfute d'un mot. Ce n'est pas la séparation des patrimoines, puisque l'héritier n'est
pas séparé des créanciers du défunt. On a beau

faisant défaut, le système s'écroule. Que, dans une saisie comprenant tout à la fois des biens du défunt et de l'héritier, un créancier héréditaire vienne demander une préférence entre créanciers
d'un même débiteur sous la forme d'un prélèvement, d'une distraction, ou sous la forme d'un privilége ; tout cela n'est pas la séparation des patrimoines. Il n'y a pas d'universalités juridiques
ayant séparément leurs administrateurs et leurs distributions distinctes ; et ce sont là les conditions d'existence d'une véritable
séparation des patrimoines.

(1) La *missio in possessionem* conférait un gage prétorien.
Mais ce gage donnait-il le droit de suite? (*Voy.* l. 2, Cod. *de præ-
torio pignore.*)

chercher à séparer les créanciers héréditaires des créanciers de l'héritier, la séparation ne peut exister si un anneau commun les réunit. Or, cette réunion a lieu entre les deux classes de créanciers, et cela en dépit de tous les efforts qu'on peut faire, dès que l'on ne sépare pas les créanciers du défunt de la personne de l'héritier. Avec l'héritier débiteur commun, l'antique incompatibilité des créanciers du défunt et des créanciers de l'héritier disparaît sans retour, et par conséquent, sous un tel régime la véritable séparation des patrimoines est impossible.

Ce n'est pas non plus une hypothèque privilégiée, puisque le droit de suite n'y est pas attaché. Ce n'est qu'un privilége bâtard, déshérité du droit réel, sans lequel le privilége est un non-sens. C'est une protection nulle pour les créanciers du défunt, car elle dépend du caprice ou même de la mauvaise foi de l'héritier auquel, dans ce système, appartient toujours la libre disposition des biens héréditaires que les créanciers du défunt ne peuvent suivre entre les mains des tiers acquéreurs. C'est... je ne sais quoi ! ce n'est rien ! Comprend-on qu'avec une doctrine de cette nature Lebrun et Pothier conservaient la reconnaissance de l'héritier pour débiteur comme un obstacle à leur prétendu bénéfice de séparation ! Mais n'anticipons pas, nous aurons à signaler bien tôt les conséquences de leur erreur.

270. — Cette doctrine de Pothier est en partie conservée sous le Code, mais elle est abandonnée dans ce qu'elle a de plus remarquable. Pourtant, quelques jurisconsultes s'en tiennent encore aux idées de ce grand homme. Telle était l'opinion de M. Maleville. Il est le seul, à ma connaissance, qui maintienne sous le Code la doctrine de Pothier. Je crois aussi me rappeler avoir entendu professer ce système par l'un des hommes éminents dont j'ai suivi les leçons à la Faculté de Paris (1).

Certes il vaudrait encore mieux conserver cette théorie, que celle généralement suivie ; car elle retient au moins quelque chose de son origine. Il y a une apparence de séparation entre les deux classes de créanciers dans cette idée : que les créanciers du défunt doivent d'abord discuter les biens de la succession, s'en attribuer le produit au préjudice des créanciers de l'héritier, et ne venir ensuite sur les biens de ce dernier qu'après le payement de ses créanciers personnels.

Mais cette théorie manque toujours par sa base. Elle n'a de séparation que l'apparence. Avec la saisine conservée, c'est-à-dire, avec un débiteur

(1) Au moment où j'écrivais ces lignes, je ne connaissais pas l'excellent ouvrage de M. Marcadé. Je vois que dans ses commentaires sur l'art. 881, il professe la doctrine de Malleville, ce serait en effet le meilleur parti à prendre si les art. 2111 et 2113 n'avaient pas organisé une théorie nouvelle.

unique qui a la libre disposition des biens de la succession, la séparation des patrimoines est impossible. Il faut, comme condition de son existence, des mesures collectives analogues à celles de nos faillites qui ont tant de rapports avec l'ancienne *missio in possessionem* des Romains.

Passons maintenant au système généralement adopté.

SYSTÈME N° 5.

SON EXPOSITION ET SA RÉFUTATION.

271. — Lorsqu'après avoir lu nos meilleurs interprètes, j'ai voulu résumer leurs idées sur le bénéfice de séparation, je l'avoue en toute humilité, je n'ai pu d'abord arriver à mon but. Le système généralement suivi est une espèce de Protée que vous croyez saisir, mais qui se transforme aussitôt et glisse de vos mains avec une merveilleuse facilité. Aussi ai-je accusé vingt fois mon intelligence qui ne comprenait pas le mot de l'énigme. A la fin pourtant, l'histoire aidant, j'ai cru avoir mis le doigt sur la base fondamentale de la théorie. Elle peut être ramenée à ce principe unique :

« Les créanciers de la succession qui ont satisfait
« aux prescriptions de la loi dont le but paraît être
« uniquement d'avertir les créanciers de l'héritier,
« et qui demandent ensuite la séparation des patri-

« moines sont séparés, en ce qui touche les biens
« provenant du défunt, des créanciers ou de cer-
« tains créanciers de l'héritier suivant les cas; mais
« les créanciers de l'héritier ne sont pas séparés des
« créanciers de la succession, en ce qui touche le
« patrimoine de l'héritier : et en ce qui touche les
« deux patrimoines, les créanciers de la succession
« ne sont pas séparés de la personne de l'héri-
« tier. »

C'est *oui* et *non*. C'est l'erreur de l'ancienne jurisprudence française non pas corrigée, mais considérablement augmentée.

272. — Nous allons suivre cette idée dans ses
principales conséquences et nous aurons un tableau
généralisé du système communément adopté.

§ Ier. — **Première partie du système : le *OUI*.**

RAPPORTS DES CRÉANCIERS DE LA SUCCESSION AVEC LES CRÉANCIERS
DE L'HÉRITIER.

273. — Du principe que les créanciers de la succession se séparent par leur demande des créanciers de l'héritier, en ce qui touche les biens du
défunt,

Il résulte,

1° Que la demande suivie d'un jugement fait cesser la confusion des choses qui, provenant du dé-

funt, se trouvent, par suite de la saisine, confondues avec le patrimoine de l'héritier.

Jusqu'à la demande suivie d'un jugement ou de plusieurs jugements (car les demandes en séparation de patrimoines peuvent avoir pour objet ou la totalité ou une partie seulement du patrimoine du défunt, et elles peuvent être intentées par tous les créanciers collectivement, ou par quelques-uns seulement), l'héritier, comme représentant le défunt, détient deux universalités juridiques *in abstracto*. Le jugement de séparation distrait de la masse confuse ce qui provient du patrimoine du défunt dans l'intérêt des créanciers de la succession.

Du reste, c'est encore là une fiction ; car il n'est nommé aucun administrateur particulier pour gérer d'abord et vendre ensuite séparément les objets provenant de la succession. La séparation, telle qu'on la comprend, porte bien plutôt sur le prix que sur la chose. Elle se réduit en définitive à une préférence de créanciers à créanciers ;

2° Que la demande en séparation fait en quelque sorte revivre le défunt pour payer ses créanciers personnels avec les biens qu'il a laissés à son décès et qui existent encore, soit en nature, soit convertis en créances au moment de la demande ;

3° Que par conséquent la séparation des patrimoines forme deux masses distinctes de biens et deux débiteurs différents avec deux classes distinctes de créanciers : créanciers du patrimoine de la succession, créanciers du patrimoine de l'héritier (1);

4° Que la demande reconstituant le patrimoine du défunt en tout ou en partie suivant les cas, a pour but de conserver aux créanciers de la succession, le gage général des art. 2092 et 2093 du Code civil ;

5° Que par conséquent les créanciers de la succession séparés des créanciers de l'héritier, au moins en ce qui touche le patrimoine du défunt, exercent une préférence exclusive, ou plutôt n'ont pas à redouter le concours des créanciers de l'héritier sur les biens de la succession. Les biens héréditaires se trouvent ainsi soustraits à l'action des créanciers de l'héritier dans l'intérêt des créanciers du défunt.

274. — Du principe que pour jouir de ces avantages, les créanciers du défunt doivent remplir certaines conditions qui ont pour objet unique d'éviter les fraudes et d'avertir le plus possible les créanciers de l'héritier, afin de les mettre en garde contre le coup qui les menace ,

---

(1) Cela suppose au moins que les droits des créanciers de la succession contre l'héritier ne devraient s'exercer sur les biens de l'héritier qu'après le payement de ses créanciers personnels. Mais on ne s'est pas arrêté là!...

Il résulte ,

1° Que les inscriptions que peuvent et doivent faire les créanciers de la succession, suivant l'article 2111, sont nécessaires non pas pour leur faire acquérir un privilége ou une hypothèque privilégiée, mais pour leur conserver le droit de demander la séparation des patrimoines à l'encontre de toute espèce de créanciers de l'héritier : ainsi, il faut distinguer le droit de demander la séparation des patrimoines, d'avec la préférence qui en résulte;

2° Que les inscriptions faites après les six mois du décès leur conservent encore le droit de demander la séparation des patrimoines, mais seulement vis-à-vis des créanciers cédulaires ou hypothécaires de l'héritier inscrits après eux;

3° Qu'une demande en séparation est nécessaire tant pour mettre les créanciers de l'héritier à même de la repousser par les moyens de déchéance indiqués par la loi (art. 879), que pour faire cesser la confusion;

4° Que cette demande s'intente, suivant les cas, soit contre l'héritier lorsque les créanciers de la succession redoutent sa gestion future et qu'il n'y a pas de saisie pratiquée sur les biens confondus (1), soit contre les créanciers de l'héritier (2);

(1) Vivement controversé.
(2) C'est l'opinion générale. La séparation des patrimoines n'é

5° Qu'après la séparation prononcée, ceux qui ont obtenu jugement à cet égard se font colloquer, suivant les cas, par préférence aux créanciers de l'héritier ou seulement par préférence à quelques-uns d'entre eux, dans la distribution des biens provenant de la succession.

275. — Voilà pour les rapports des créanciers de la succession avec les créanciers de l'héritier. Tout cela suppose un régime collectif, quoique l'on ne veuille pas le reconnaître. Voici maintenant la contre-partie du système.

§ II. — **Contre-partie du système** : le *NON.*

RAPPORTS DES CRÉANCIERS DE LA SUCCESSION AVEC L'HÉRITIER ET
SON PATRIMOINE PARTICULIER.

276. — Du principe que les créanciers de la succession ne sont pas séparés de la personne de l'héritier,

Il résulte ,

1° Que dans les rapports des créanciers de la succession avec l'héritier, le défunt ne revient pas à la vie : d'où suit que l'héritier le représente exactement par suite de la saisine non modifiée ;

tant, suivant le système, qu'une prérogative accordée aux créanciers de la succession contre les créanciers de l'héritier. Mais alors comment les connaître? Mutisme désespérant de la plupart de nos meilleurs interprètes. C'est le côté impraticable du système.

2° Que l'héritier a la libre disposition des biens héréditaires ; qu'il peut les aliéner, et en toucher le prix d'acquéreurs de bonne foi, malgré l'existence des inscriptions faites par les créanciers du défunt, en dissiper le produit, ou l'employer au payement de ses créanciers personnels et mettre ainsi à néant, suivant son caprice, le droit de préférence accordé aux créanciers de la succession ;

3° Que l'héritier est devenu et continue toujours d'être, malgré le jugement de séparation, le débiteur personnel des créanciers héréditaires ;

4° Que la séparation ne produisant aucun effet vis-à-vis de l'héritier, tous les créanciers de la succession et de l'héritier se trouvent confondus et viennent en concurrence sur le patrimoine de ce dernier. Ainsi les créanciers héréditaires sont, par le système, séparés des créanciers de l'héritier ; mais les créanciers de l'héritier ne sont pas séparés des créanciers de la succession !

APPENDICE.

277. — Voici maintenant trois propositions qui se présentent à l'esprit, possibles dans l'ordre d'idées du § 1er et qui sont manifestement repoussées par l'ordre d'idées suivi dans le § 2.

1° La simple reconnaissance de l'héritier pour dé-

biteur est un obstacle au bénéfice de séparation
(Code civil, art. 879) ;

2° Le droit de séparation des patrimoines s'exerce
d'une manière indivisible ;

3° Tous les créanciers du défunt restent entre eux
dans leur position respective. Les inscriptions
qu'ils peuvent prendre soit dans les six mois du décès, soit après les six mois, ne produisent aucun
effet à l'égard des créanciers du défunt entre eux (1).

278. — Telles sont les bases du système généralement suivi. A ne voir que chacune des propositions
en particulier, abstraction faite de l'ensemble, il ne
paraît pas déraisonnable. Aussi a-t-il été embrassé
par la presque unanimité des auteurs. La jurisprudence de la Cour suprême tend évidemment à l'admettre (2). Eh bien, réunissez tous les principes

---

(1) Ce point est cependant vivement controversé parmi les partisans du système. En effet, cette idée conduit à la violation la plus
manifeste des art. 2111 *in fine*, 2113 et 2146 du Code civil. Elle
se réfute d'ailleurs par l'absurdité des conséquences. Pour ne pas
heurter la raison, quelques jurisconsultes ont inventé un procédé
que nous ferons connaître plus tard (*Voy.* ci-après, nᵒˢ 473 et
suivants).

(2) Je n'ai pas voulu amonceler les citations, parce que ce genre
de travail m'a toujours répugné. On ne doit citer suivant moi que
pour critiquer. Autrement l'ouvrage d'un jurisconsulte devient une
table des autres ouvrages, et alors il vaut beaucoup mieux consulter nos arrêtistes qui sont arrivés sous ce rapport à une grande
perfection. Les personnes qui voudront contrôler mes idées n'auront qu'à se reporter à l'ouvrage de M. Zachariæ, excellent résumé dogmatique du Code civil, et aux notes de MM. Aubry et Rau,

précédemment posés pour en faire un corps de doctrine, et vous aurez la plus curieuse macédoine qu'il soit possible d'imaginer. C'est la meilleure réfutation que l'on puisse donner d'un pareil système. Je vais tâcher de rapprocher les bizarreries et les incohérences qu'il présente.

Il faut pour cela nous placer dans deux hypothèses : ou l'héritier n'est pas sous le coup d'une saisie réelle; ou les biens de l'héritier et ceux du défunt ont été confusément mis sous la main de justice par un créancier saisissant.

A. — DU CAS OU LES BIENS NE SONT PAS SAISIS.

279. — Le but du bénéfice de séparation étant de protéger les créanciers du défunt contre les conséquences de l'événement qui les prive de la personne de leur débiteur, les créanciers de la succession à terme, sous condition, ainsi que ceux qui n'ont pas de titres exécutoires, ont évidemment le droit de demander la séparation des patrimoines. C'est ce qui résulte de ces mots de l'art. 878, *dans tous les cas*. On est d'accord à cet égard.

ses traducteurs, qui ont rendu un grand service à la science en le mettant en rapport avec la jurisprudence actuelle et la doctrine des facultés d'aujourd'hui; toutes les autorités y sont citées (*Voy.* § 618).

Voyons le système dans l'application.

Les créanciers du défunt veulent user du bénéfice qui doit les protéger. Contre qui formuleront-ils leur demande? Est-ce contre les créanciers de l'héritier? Oui, le système l'exige; mais on ne les connaît pas!... On ne peut pas les connaître. Il n'y en a peut-être pas encore. Pourtant il faut se hâter; car l'héritier qui a la libre disposition des biens provenant du défunt va les dissiper, et le gage prétendu exclusif des créanciers de la succession sera perdu sans retour. En vain ils ont pris des inscriptions suivant l'art. 2111 du Code civil, le système dit que ces inscriptions ne conférant ni privilége ni hypothèque, et par conséquent n'entraînant pas avec elles le droit de suite, ne sont pas un obstacle à la libération des acquéreurs. Comment faire alors? Eh bien, disent quelques auteurs, les créanciers de la succession s'adresseront à l'héritier. Soit; admettons cette doctrine, quoiqu'elle soit repoussée par la lettre de l'art. 878 du Code civil. Les créanciers de la succession assignent donc l'héritier en séparation des patrimoines, et le jugement dit qu'ils sont séparés... de qui?.. de l'héritier? Cela est impossible, puisque le système n'admet pas la séparation des créanciers de la succession de la *personne* de l'héritier, la saisine n'étant aucunement modifiée par la séparation des patrimoines du Code civil.

Permettre une demande en séparation contre l'héritier, c'est donc dire : Voilà un créancier du défunt qui demandera la séparation contre une personne que le jugement de séparation ne séparera pas de celui qui demande la séparation!! ce qui est évidemment absurde.

Mais si, comme cela n'est pas douteux, sous le Code civil, la demande en séparation n'a pas pour objet de séparer les créanciers du défunt de la personne de l'héritier, et si le jugement ne peut par suite constituer une administration séparée du patrimoine de la succession, que devient alors la protection qui doit résulter du bénéfice au profit des créanciers de la succession?.. Néant!... L'absurdité d'une pareille doctrine est donc démontrée. La demande n'a abouti à aucun résultat. C'est un non-sens, comme je l'ai déjà dit : c'est *oui* et *non!* Il y a séparation, en théorie; en fait, il y a confusion. Ou bien, il faut arriver à ce système déraisonnable, à savoir : que la séparation des patrimoines ne peut être demandée, lorsque l'héritier n'a pas de créanciers personnels, ou lorsque ses créanciers personnels, redoutant une séparation de patrimoines, se font payer dans l'ombre par l'héritier avec les biens du défunt aliénés à des acquéreurs de bonne foi ; que par conséquent les créanciers du défunt n'ont aucun moyen de conserver leur gage et qu'ils ne peuvent se prémunir contre la mauvaise gestion future de l'héritier.

Si le système romain eut été mieux connu, toutes ces incohérences n'auraient jamais été proposées.

B. — DU CAS OÙ LES BIENS SONT SAISIS.

280. —Lorsque les biens confondus des deux patrimoines sont sous le coup d'une saisie réelle, le système que je combats se comprend mieux. Les créanciers de la succession interviennent dans la saisie et demandent, contre le poursuivant, que ce qui provient du défunt soit distrait de la saisie, en ce sens que le séquestre possède deux masses de biens différentes. L'adjudication peut avoir lieu, suivant l'origine des biens, en deux lots. L'une comprend les biens provenant du défunt, et l'autre comprend les biens de l'héritier. Le juge-commissaire à l'ordre compose ensuite deux masses à distribuer. Sur la masse de la succession, les créanciers qui ont demandé la séparation des patrimoines et qui ont satisfait aux prescriptions de la loi, obtiennent collocation par préférence aux créanciers de l'héritier, et ils viennent en concurrence sur la masse de l'héritier avec les créanciers de ce dernier. Eh bien, telle est la bizarrerie du système, que même dans ce cas, le seul où il soit praticable, il est encore en défaut sous deux rapports.

En effet,

1° Les créanciers de la succession ne peuvent poursuivre l'héritier sur ses biens personnels sans le reconnaître pour débiteur. Si donc ils produisent à la distribution des biens propres de l'héritier, ils sont déchus de leur droit de préférence sur le patrimoine du défunt!... Et pourtant il n'y a en fait qu'une seule distribution complexe. En sorte que les créanciers de la succession sont obligés de restreindre leur demande en collocation sur la partie du prix à distribuer provenant des biens du défunt, quoiqu'ils soient créanciers personnels de l'héritier. Ils sont créanciers; mais il leur est interdit d'exercer leurs droits de créance!

C'est toujours *oui* et *non;* parce que le système repose sur deux bases qui sont diamétralement opposées l'une à l'autre.

2° Pesez maintenant ceci. Ce n'est pas dans la séparation des patrimoines que les créanciers du défunt trouvent leur moyen de protection. C'est dans un événement étranger, c'est-à-dire, dans la saisie dont ils profitent par contre-coup, parce qu'elle a enlevé à l'héritier la libre disposition des biens placés sous la main de justice. Eh bien, que le créancier poursuivant qui, je le suppose, a seul un titre exécutoire, soit désintéressé, que va-t-il arriver? C'est que les créanciers de la succession à terme, sous condition, ou qui n'ont pas de titres exécutoires, ne pourront obtenir la subrogation dans la poursuite des biens du défunt (1), puisqu'ils ne peuvent exécuter... La saisie sera donc rayée. Le séquestre disparaîtra avec la cause de son institution, en sorte que l'héritier rentrera dans la libre disposition des biens héréditaires, et cela, malgré la séparation des patrimoines prononcée par jugement dans le cours de la poursuite. En effet, le jugement avait bien séparé les créanciers de la succession des créanciers de l'héritier que nous avons supposés représentés valablement par le poursuivant, mais il ne les avait pas séparés de la personne de l'héritier en ce qui touche les deux patrimoines. Or les créanciers de l'héritier disparaissant avec le saisissant désintéressé, il ne reste plus que l'héritier, contre lequel la séparation est impuissante!... Dès lors la fortune des créanciers héréditaires dépend du caprice et même de la mauvaise foi de l'héritier (2).

(1) Ils doivent bien se garder de demander la subrogation dans les effets de la poursuite en ce qui touche les biens de l'héritier. Ils renonceraient par cela même à leur préférence sur les biens du défunt. Telles sont les idées généralement admises sur l'art. 879.

(2) Il est vrai que l'on réserve la question de fraude ; mais ce n'est rien dire. Les tiers acquéreurs de bonne foi se libèrent valablement malgré les inscriptions de l'art. 2111 qui ne peuvent les atteindre, et ils ne peuvent être évincés qu'autant que l'on prouve leur complicité avec le représentant du défunt (C. civ., art. 1167). En sorte que ce moyen de pallier les vices de la théorie est encore un non-sens.

Et pourtant, en établissant la séparation des patrimoines, le législateur n'a pu vouloir que ce que le droit romain voulait, c'est-à-dire protéger les créanciers du défunt contre les conséquences du décès de leur débiteur.

281. — Le système généralement suivi manque donc au principe de son institution. Encore une fois, il ne peut protéger qu'autant qu'on admet la séparation des créanciers de la succession, de la personne de l'héritier. Rejeter cette base fondamentale du droit romain, et cependant conserver, tout en le repoussant, les conséquences du principe des stoïciens en ce qui touche les rapports des créanciers du défunt avec les créanciers de l'héritier sur le seul patrimoine de la succession, c'est organiser un système qui n'a pas de fondement. C'est bâtir dans la tourbe, c'est se faire étrangement illusion.

282. — Je comprendrais à la rigueur la théorie de Pothier, tout illogique qu'elle puisse être ; mais le système suivi aujourd'hui me paraît incompréhensible. Il ne peut avancer une seule proposition capitale qui ne soit à l'instant rétorquée par lui-même.

Qu'on se rappelle la division de nos deux paragraphes dans lesquels nous l'avons exposée sous la forme du *oui* et du *non*. Rapprochons-les, et nous arriverons aux plus étranges inconséquences.

Ordre d'idées du § Ier.

283. — Il y aura deux masses distinctes de biens : biens du défunt, biens de l'héritier. Il y aura deux universalités juridiques : universalité des biens du défunt, universalité des biens de l'héritier; il y aura deux débiteurs différents : le défunt, qui reviendra à la vie par une fiction, et l'héritier... Si on ajoutait : qui sera séparé des créanciers de la succession, tout serait expliqué; ce serait la théorie romaine; mais non...

Ordre d'idées du § II.

L'héritier continuera la personne du défunt. Oui, l'héritier sera héritier malgré la résurrection de son auteur. Le défunt sera mort au regard de l'héritier....

284. — § Ier. Mais il sera vivant au regard des créanciers de l'héritier. Ainsi le défunt sera mort au regard de l'héritier; mais il sera vivant au regard de ceux qui tiendront leurs droits de l'héritier !...

§ II. Toutefois il ne sera pas vivant au regard de tous (art. 2111 *in fine*).

285. — § Ier. Il ne reviendra complétement à la vie que dans l'intérêt des créanciers du défunt inscrits dans les six mois du décès, suivant l'art. 2111 du Code civil.

§ II. Après les six mois il sera censé mort au regard des créanciers de l'héritier qui auront pris des inscriptions sur les biens héréditaires, ainsi qu'au regard des créanciers du défunt non inscrits dans les six mois...

§ Iᵉʳ. Mais il sera censé vivant au regard des créanciers de l'héritier qui n'auront pris aucune inscription, et les créanciers de la succession, qu'ils se soient ou non inscrits après les six mois, pourront encore produire leur droit de séparation tant que les biens ou leur produit en argent seront dans les mains de l'héritier soit en nature, soit en créances. Cela n'aura toutefois lieu qu'à l'encontre des créanciers de l'héritier non inscrits ou inscrits après eux (C. civ., art. 2111, 2113, 880).

286. — § Iᵉʳ. Il y aura une demande en justice pour séparer les deux patrimoines. Cette demande s'intentera contre les créanciers de l'héritier. On les connaîtra comme on pourra. Puis, quand la demande sera suivie d'un jugement, les deux patrimoines seront divisés. La confusion aura cessé...

§ II. Mais il n'y aura ni syndic, ni magister pour administrer la masse héréditaire... Seulement, les biens seront toujours confondus dans les mains de l'héritier!... La libre disposition de ces biens lui appartiendra ; car la séparation ne le concerne pas. Et si le critique fait la question suivante : Que de-

vient la protection due aux créanciers du défunt ?
On lui répondra : vous vous imaginez donc que la
séparation des patrimoines a pour objet de mettre
les créanciers du défunt à l'abri de tous les inconvénients pouvant résulter pour eux du décès de leur
débiteur !... (1).

287. — § Ier. Cependant, la séparation produira
des effets remarquables en faveur des créanciers de
la succession qui l'auront demandée. Elle leur donnera une préférence exclusive sur les biens de la
succession à l'encontre de toute espèce de créanciers de l'héritier ;... mais cette préférence ne sera
ni un privilége ni une hypothèque...

§ II. Et pourtant, l'héritier continuant le défunt,
tous les créanciers des deux classes sont créanciers
du même débiteur... C'est une cause de préférence d'un nouveau genre qui s'exerce entre créanciers d'un même débiteur... Et qui pourtant n'est
ni un privilége ni une hypothèque (*Voy.* C. civil,
art. **2094**).

288. — § II. L'héritier continuant le défunt est
imposé aux créanciers de la succession à la place
du débiteur de leur choix qui est décédé. L'héritier
est dans toute l'étendue du mot leur débiteur personnel.

***

(1) *Voy.* les annotateurs de M. Zachariæ, §§ 6, 18, note 46.

§ Ier ET APPENDICE. — Mais il leur est interdit de le reconnaître comme tel, sous peine de consommer leur ruine!... (*Voy.* art. 879).

289. — § II. Vous croyez que l'héritier étant le débiteur personnel des créanciers de la succession, ces derniers vont pouvoir sans danger pour eux mettre en exercice leurs droits de créances sur les biens propres de l'héritier? *error irreconciliabilis!* comme dirait Cujas...

§ Ier. En poursuivant l'héritier sur ses biens propres, ils le reconnaissent pour débiteur, et ils sont déchus des avantages attachés à leur séparation des créanciers de l'héritier.

290. — § I^r. Créanciers de l'héritier par suite de la saisine non modifiée, les créanciers de la succession viennent au marc le franc avec les créanciers de l'héritier sur le patrimoine de ce dernier...

§ Ier. Mais, écoutez bien ceci : s'ils produisent à la distribution des biens de l'héritier leur débiteur personnel, ils l'auront reconnu comme leur *débiteur personnel.* Eh bien? — Eh bien, ils seront déchus de leur droit de séparation!!...

Continuons.

291. — § Ier. La demande en séparation appartient à la théorie de l'indivisibilité, puisqu'elle a pour objet de reconstituer une universalité, un tout juridique, un patrimoine, en faisant cesser la confusion (1).

§ II. Les héritiers continuant la personne du défunt ne sont tenus chacun que pour leurs parts et portions héréditaires.

Si la demande tend à reconstituer un tout indivisible, que devient le principe de la division des dettes ?

Si la demande est divisible, que devient l'universalité juridique ?...

292. — § Ier. Le patrimoine du défunt constituant une universalité juridique distincte du patrimoine de l'héritier, les fruits produits par les biens de la succession *depuis le décès* doivent augmenter la masse héréditaire, *fructus augent hæreditatem* (2).

§ II. L'héritier continuant le défunt, et ayant par suite la libre disposition des biens héréditaires, peut *a fortiori* disposer des fruits et les confondre avec ses biens personnels !... En sorte que la théorie se trouve aussitôt limitée, de manière qu'elle ne s'appliquera jamais. Elle ne pourra recevoir d'application que dans le cas d'une saisie qui immobilise les

____

(1) Cette question est vivement controversée. Nous l'examinerons sous l'art. 2111.

(2) **MM.** Aubry et Rau me paraissent ici faire une fausse application du droit romain. Le *pignus prætorium* ne commençait que par la prise de possession effective.

fruits ou qui empêche la confusion , et alors il faut à la séparation des patrimoines, pour se mettre en exercice , un secours étranger dont elle devrait se passer dans notre législation.

293. — § Ier. Tous les créanciers du défunt restent entre eux dans leurs positions respectives. Les inscriptions ne produisent aucune espèce d'effet à leur égard. C'est la conséquence forcée d'un régime collectif (*Voy*. C. civ., art. 2146).

§ II. L'héritier ayant la libre disposition des biens de la succession, peut démembrer l'universalité juridique au profit de ses créanciers personnels. En sorte que les créanciers de l'héritier peuvent, dans certains cas, l'emporter sur les créanciers du défunt (art. 2111 et 2113). Que devient alors le régime collectif ? Que deviennent les deux universalités juridiques qui, suivant le système, doivent être complétement séparées l'une de l'autre ?...

294. — § II. Vous allez croire que les créanciers du défunt inscrits suivant l'art. 2111, l'emportant sur les créanciers inscrits de l'héritier qui l'emportent sur les créanciers du défunt non inscrits ou inscrits après eux (2111 *in fine*), les six mois passés, vont l'emporter *a fortiori* sur ces derniers ? Vous êtes dans l'erreur...

§ Ier. Le régime collectif s'y oppose. Tous les créanciers du défunt restent entre eux dans leurs positions respectives. La règle *si vinco vincentem te a fortiori te vincam* a fait son temps. On nous démontrera qu'elle n'est pas applicable. Il ne faut pas en effet, perdre de vue que le défunt est revenu du tombeau pour régler le sort de ses créanciers, comme s'il était encore vivant...

295. — Quant aux art. 2111 et 2113, on les divise malgré l'évidence de leur connexité. Quelques-uns, pourtant, n'osant pas pousser la témérité jusqu'à rayer l'art. 2113 de la théorie des priviléges, l'appliquent au cas de l'art. 2111 ; et alors ils font dégénérer en créanciers hypothécaires pour ne s'être pas inscrits dans les six mois du décès, ceux qui, suivant eux-mêmes, inscrits dans les six mois n'auraient pas été privilégiés hypothécaires. Ceux-ci gagnent à dégénérer...

Tous morcellent les art. 2111, 2113, 2146, et travaillent à qui mieux mieux à les détourner de leur véritable sens. Puis ils arrivent au fatras que l'on connaît, c'est-à-dire à une théorie abstruse, livrée aux tiraillements de deux bases tout à fait contraires, à une théorie qui se résume par saisine et séparation, c'est-à-dire, par conjonction et disjonction ; à une théorie qui annonce qu'elle va tout séparer, et qui en définitive ne sépare rien ; à une théorie qui veut protéger et qui ne protége pas ; à une théorie enfin, qui n'atteint en aucune façon le but proposé. Et on appelle tout cela la théorie romaine!.... Oh! ne profanez pas les grands noms de Paul, de Papinien et d'Ulpien pour les rendre responsables d'incohérences pareilles! Étudiez les textes dans les textes, et ne les étudiez pas dans Pothier. Alors, je vous réponds que, comme moi, vous resterez convaincus que la séparation des patrimoines ne peut exister qu'à la condition de séparer les créanciers du défunt de la personne et des créanciers de l'héritier, ou dans tous les cas que, si vous voulez adopter le tempérament équitable de Papinien, cela ne peut se pratiquer qu'à l'aide de mesures collectives analogues à la *missio in possessionem* qui n'existe plus dans notre droit.

Exposer ainsi la doctrine généralement admise, c'est la réfuter de la manière la plus complète. Il est inutile de nous y arrêter plus longtemps. C'est un tissu d'incohérences qui ne mérite pas d'être décoré du nom de système.

296. — C'est ainsi que le bénéfice de séparation s'est perdu. Ce qu'il y a de plus extraordinaire, c'est que nos meilleurs interprètes, courant tous les uns à la suite des autres, pensent encore aujourd'hui être dans le système du droit romain. Ils ont suivi Lebrun, Domat et Pothier dans leurs erreurs, puis ils ont retranché de leur doctrine les lambeaux de séparation qu'elle présentait encore.

On peut donc, comme je l'ai dit plus haut, résumer le système généralement suivi en deux mots : C'est l'erreur de Pothier considérablement augmentée. De là est venue cette théorie nuageuse qui n'est ni celle d'une séparation des patrimoines, ni celle des priviléges hypothécaires. De là, des droits de préférence sans droits réels qui les précèdent, des non-sens enfin, dont un peu de réflexion et surtout un peu d'étude des textes seuls du droit romain, abstraction faite des interprètes, auraient depuis longtemps fait justice.

297. — Lorsque je médite sur l'histoire de la séparation des patrimoines, je ne puis m'empêcher de remarquer tout le mal qu'ont fait à la science du droit les premiers interprètes, au moins dans quelques matières. Qu'on ne s'y trompe pas, c'est à Accurse qu'il faut remonter pour trouver la source de la théorie abstruse que nous avons examinée. En vain Cujas lutta contre lui. *Turpiter Accursius impingit, etc....* Accurse avait dit que les créanciers du défunt étaient, malgré la séparation des patrimoines, des créanciers de l'héritier, et la pratique, qui suivait la grande glose avec idolâtrie, voulut absolument qu'il en fut ainsi. La routine l'emporta, et les protestations du géant des interprètes furent inutiles. Cela s'est perpétué ainsi jusqu'à Pothier, mais non sans contestation.... Puis enfin, Pothier

ayant donné raison à Accurse contre Cujas en disant : Que le bénéfice de séparation étant introduit
en faveur des créanciers du défunt, ne devait pas
être rétorqué contre eux, l'héritier resta leur obligé
personnel, ce qui conduisait tout droit au marc le
franc entre les créanciers des deux classes sur les
biens de l'héritier. Pothier, toutefois, n'avait pas
osé aller jusque-là en présence des textes du droit
romain ; mais, Chabot de l'Allier, avisant sous le
Code que la loi n'avait pas reproduit le tempérament
de Papinien, et poussant jusqu'aux dernières limites
les conséquences de la fausse doctrine 'de Pothier,
décida que le marc le franc devait s'établir sur les
biens de l'héritier entre tous les créanciers du défunt et de l'héritier. MM. Merlin, Persil et presque
tous ceux qui sont venus après eux, ayant trouvé
fort judicieuse la remarque de Chabot, adoptèrent
sa doctrine, et il en résulta que la séparation qui,
sous Pothier, conservait encore quelque chose de
son origine, ne sépara plus rien du tout, c'est-à-
dire, que la séparation des patrimoines ne divisa
plus les deux patrimoines.

298. — Tel est le système généralement suivi.
Toutefois plusieurs auteurs reculent devant l'absurdité de quelques-unes de ses conséquences. Ainsi
ils font l'application de la règle *si vinco vincentem te
a fortiori te vincam* au cas où les créanciers du dé-

funt inscrits dans les six mois viennent concourir avec des créanciers hypothécaires de l'héritier et des créanciers héréditaires non inscrits. Telle est la doctrine de MM. Delvincourt et Dalloz. Cela est bien sans doute; mais au fond, c'est toujours la même théorie avec tous les vices que nous avons signalés. Aucun ne remonte à l'origine du mal. On n'a pas vu que la condition d'existence du bénéfice de séparation était la séparation des créanciers du défunt de la *personne* de l'héritier, et que dès que le Code civil ne pouvait recevoir cette interprétation, il fallait se jeter dans le régime hypothécaire, ou bien dire : Les créanciers du défunt ne seront aucunement protégés.

SYSTÈME N° 4.

299. — Comme je l'ai déjà dit, il faut en matière de législation, payer, dans le passage d'un système radical à un autre système radical, le tribut à la transaction. La doctrine de Pothier qui commence à s'éloigner du droit romain en conserve quelque chose. La doctrine généralement suivie sous le Code, coupe l'une des deux jambes de la théorie de Pothier, en sorte que la séparation des patrimoines ne peut plus marcher. Maintenant, nous allons voir de nouveaux jurisconsultes commencer à se jeter franchement dans le régime hypothécaire.

Là il ne s'agira plus de séparation collective et par masses ; mais les créanciers du défunt quels qu'ils soient, pourront pourvoir à leur propre sûreté, chacun de leur côté. L'origine des biens sera encore importante à connaître. Sous ce rapport, le nouveau système aura encore quelque analogie avec l'antique séparation. Les créanciers du défunt rechercheront d'abord les biens ayant appartenu au défunt et ils les appréhenderont à leur singulier profit, en s'inscrivant dans les six mois du décès. Ils seront privilégiés comme des vendeurs. Une fiction les substituera au défunt qui sera censé vendre à son héritier son patrimoine avec la réserve d'un privilége à certaines conditions pour assurer le payement du passif qu'ils apporteront à l'héritier, sur l'actif qui lui sera transmis par suite du décès. S'ils ne se sont pas inscrits dans le délai de faveur accordé à tous, ils ne seront pas entièrement déchus de la prérogative attachée à leur origine ; et, s'ils veulent encore s'inscrire après les six mois, ils dégénèreront en simples créanciers hypothécaires, venant par conséquent à la date de leurs inscriptions. Ces inscriptions vont dès lors jouer un rôle important ; elles ne seront plus détournées du sens que la loi y attache.

En cela, ces jurisconsultes seront blâmés par les partisans de la doctrine généralement adoptée ; et cependant ils seront, suivant nous, dans le vrai.

Mais, chose remarquable! ils commettront la faute tout à fait contraire aux partisans du système n° 3. Ils ne nous annonceront pas, comme ces derniers, un régime collectif pour virer de bord et nous présenter ensuite un régime insaisissable : ils nous annonceront un régime individuel. Puis tout à coup, sous la foi de je ne sais quel argument *a contrario*, le plus pitoyable de tous les arguments en général, ils abandonneront les conséquences forcées de leur doctrine pour faire cause commune avec les partisans de la théorie abstruse généralement suivie; ce en quoi ils seront fortement applaudis par le n° 3 et vertement blâmés par le n° 5. Leur système aura les inconvénients des demi-mesures. Voulant se mettre bien avec tous les partis, ils ne réussiront qu'à se faire critiquer par tous. De la faute qu'ils auront commise en retournant au n° 3, il va résulter une monstruosité en droit. Le privilége et l'hypothèque des créanciers du défunt seront simplement relatifs!... Ainsi, le droit réel existera, mais il n'existera pas vis-à-vis de tous. Le privilége produira effet à l'égard des héritiers, des tiers détenteurs et des créanciers de l'héritier ; mais il ne produira pas effet à l'égard des créanciers du défunt!.. L'inscription sera un non-sens vis-à-vis de ces derniers. Et comme la doctrine de ces jurisconsultes les poussera vers des absurdités, ils feront les ef-

forts les plus ingénieux pour maintenir les créanciers du défunt sur le pied de l'égalité, tout en accordant aux uns un privilége et aux autres une
simple hypothèque. Enfin, l'erreur dans laquelle
ils se seront jetés, en faisant volte-face, les conduira
à dire que, l'inscription étant inutile à l'égard des
créanciers du défunt, elle le sera également à l'é-
gard des créanciers de l'héritier non inscrits. On
verra ainsi, comme dans le système nº 3, des droits
de préférence sans droits réels qui les précèdent.
Ils reparleront alors de la séparation des patrimoines
dont il ne devrait plus être question dans leur théorie. Cela les conduira à conserver des textes anciens qui seront tout étonnés de se trouver accolés
à leurs idées nouvelles. La reconnaissance de l'héritier pour débiteur fera tomber leur privilége, et
l'héritier, dans leur théorie, sera toujours le débiteur personnel des créanciers du défunt !...

Qui ne voit que c'est l'un ou l'autre, et non pas
l'un et l'autre? Adoptez si vous le voulez un régime
collectif; soumettez la succession à une administration comptable; retournez à la doctrine de Paul, d'Ulpien et de Cujas; je le veux bien. Alors ne me parlez pas d'hypothèque; mais si vous me parlez d'hypothèque, ne me parlez plus des conséquences d'un
régime collectif que vous avez proscrit vous-même,
et abordez franchement le nouvel ordre d'idées dans

lequel vous entrez... Telle est, au fond, la doctrine de M. Duranton (1). Quelques arrêts semblent se rattacher à cette théorie. Elle est la plus facile à réfuter; elle fait marcher de front l'hypothèque et une partie des conséquences de la séparation collective des patrimoines, c'est-à-dire deux choses qui, dans notre législation, s'excluent mutuellement.

RAMIFICATIONS DE CE SYSTÈME.

300. —Quelques jurisconsultes, à ce qu'il paraît, [car je ne les connais pas; je cite ici sous la foi de **M. Dufresne (2)**], reconnaissent, comme **M. Duranton**, une hypothèque au profit des créanciers du défunt qui s'inscrivent en temps utile; puis, ils ne lui accordent pas le droit de suite. Je ne saisis pas.

(1) M. Duranton, que je me permets de critiquer ici, a cependant commencé à faire marcher la science sur la matière que nous traitons. Son ouvrage est à méditer.

(2) *Voy.* l'Avertissement en tête du *Traité de la Séparation des patrimoines, suivant le droit romain, le Code civil et la jurisprudence des tribunaux* (Paris, Durand, 1842) : « Ne pas confondre, dit l'auteur, mon Traité avec celui de M. Blondeau... » Oh! non; il n'y a pas de danger à cet égard. Pourtant, je serais injuste, si je ne disais que cet ouvrage évite des recherches dans les compilations d'arrêts. C'est encore ce qu'il y a de plus complet dans le sens des idées généralement admises. L'auteur a fait tous ses efforts pour arriver à un système; mais il n'y en a pas dans son livre. Dans l'ordre d'idées qu'il a suivi, il ne peut y en avoir. Ce n'est pas dans les anciens jurisconsultes français qu'il faut étudier le droit romain; c'est la plus mauvaise source que l'on puisse choisir. Du reste, c'est un travail fait avec conscience.

SYSTÈME Nᵒ 5.

301.—Arrivée à ce point, la question commence à devoir être comprise. Je la résume ainsi : il y a dans notre Code civil de quoi étayer trois systèmes différents.

Le titre *des Successions*, abstraction faite du titre *des Priviléges*, doit conduire à la doctrine de Paul et d'Ulpien en rejetant le tempérament de Papinien. Mais ce système ne peut se soutenir qu'en l'isolant de l'ancienne jurisprudence française, et en mettant de côté les art. 2111 et 2113 du Code civil.

Le même titre *des Successions* doit conduire à la théorie de Pothier, si l'on remarque que les art. 878, 879, 880 et 881 sont tirés des ouvrages de ce jurisconsulte. Mais ce système n'est plus la séparation des patrimoines. Il ne donne plus qu'un droit de préférence entre créanciers, ce qui le pousse au privilége et à l'hypothèque.

Enfin, le titre *des Priviléges* se jette franchement dans les coutumes qui assuraient le payement des créanciers du défunt par le régime hypothécaire, et il faut avouer que les art. 2111 et 2113 ont organisé pour les créanciers du défunt, la théorie la plus protectrice qu'il soit possible d'inventer. Pourtant, nous aurons à signaler quelques lacunes regrettables et quelques vices de rédaction. Mais au fond, le Code civil aura été, sur ce point, bien plus radical que le législateur de l'an VII, qui lui a fourni la théorie des priviléges.

Nous ne nous arrêterons pas ici à exposer ce système, on le verra se développer dans les études suivantes. Sur notre route, nous rencontrerons des textes qui appartiennent aux deux théories anciennes. Il faudra alors ou les modifier ou les détourner de leur sens primitif, pour les faire entrer, bon gré mal gré, dans le régime hypothécaire. Vouloir tout concilier !.... c'est entreprendre un travail impossible. Il faut subir le système des transactions. Oh! le Code civil... il est destiné à mettre à la torture tous ceux qui ne se contentent pas de s'en aller arrêtisant et glosant sur les détails, mais qui, par besoin de tempérament, veulent absolument embrasser les théories dans leur ensemble. C'est parce qu'on a voulu à toute force faire marcher de front des textes ayant des origines différentes, que nous voyons cette multitude de doctrines qui se heurtent. se croisent et se réunissent pour se diviser ensuite. Est-ce que l'existence même de ce fait constant ne prouve pas, à elle seule, qu'il y a là-dessous quelque chose qui n'a pas été compris? Eh bien! ce quelque chose, c'est que Pothier s'est laissé aller au torrent, c'est qu'il n'a pas saisi le véritable sens des lois romaines, c'est que le Code l'a copié aveuglé-

ment pour se jeter ensuite dans le régime hypothécaire, où il était forcément conduit par les erreurs
de l'ancienne jurisprudence, sous peine de ne protéger aucunement les créanciers du défunt.

Telle est ma conviction profonde. Suis-je dans le
vrai? L'avenir me l'apprendra.

Maintenant, auquel des trois systèmes devons-
nous donner la préférence (1)? Au point de vue de
l'interprétation du Code civil, la question ne peut
être douteuse un instant. Le système hypothécaire
est plus récent que les deux autres; par conséquent
il doit l'emporter sur ses rivaux.

302. — Ces études ayant pour objet tout à la fois
l'examen de l'ensemble de la législation et de ses
détails, il est temps d'arriver à l'exposé de la théorie que nous avons adoptée comme la seule conforme à la loi.

---

(1) Je ne parle que des systèmes de Paul, de Pothier et du système hypothécaire. Il est par trop évident que la théorie généralement suivie n'est pas un système.

QUATRIÈME ÉTUDE.

TRAITÉ DE LA SÉPARATION DES PATRIMOINES.

PLAN DE CETTE ÉTUDE.

303. — Dans un premier paragraphe, nous verrons que les créanciers du défunt peuvent seuls jouir du bénéfice de la séparation individuelle des patrimoines;

Dans un deuxième, que les créanciers de l'héritier ne profitent pas de ce bénéfice;

Et dans un troisième, nous verrons quels sont les biens sur lesquels s'exerce le privilége des créanciers du défunt.

SOMMAIRE.

§ Ier. — LES CRÉANCIERS DU DÉFUNT PEUVENT SEULS JOUIR DU PRIVILÉGE DE LA SÉPARATION DES PATRIMOINES.

(C. civ., art. 878-881.)

§ II. — ART. 881 DU CODE CIVIL.

§ III. — SUR QUELS BIENS S'EXERCE LE PRIVILÉGE DES CRÉANCIERS DU DÉFUNT.

ne doivent pas profiter exclusivement de la somme déboursée pour le rachat,

329. — A moins que la somme déboursée ne soit constatée venir des deniers de la succession.

350. — Renvoi pour le cas de vente à réméré par l'héritier d'un immeuble héréditaire.

351. — *Quid juris* au cas d'échange par l'héritier d'un immeuble de la succession contre un autre immeuble? — Solution de Lebrun rejetée sous le Code.

352. — *Quid* à l'égard des biens rapportés lors du partage ?

SÉPARATION DES PATRIMOINES.

Ier. — LES CRÉANCIERS DU DÉFUNT PEUVENT SEULS JOUIR DU PRIVILÉGE DE LA SÉPARATION DES PATRIMOINES.

(C. civ., art. 878, 881.)

304. — On est tenté de croire à la lecture de l'art. 878 que le Code civil a voulu consacrer l'antique séparation des patrimoines ; que les créanciers du défunt vont se réunir sous la présidence d'un juge-commissaire, comme autrefois, les créanciers romains sous la présidence du préteur ; qu'ils vont nommer un mandataire qui, au nom de tous, administrera, pour le compte de la réunion des créanciers héréditaires, le patrimoine du défunt séparé avec soin de celui de l'héritier ; que ce dernier deviendra étranger aux créanciers du défunt ; que la loi va organiser des mesures collectives au moyen desquelles on pourra se passer de la personne et de l'héritier, qu'en un mot, on procédera par masses distinctes de biens et de créanciers différents.

Ces promesses pompeuses portent en elles le germe de bien des déceptions.

Cette séparation des patrimoines se demandera

non pas contre l'héritier, mais *contre tout créancier*.
La loi n'ose pas même dire contre tous les créanciers
de l'héritier, de peur qu'on ne l'interpelle sur la
question de savoir comment on les connaîtra et
comment il faudra s'y prendre pour revendiquer un
patrimoine que les défendeurs ne possèdent pas.
Dès lors, cette séparation annoncée si haut, ne séparera nullement les deux patrimoines. Elle se réduira humblement à une préférence de créanciers
à créanciers, qui même, ne se réalisera qu'autant
que l'héritier voudra bien le permettre. Ce sera tout
simplement la fausse théorie de Pothier, c'est-à-
dire, une protection nulle pour les créanciers du défunt, à moins que nous n'y mettions bon ordre avec
le titre *des Hypothèques.* Puis, ces idées de préférence accolées avec ces idées de séparation jetteront
le trouble dans la rédaction même de la loi, comme
nous allons le voir en analysant l'article qui nous
occupe, à la manière des glossateurs.

305. — Ils...

Qui, *ils?* les créanciers de l'article précédent? Il
ne parle que des créanciers du défunt ayant des titres exécutoires. Est-ce à dire que cette restriction
soit dans l'esprit de la loi? Évidemment non. Il faut
donc traduire ce mot *ils,* par ceux-ci : *Les créanciers du défunt, quels qu'ils soient et quels que soient
leurs titres.*

Peuvent....

Ainsi, la préférence que la loi leur accorde est purement facultative ; elle est en effet dans leur seul intérêt. S'ils ne remplissent pas les formalités prescrites par les art. 2111 et 2113, ou s'ils laissent le mobilier s'échapper des mains de l'héritier, ils ne pourront acquérir cette préférence. Elle peut d'ailleurs être le plus souvent inutile, si l'héritier leur offre des garanties suffisantes.

Demander...

Mauvaise expression dans le système du Code civil. Il n'y a pas de demande en séparation des patrimoines possible, si ce n'est contre l'héritier, et la loi veut qu'elle soit intentée contre les créanciers de l'héritier. Cela veut dire qu'il ne s'agit ici que d'une demande en collocation par privilége, *attendu la qualité de créancier du défunt*. C'est un point que nous examinerons plus tard (1). Cette expression *demande* est un vestige du droit romain dont le Code n'a pas reproduit la doctrine.

Dans tous les cas....

C'est-à-dire que la créance soit conditionnelle ou à terme.

Contre tout créancier....

Même les créanciers privilégiés et hypothécaires.

____

(1) *Vide infra*, n°s 368 et suiv.

Créanciers de qui? de l'héritier sans doute. Remarquons cependant que la loi ne distingue pas.

LA SÉPARATION DU PATRIMOINE DU DÉFUNT D'AVEC LE PATRIMOINE DE L'HÉRITIER.

C'est-à-dire une cause de préférence sur les biens du défunt; car la séparation sous le Code n'est plus la séparation des Romains. La séparation du Code ne sépare rien. L'héritier a toujours la libre disposition des biens du défunt, et les créanciers du défunt sont toujours les créanciers personnels de l'héritier. Il n'y a plus incompatibilité entre ces deux idées : *créanciers du défunt* et *créanciers de l'héritier*. Si on considère les biens du défunt comme distincts de ceux de l'héritier, ce n'est que pour donner aux créanciers héréditaires, c'est-à-dire à ceux qui ont commencé par être les créanciers du défunt, et qui, à raison de cette circonstance, sont réputés privilégiés, le moyen de les appréhender par l'inscription (C. civ., art. 2111) s'il s'agit des immeubles, ou par des mesures conservatoires s'il s'agit des meubles. Mais ce système ancien, d'après lequel les biens étaient vendus à la requête des créanciers de la succession, non pas à proprement parler sur la personne de l'héritier qui leur devenait étrangère, mais en quelque sorte (*quasi defuncti bona vendiderunt*) sur le défunt lui-même qui, par une fiction, se survivait jusqu'à ce que la séparation eut produit tous ses effets, ce système qui opérait entre *les créanciers de la succession et l'héritier* une scission complète est perdu sans retour. Au surplus, dans notre manière de voir, ce n'est pas un grand mal ; car la doctrine des art. 2111 et 2113 nous paraît bien préférable à celle du droit romain qui ne s'accommode pas facilement avec nos mesures d'exécution. Mais alors il faut être radical, et suivre les conséquences des idées nouvelles qui se sont fait jour en cette matière.

Je traduis donc ainsi l'art. 878 du Code civil : *Les créanciers dont les droits ont pris naissance dans la personne du défunt peuvent acquérir, dans tous les cas, des causes de préférence sur les biens héréditaires, en se conformant aux formes prescrites par la loi* (art. 2111, 2113).

306. — On objectera peut-être, que si nous commençons ainsi par faire la loi, il nous sera facile d'organiser un système qui s'harmonisera avec elle ; mais que ce n'est pas ainsi qu'on doit procéder. La réponse est, qu'au titre *des Successions,* les auteurs du Code étaient sous l'influence de Pothier, et croyaient être dans le système du droit romain ; mais que, dès qu'ils ont introduit dans la matière le régime hypothécaire au titre *des Priviléges,* et consacré par conséquent des idées toutes nouvelles, il est impossible de ne pas procéder ainsi, à moins

de faire consister la science du jurisconsulte, comme
cela a eu lieu trop longtemps, dans la conciliation
subtile d'éléments hétérogènes et de tomber dans
les arguties que nous reprochons aux systèmes
contraires. Au surplus, nous aurons le même reproche à faire aux partisans de l'ancienne doctrine,
sous les art. 2111 et 2113. Seulement nous les verrons encourir deux reproches au lieu d'un ; car ils
ne se contentent pas de modifier aussi les textes,
mais ils vont encore jusqu'à les supprimer, ce qui
est infiniment plus grave, et ceux d'entre eux qui
ne les suppriment pas, tombent dans des contradictions flagrantes, en organisant un système bâtard
qui ne se comprend plus.

307. — Quoi qu'il en soit, il est certain que l'article 878 du Code civil, rédigé comme il l'est dans
la loi, appartient à la théorie de Pothier. Le nier, serait nier l'évidence. Mais comme Pothier ne voyait,
à tort, suivant nous, qu'une cause de préférence
dans la séparation des patrimoines, le mot *séparation* sous le Code sera donc synonyme de cause de
préférence. Et comme une cause de préférence sur
certains biens ne peut être que le résultat d'un droit
réel, qui, de la chose sur laquelle il était assis, se
reporte sur le prix qui la représente, et réalise ainsi
le droit de préférence lui-même, il en résulte que
la séparation des patrimoines, entendue comme

l'entend le Code, conduit tout droit au privilége ou à l'hypothèque. C'est donc vers cet ordre d'idées que doivent tendre nos efforts, et en cela, nous croyons fermement être dans le vrai. La modification de rédaction que nous faisons subir à l'art. 878 se justifie ainsi tout naturellement ; elle ne change rien au fond des choses.

308. — Cela posé, recherchons plus particulièrement quels sont les créanciers qui peuvent acquérir un droit réel, et par suite une cause de préférence sur les biens provenant du défunt. Ce sont les seuls créanciers de ce dernier (art. 878, 881) et ses légataires (art. 2111 et 1017). Sous cette dénomination, on comprend tous les créanciers personnels du défunt et ses légataires, même ceux à terme et sous condition.

309. — En ce qui concerne le terme, relativement aux immeubles, il ne peut y avoir de difficulté, parce que le terme n'est jamais un obstacle à l'inscription des priviléges et hypothèques attachés à une créance.

L'effet du purgement rend d'ailleurs la dette hypothécaire exigible (C. civ., art. 2184) ; en sorte que, par suite de l'ordre, le créancier du défunt à terme ou son légataire reçoit le montant de sa collocation.

310. — Relativement au mobilier, la position se complique, parce que la loi n'a pas, comme pour les immeubles, tracé au créancier héréditaire la marche qu'il doit suivre pour réaliser sa cause de préférence, et que la nature des meubles s'oppose à ce que les règles qui régissent les immeubles s'appliquent dans toute leur étendue à cette espèce de biens.

Nous verrons dans le cours de notre route la manière de procéder relativement au mobilier. Quant à présent, constatons seulement que le créancier héréditaire peut, malgré le terme, faire des actes conservatoires, tels que l'apposition des scellés, l'inventaire, etc. On est d'accord à cet égard; il n'y a rien dans le terme qui puisse s'opposer à ces sortes de mesures.

311. — En ce qui concerne la condition, il est certain également que le créancier conditionnel peut s'inscrire sur les immeubles du défunt et prendre, relativement au mobilier, les mesures nécessaires pour que ce mobilier ne lui échappe pas.

312. -- L'héritier, créancier personnel du défunt, peut évidemment user du bénéfice de séparation pour la partie de la dette non éteinte par la confusion. En effet, si la confusion qui s'est opérée en sa personne par la saisine, a éteint sa créance jusqu'à concurrence de sa part héréditaire, pour le surplus, il est un véritable créancier de la succession, et à ce titre, il a droit au même privilége que les autres créanciers du défunt (*Voy.* 1. 7, C. *de bon. aut. jud.*).

313. — La caution du défunt, qui a payé la dette, même après le décès, doit être rangée dans la classe des créanciers de la succession ; elle est subrogée à tous les droits du créancier qu'elle a désintéressé. Or, ce créancier était évidemment un créancier héréditaire (C. civ., art. 2029).

314. — Les créances du défunt contre l'héritier continuent-elles d'exister, de telle sorte que les créanciers de la succession les trouvant dans le patrimoine du *de cujus,* puissent les exercer avec leurs priviléges et hypothèques, sur les biens de l'héritier? ou bien au contraire, ces créances ne sont-elles pas définitivement éteintes par la confusion? Je pense que ces créances sont éteintes par la confusion et que par conséquent, les créanciers de la succession ne peuvent les faire valoir du chef de leur débiteur décédé.

Notons bien qu'il s'agit ici uniquement de la confusion entre le créancier et le débiteur devenus héritiers l'un de l'autre, mais qu'il ne s'agit pas de la confusion qui s'opère entre deux personnes débitrices d'un tiers et qui sont également héritières l'une de l'autre. Cette distinction est fondamentale, car pour ce dernier cas, la solution ne sera pas la même.

Cela posé, je ne vois aucun texte dans le droit romain qui donne aux créanciers de la succession demandant la séparation des patrimoines, le droit de faire revivre les créances du défunt éteintes par la confusion.

Le § 12 de la loi d'Ulpien (*Dig.* tit. *de Separat.* l. 1) ne paraît pas avoir rapport à la confusion des créances qui s'opère dans l'adition d'hérédité, et s'il y avait rapport la question serait tranchée en faveur de notre manière de voir. La loi 3 de Papinien (*tit. cod.*) ne prévoit précisément que la seconde espèce dont nous avons parlé. Cependant le système des Romains en matière de séparation se prêtait bien mieux que le nôtre à la théorie que nous combattons.

Car chez eux il y avait une séparation complète entre les créanciers du défunt et la personne de l'héritier. Que conclure de ce silence ? Faut-il étendre la loi 3 de Papinien qui prévoit un cas spécial et la transformer en règle générale ? J'en tirerais une conséquence toute contraire ; et les termes dont se sert Papinien qui, ici encore, fait une concession à l'équité, viendraient à l'appui de mon raisonnement. Et puis enfin, si, ce que je ne pense pas, les créances du défunt contre son héritier, éteintes par la confusion, renaissaient sous le régime de la séparation, au profit des créanciers héréditaires, où est le texte du Code civil qui reproduit cette doctrine? et pourtant quand la loi proclame en principe que la confusion est un moyen d'extinction des obligations. Il va de soi qu'à moins d'exceptions formelles, la règle générale doit être suivie.

Si nous faisons d'ailleurs application des véritables principes de la confusion au cas de la séparation des patrimoines, nous voyons que les créances du défunt contre son héritier ont dû nécessairement s'éteindre sans retour, et cela par une raison toute spéciale à la matière. En effet, la confusion a beaucoup d'analogie avec la compensation, et elle se réduit en définitive, au cas qui nous occupe, à une fiction d'après laquelle l'héritier, qui est tout à la fois créancier et débiteur de sa propre personne, est censé s'être payé à lui-même les sommes qu'il devait au défunt.

« *Confusio etiam est pro solutione, aut pro pensatione cedit. Videtur enim hœreditas ipsa hœredi, vel hœres hœreditati quod debet solvere protinus in ipso articulo adeundœ hœreditatis* (Cujas, *ad leg.* 59, *ad senat. cons.* **Trebell. Quest. Pauli.** Fabrot, t. II, p. 1046).

Or l'héritier, en matière de séparation des patrimoines, a pu, au moyen de l'adition de l'hérédité en droit romain et au moyen de la saisine, confirmée par sa volonté en droit français, réaliser cette fiction, puisque la libre disposition des biens du défunt lui appartenait en droit romain jusqu'à la *missio in possessionem*, dans le cours de laquelle s'opérait la séparation, et qu'elle lui appartient en droit français jusqu'à la saisie des biens soumis au privilége. Comprendrait-on qu'il en fût autrement? Quoi! l'héritier successeur du défunt pourra recevoir, *medio tempore*, les créances dues au défunt par les tiers; il pourra en confondre le produit avec ses propres biens, par là rendre impossible l'exercice du privilége des créanciers héréditaires, et il ne lui sera pas permis de se payer à lui-même par confusion la créance du défunt dont il est devenu seul propriétaire! Il ne faut pas perdre de vue que la saisine investit l'héritier de tous les droits et actions du défunt; que c'est l'héritier qui le représente. Les créanciers du défunt n'ont plus, à partir du décès, d'autre débiteur personnel que l'héritier. La distinction des créanciers héréditaires et des créanciers de l'héritier n'est, sous le Code, qu'une affaire de mots. Tous sont créanciers de l'héritier; Seulement, les uns, à raison de leur origine, sont des créanciers privilégiés sur certains biens appartenant désormais à l'héritier, débiteur commun, et voilà tout. Si donc ils exercent les actions de leur débiteur, ce ne peut être que les actions appartenant à l'héritier. Comment dès lors les créanciers du défunt, devenus ceux de l'héritier, pourraient-ils exercer contre l'héritier les actions de l'héritier?

Ce serait consacrer cette idée déraisonnable, que l'héritier-défunt pourrait poursuivre l'héritier-débiteur du défunt, c'est-à-dire se poursuivre lui-même.

On arrive donc forcément à cette conclusion : que la saisine continuant d'exister avec tous ses effets, malgré le bénéfice de séparation, il faut subir toutes les conséquences du principe; que par suite, tant que la saisine existera, la confusion existera, parce que la saisine, c'est le titre qui donne lieu à la confusion, et que la confusion, c'est un payement fictif, c'est l'extinction de la créance. Il est donc impossible que les créanciers de la succession puissent exercer une créance payée, et dont le produit, par une fiction légale, s'est confondu avec les biens personnels de l'héritier.

315. — Mais, s'il en est ainsi dans le cas où il s'agit d'une créance du défunt contre son héritier, il n'en est plus de même pour le cas où il s'agit d'une créance contre des tiers, lorsque la confusion vient à s'opérer entre ces tiers héritiers l'un de l'autre. La raison en est que, dans cette dernière espèce, la confusion ne peut porter préjudice au créancier.

C'est ici que vient se placer le texte de Papinien (l. 3, ff. *de Separat.*) qui a été l'origine de toute la théorie des juriconsultes sur la confusion en matière de séparation.

Pour le bien comprendre, il faut savoir que les

Romains reconnaissaient deux espèces de confusions des actions personnelles par l'adition d'hérédité.

La première espèce de confusion avait lieu dans le cas où le débiteur était devenu héritier de son créancier, *aut vice versa;* c'est notre confusion ordinaire (*Voy.* à cet égard l. 7, C. *de pactis,* et l. 5, C. *de her. act.*). La seconde espèce de confusion est très-embrouillée dans le droit romain; on n'est pas certain d'avoir les textes dans toute leur pureté. Voici toutefois ce qui semble en ressortir d'utile pour l'explication de la loi de Papinien. Cette dernière espèce de confusion avait lieu dans le cas où le débiteur principal devenait l'héritier du fidéjusseur ou réciproquement, et enfin, dans le cas où la même personne était devenue héritière tout à la fois de l'obligé principal et de la caution (l. 24, Cod. *de fidejuss.*). L'héritier ne pouvait être alors tenu *ex fidejussoria causa,* l'obligation de la caution se trouvant éteinte par la confusion. *Quum reus promittendi fidejussori suo hæres extitit, obligatio fidejussoria perimitur* (l. 14, ff. *de fidejuss.*). Ou d'une manière générale, il y avait confusion toutes les fois que l'obligation principale se réunissait sur une même personne à l'obligation accessoire (l. 93, § 2, ff. *de Solut.* (1), ou enfin, comme le dit

---

(1) Il faut retrancher la négation et lire *confunditur obligatio,* au lieu de *non confunditur.*

Papinien (l. 95, § 3, *de Solut.* ff.), le fidéjusseur, héritier du débiteur principal, est libéré comme fidéjusseur, toutes les fois que l'obligation du débiteur principal est plus étendue, *plenior,* que la fidéjussion : car si le débiteur principal n'était obligé que naturellement, la fidéjussion qui donne une action civile, quoiqu'elle ne garantisse qu'une dette naturelle, subsisterait toujours dans l'intérêt du créancier. Telle est l'interprétation de Cujas. Il reconstitue le texte d'après les basiliques, et au lieu de : *Nam si reus duntaxat fuit obligatus, fidejussor liberatur,* il lit : *si reus natura duntaxat fuit obligatus fidejussor non liberatur.* Il existe sur ce point une controverse dont il est inutile de nous occuper ici. L'interprétation de Cujas, conforme à la version grecque, paraît la plus vraisemblable (*Voy.* Cujas, *ad* § *quod vulgo,* l. 95, ff. *de Solut. Quæst. de Papinien,* Fabrot, t. Iᵉʳ, posth. p. 746).

De ce que l'obligation personnelle du fidéjusseur était éteinte par la confusion, il ne faudrait pas conclure que tous les accessoires de cette obligation périssaient également. Tantôt, les accessoires de la fidéjussion existaient malgré la confusion, tantôt, on les considérait comme anéantis. Le gage, par exemple, subsistait toujours (1). Au contraire on

____

(1) Le droit de gage ou l'action hypothécaire subsistait toutes les fois que l'extinction de la dette s'opérait par une nécessité ju-

agitait la question de savoir si la caution de la caution n'était pas libérée par la confusion de l'obligation du fidéjusseur avec l'obligation de l'héritier débiteur principal. On décidait alors que, puisque l'obligation du fidéjusseur était éteinte par la confusion, l'obligation du certificateur de caution était également éteinte (*Voy. Africanus*, 1. **38**, ff. § 5, *de Solut.*). Par conséquent, le créancier, par un fait qui lui était pourtant étranger, perdait la garantie qu'il avait acquise dans la personne du certificateur de caution.

Cela posé, revenons à la loi 3, ff. *de Separat.* de Papinien.

316. — Le jurisconsulte suppose l'espèce suivante : Primus est créancier de Secundus, débiteur principal, et de Tertius qui s'est obligé comme caution. Tertius meurt et laisse pour héritier Secundus, le débiteur principal. *Quid juris?* Primus pourra-t-il demander la séparation du patrimoine de la caution d'avec le patrimoine du débiteur principal son héritier ? La raison de douter est que l'obligation du fidéjusseur s'est confondue avec l'obligation du débiteur principal, *quæ major fuit, plenior fuit,* qui est plus étendue et qui par conséquent, d'après ce qui

ridique, sans que le créancier ait été satisfait. *Voyez* cependant M. Pellat, traduction de l'*Histoire externe et interne du droit privé des Romains*, par Schilling (§ 21, note).

a été dit plus haut, est éteinte. Cependant Papinien, le jurisconsulte de l'équité, tout en reconnaissant l'obligation de la caution éteinte par la confusion, *quamvis extincta,* dit qu'il serait trop rigoureux de ne pas venir au secours d'un créancier qui a si bien pris ses précautions, *qui sibi diligenter prospexerat ;* en conséquence il fait fléchir le droit pour l'équité et il accorde à ce créancier le bénéfice de séparation.

Cette solution est-elle admissible sous le Code? Je n'en fais aucun doute, parce que, dans notre législation, il faut tenir pour constant que les effets de l'obligation de la caution subsistent, malgré la confusion qui s'opère entre le fidéjusseur et le débiteur principal, toutes les fois que le créancier a intérêt à ce que ces effets continuent d'exister. L'art. 2035 (C. civ.), qui rejette les conséquences subtiles de la théorie romaine, relativement au certificateur de caution, n'est que la suite de ce principe.

Qu'on le remarque bien, cette espèce n'a pas d'analogie avec celle que nous avons examinée précédemment. Ici, le créancier a deux débiteurs; l'un vient à mourir : qu'arrive-t-il? C'est que le créancier ayant commencé par être créancier du défunt peut profiter des avantages que la loi attache à sa qualité. Il se trouve que, par une circonstance indépendante de sa volonté, le défunt a pour héritier l'obligé principal? Est-ce que cette circonstance peut le priver des avantages attachés à sa créance, tels que des hypothèques que le défunt a consenties à son profit, ou, ce qui est la même chose, des priviléges que la loi lui donne (art. 2111 et 2113), pour empêcher que les autres créanciers de l'héritier ne viennent lui enlever la garantie attachée à sa qualité de créancier du défunt? Ici, il n'y a point de payement fictif de la créance, puisque la caution n'est pas créancière du débiteur principal. C'est une obligation accessoire qui vient se réunir à l'obligation principale, et voilà tout. Le créancier trouve dans lui-même l'origine de son droit; il n'est pas, comme au cas de confusion de l'héritier débiteur du défunt, obligé d'exercer les actions du défunt transmises à l'héritier contre l'héritier lui-même. Dès lors, la raison qui nous a fait adopter une solution contraire dans la première espèce que nous avons examinée, n'existe pas dans la seconde.

Il faut donc tenir pour constant que le créancier de la caution décédée pourra inscrire le privilége que la loi accorde aux créanciers héréditaires, et faire, pour conserver sa créance sur les biens de la caution, tous les actes conservatoires de ses droits : le tout malgré la confusion qui, au décès de la caution, s'est opérée dans la personne du débiteur principal.

317. — Il en est de même dans le cas où le défunt est tenu comme débiteur principal et son héritier obligé comme caution. Il est évident, en effet, que le même créancier qui peut appréhender par l'inscription les biens du fidéjusseur, afin d'obtenir un privilége contre les créanciers du débiteur qui lui succède, peut *a fortiori* appréhender de la même manière les biens du défunt débiteur principal, afin d'obtenir le même privilége contre les créanciers du fidéjusseur devenu son héritier.

518. — *Quid juris*, s'il s'est ouvert plusieurs successions dans les délais accordés par la loi pour régulariser le bénéfice de séparation ?

Dans le droit romain, les créanciers de la première succession pouvaient demander la séparation du patrimoine de cette succession d'avec les patrimoines de toutes les autres. S'ils avaient suivi la foi de l'héritier de la première succession, ils étaient devenus des créanciers de l'héritier, et ils pouvaient au décès de ce dernier, en qualité alors de créanciers du défunt, demander contre la troisième succession et les suivantes la séparation de la seconde, comprenant les biens de la première, s'ils existaient encore, et ainsi de suite. Mais ils ne pouvaient jamais demander la séparation en remontant. En effet, les créanciers de l'héritier n'obtiennent jamais le bénéfice (*Voy.* l. 1, § 8, ff. *de Separat.*).

Cette décision a-t-elle lieu sous le Code civil ?

Non-seulement elle a lieu, mais encore elle est forcément étendue par le résultat des principes de notre
législation, parce que le Code civil, dans son système, comme je le démontrerai plus tard, n'a pu
faire perdre aux créanciers héréditaires le bénéfice
de séparation, c'est-à-dire le privilége qui en résulte, par la simple acceptation de l'héritier pour
débiteur, et que cette perte de privilége, à la différence de ce qui existait à Rome, ne peut aujourd'hui
résulter que d'une véritable novation ou de la volonté du créancier, manifestée par des actes emportant renonciation évidente au privilége.

Ainsi, si l'on suppose trois successions venant à
s'ouvrir successivement, les créanciers de la première, en s'inscrivant suivant l'art. 2111 dans les
six mois du décès sur les biens de la succession.
l'emporteront sur tous les créanciers de l'héritier.
Comme ce privilége ne les empêche pas d'être créanciers de l'héritier, ils se trouveront au décès de celui-ci des créanciers du défunt, au regard des
créanciers de l'héritier de l'héritier; en conséquence,
ils pourront encore s'inscrire dans les six mois du
décès de l'héritier, et réaliser ainsi un nouveau
privilége contre les créanciers de l'héritier; et cela
se continuera de cette manière tant qu'il s'ouvrira
des successions avant le payement ou la prescription de leurs créances.

Mais il faut bien remarquer que, s'ils laissaient passer les six mois de chaque décès sans s'inscrire suivant l'art. 2111, ils ne seraient plus que des créanciers hypothécaires, venant par conséquent au regard des tiers à la date des inscriptions qu'ils pourraient encore prendre suivant l'art. 2113.

319. — Les créanciers hypothécaires du défunt peuvent-ils user du bénéfice des art. 2111 et 2113 du Code civil?

Cela ne peut être douteux. C'est la qualité de créancier du défunt qui donne le droit de s'inscrire aux termes de ces articles, et les créanciers hypothécaires peuvent souvent avoir un grand intérêt à le faire; par exemple, si leur hypothèque n'est que spéciale et si leur gage paraît insuffisant.

§ II. — LES CRÉANCIERS DE L'HÉRITIER NE JOUISSENT JAMAIS DU PRIVILÉGE.

(Code civil, art. 881.)

320. — Ceux qui ont commencé par être créanciers de l'héritier ne peuvent évidemment jouir du privilége attaché à la qualité de créancier du défunt. D'une part, en effet, ils conservent toujours le même débiteur. Il ne s'agit pas à leur égard, comme à l'égard des créanciers héréditaires, d'un débiteur nouveau qui leur est imposé à la place du débiteur de leur choix. La nécessité de protéger les créanciers de l'héritier contre les conséquences de l'événement qui rend cette protection indispensable à l'égard des créanciers de la succession, n'existe donc pas. D'autre part, en droit commun, l'existence de dettes antérieures ne prive pas le débiteur de la faculté d'en contracter de nouvelles. S'il peut toujours augmenter le nombre de ses créanciers, il peut aussi, en acceptant une succession, même onéreuse, faire siens les créanciers du défunt, sans que ses créanciers personnels puissent le trouver mauvais. De là cette règle, que les créanciers de l'héritier ne jouissent jamais du privilége de la séparation des patrimoines introduit en faveur des seuls créanciers du défunt (*Voy.* Ulp., l, 1, § 2, ff. *de Separat.*).

321. — Ces idées, quoique assurément rationnelles et conformes aux véritables principes du droit, furent difficilement admises en France. On les traita de subtiles. Pothier, tout en admettant la loi romaine comme établie sur une base solide, énonce cependant que, de son temps, la question était vivement controversée (*Voy.* aussi Lebrun, nos 14 et suiv., et surtout n° 16). Aujourd'hui, cette discussion n'a plus qu'un intérêt purement historique. Notre Code, mettant de côté l'ancienne jurisprudence, en est revenu à la loi romaine, dont la théorie, à cet égard, repose en effet sur une raison bien décisive.

322. — Il est inutile de nous occuper des exceptions que les Romains apportaient au principe de notre article : elles n'ont plus de rapports avec notre droit (1) (*Voy.* l. 1, §§ 18, 6, 9, et l. 6, § 1, ff. *de Separat.*).

323. — *Quid juris* si l'héritier accepte une hérédité mauvaise pour faire tort à ses créanciers? Ces derniers peuvent-ils dans ce cas obtenir la séparation des patrimoines et renvoyer les créanciers de la succession à se faire payer sur les biens héréditaires?

Ulpien se pose cette question ; mais le stoïcien sévère n'entend pas donner aux créanciers de l'héritier le droit de séparation, malgré la raison d'équité qui semble en cette circonstance militer en leur faveur. « Que les créanciers de l'héritier, dit-il, « s'imputent d'avoir contracté avec un homme « d'aussi mauvaise foi » (l. 1, § 5, ff. *de Separat.*).

Cependant, il ajoute que, *extra ordinem,* c'est-à-dire en jugeant lui-même le procès sans renvoyer les parties devant un juge, le préteur pourrait annuler l'adition d'hérédité comme frauduleuse, ce qui, toutefois, serait bien difficile à admettre.

Mais remarquons bien qu'il ne parle plus de séparation de patrimoines ; et en effet, dans le cas de

---

(1) La séparation chez les Romains ne regardait pas seulement les successions, elle était admise encore dans d'autres cas.

l'annulation de l'adition d'hérédité comme frauduleuse, il ne peut plus s'agir de la véritable séparation.

On sent bien que l'équitable Pothier ne pouvait
souscrire à une pareille doctrine. Aussi, se fondant sur
la loi 3, ff. *quæ in fraudem*, il décide que dans l'espèce de notre question (et c'est, suivant lui la seule),
les créanciers de l'héritier peuvent obtenir le bénéfice de séparation.

Je pense qu'il faut s'en tenir au texte d'Ulpien
reproduit par le Code civil. En effet, notre article
ne fait pas de distinction. En aucun cas, les créanciers de l'héritier ne peuvent jouir du bénéfice de
séparation, peut-être pourront-ils, en vertu du principe de l'art. 1167, faire annuler l'acceptation
de l'hérédité comme ayant été faite en fraude de
leurs droits, et encore cette action révocatoire réus-
sira bien difficilement : « n'y ayant rien, comme
« le dit Lebrun, n° 20, de plus naturel et de moins
« suspect que de se porter héritier d'une personne
« dont la succession est déférée par la coutume. »
Mais qu'on ne s'y trompe pas, l'annulation de l'adition d'hérédité, à supposer qu'elle puisse jamais
avoir lieu dans notre droit où l'héritier ne va pas
trouver l'hérédité et où c'est l'hérédité qui vient au
contraire le trouver, sauf la manifestation d'une
volonté qui la repousserait, n'est pas la séparation
des patrimoines. Quelles seraient en effet les con-

séquences d'un jugement qui annulerait l'acceptation de la succession comme faite en fraude des droits des créanciers?

Ce jugement aurait pour effet vis-à-vis des parties de l'instance, de faire considérer cette acceptation comme non avenue, et par suite, l'héritier comme étranger au défunt; or, il est certain que la séparation des patrimoines ne se comprend que quand la succession est acceptée purement et simplement. Il ne peut donc dans ce cas s'agir de la véritable séparation.

D'ailleurs, cette annulation autoriserait-elle les créanciers chirographaires de l'héritier à s'inscrire sur les biens de leur débiteur suivant les articles 2111 et 2113 du Code civil? Évidemment, ces articles appartiennent à un tout autre ordre d'idées. Il faut donc rejeter la décision de Pothier non reproduite par le Code, et s'en tenir à la disposition de l'article 881 qui ne fait aucune distinction : distinction d'ailleurs impossible dans le système de notre législation.

§ III. — SUR QUELS BIENS S'EXERCE LE PRIVILEGE DES CRÉANCIERS DU DÉFUNT.

324. — Le privilége des créanciers héréditaires a lieu sur les meubles comme sur les immeubles du défunt, la loi n'exige qu'une seule condition, c'est que les biens héréditaires se trouvent dans les mains de l'héritier à titre de succession. *Non peti separatio nisi re adhuc integra potest : id est quamdiu bona quorum separatio petitur adhuc extant apud hæredem* (1).

Mais il faut bien remarquer que, relativement aux immeubles, cette disposition doit se combiner avec la publicité des priviléges et hypothèques, telle que le Code l'entendait et telle qu'elle résulte en dernier lieu de l'art. 834 du Code de procédure. La difficulté sera donc de savoir jusqu'à quelle époque les biens du défunt seront réputés exister encore entre les mains des héritiers au regard des créanciers héréditaires. Car il n'est pas présumable que la loi ait permis à l'héritier de mettre à néant, par une aliénation consentie incontinent après le décès, le privilége des créanciers de la succession.

S'il en était ainsi, le législateur, tout en voulant protéger ces derniers, n'aurait en réalité protégé personne ; c'est là un point capital que nous examinerons sous les art. 2111 et 2113 du Code civil.

525. — Puisque les meubles comme les immeubles sont grevés du privilége des créanciers héréditaires, il n'y a aucune distinction à faire relativement aux créances du défunt contre les tiers, car les

______

(1) Pothier, *Pandectes*, tit. *des Séparations*, art. 3, § 2, nº 14.

créances sont un bien de l'hérédité et quelquefois même, le plus important.

326. — *Quid juris* par rapport aux actions en général?

Les actions comme les autres biens du défunt, forment aussi le gage des créanciers héréditaires. Si leur mise en exercice produit quelqu'actif, rien ne s'oppose à ce que la règle générale reçoive son application.

Ainsi un immeuble qui rentrerait dans le domaine de l'héritier par l'exercice d'une action résolutoire, par exemple, serait certainement un bien de l'hérédité, que l'héritier posséderait désormais à titre de succession, et sur lequel par conséquent les créanciers du défunt pourraient s'inscrire. Car l'action résolutoire a pour effet d'effacer le trait de temps et de faire considérer l'aliénation comme n'ayant jamais existé (*Voy.* Code civil, art. 1183-1184).

327. — Dans le cas de vente à réméré par le défunt à un tiers qui aurait payé le prix de son acquisition, les créanciers héréditaires pourraient-ils prendre inscription aux termes des art. 2111 et 2113 sur l'immeuble ainsi aliéné, tant que la faculté de rachat peut s'exercer?

Je le pense; car la faculté de rachat est un actif de la succession, et si cette faculté, exercée soit par l'héritier soit par les créanciers en vertu de l'art. 1166 du

Code civil, fait rentrer l'immeuble dans les mains de l'héritier, la condition résolutoire à l'égard de l'acquéreur s'accomplit et fait considérer la vente comme n'ayant jamais existé. Le droit des créanciers du défunt peut donc, en attendant, se régulariser sur les biens vendus. Sous un rapport, il est vrai de dire que l'immeuble est encore entre les mains de l'héritier. En effet, l'acheteur n'est propriétaire que sous une condition résolutoire et par conséquent, l'héritier est propriétaire sous une condition suspensive. Ainsi les créanciers du défunt pourront s'inscrire tant que la vente ne sera pas devenue incommutable. Seulement leur droit réel sera soumis aux éventualités qui affectent la propriété elle-même (C. civ., art. 2125).

328. — Cette solution que je considère comme juridique fait naître cette autre question :

Ne serait-ce pas le cas dans la distribution du prix de la revente de l'immeuble rentré dans les mains de l'héritier, de distraire de ce prix une somme égale à celle déboursée par l'héritier pour l'exercice du rachat ; laquelle somme devrait être distribuée entre les créanciers du défunt et ceux de l'héritier sans privilége pour les premiers ?

Il me semble que les créanciers du défunt ne peuvent prétendre à aucun privilége sur la somme déboursée pour l'exercice du rachat ; ce serait les enrichir au préjudice de la masse.

En effet la somme déboursée par l'héritier n'était pas grevée de leur privilége, puisqu'elle faisait partie de ses biens personnels, soit par suite de la confusion des deniers, soit parce que cette somme provenait de l'héritier lui-même. On ne peut pas dire ici que l'immeuble, au moins jusqu'à concurrence de la somme déboursée pour le rachat, fait partie des biens héréditaires, condition indispensable pour asseoir le droit réel des créanciers de la succession. Cette somme d'ailleurs ne pourrait-elle pas être considérée, comme constituant des frais faits pour arriver à la revente et à la distribution du prix de cette revente ou bien pour conserver le gage commun, ce qui autoriserait au profit de la masse un prélèvement dont les créanciers du défunt ne pourraient pas se plaindre? Je le pense ; car enfin, les créanciers du défunt ne doivent avoir de privilége que sur ce qui forme précisément l'actif de la succession, et l'immeuble rentré dans les mains de l'héritier provenait bien de l'hérédité sans doute, mais il n'y est rentré que moins la somme qui a été déboursée pour consommer l'opération.

529. — *Quid juris* s'il était constaté que la somme déboursée pour l'exercice du rachat provenait des deniers de la succession?

Il me semble que ce serait le cas de colloquer les créanciers de la succession inscrits utilement sur la totalité du prix de l'immeuble rentré dans les mains de l'héritier par suite de l'exercice du retrait. *Si-quidem ex hœreditate,* dit Paul (l. 5, ff. *de Separat.*).

Mais, qu'on le remarque bien, cette question ne peut se présenter que rarement ; car je ne la comprends que dans le cas où l'héritier n'aura pas eu la libre disposition des deniers trouvés dans la succession, c'est-à-dire lorsque la confusion ne se sera pas opérée. Or, la confusion des deniers s'opère par cela seul que l'argent comptant tombe dans les mains de l'héritier. Je pense même qu'un inventaire dressé au décès ne suffirait pas pour empêcher la confusion des deniers trouvés au domicile du défunt, si les sommes avaient été laissées entre ses mains. Cependant, il pourrait se faire que l'argent comptant eût été remis à un gardien autre que l'héritier, ou même à l'un des héritiers à titre de dépôt, ce qui arrive souvent, lorsqu'il y a une veuve survivante et plusieurs enfants. Il pourrait se faire également que des saisies-arrêts eussent été pratiquées sur des débiteurs du défunt ou sur quelque dépositaire. Dans ces circonstances, il est certain que la confusion ne s'opère pas. Si on suppose ensuite que les créanciers du défunt, par suite d'un concert avec l'héritier, concert qui n'aurait rien que de légal, aient employé la somme dont l'origine est ainsi constatée, au retrait de l'immeuble qu'ils peuvent avoir souvent un grand intérêt à faire rentrer dans les biens héréditaires à raison de sa valeur, on peut comprendre alors que l'immeuble ainsi racheté est dans toute l'étendue du mot un bien de succession, et que, par conséquent, le prix total doit être distribué entre tous les créanciers inscrits suivant l'art. 2111 du Code civil.

330. — Nous examinerons sous les art. 2111 et 2113 le cas où c'est l'héritier qui, après le décès de son auteur, a vendu à réméré un immeuble héréditaire. La position se complique dans cette dernière espèce, ainsi qu'on le verra plus tard (*Voy.* n° 394).

331. — *Quid juris* si l'héritier a échangé un immeuble de la succession contre un autre immeuble? Les créanciers héréditaires auront-ils sur l'immeuble entré dans les mains de l'héritier, par suite de l'échange, le même privilége qu'ils avaient sur l'immeuble de la succession?

Cette question est amplement traitée par Lebrun, n° 29. Il se prononce en donnant l'option aux créanciers de la succession d'exercer leur droit de préférence suivant leur intérêt, soit sur l'immeuble échangé, soit sur l'immeuble donné en contre-échange.

Notre régime hypothécaire a nécessairement modifié cette solution.

En effet, l'échangiste est un véritable tiers-dé-

tenteur. Comme acquéreur de l'immeuble héréditaire, il est tenu, ou de délaisser l'immeuble pour
se débarrasser des poursuites, ou de prendre à son
compte toutes les dettes hypothécaires, ou de pur-
ger la propriété par lui acquise des droits réels qui
la grèvent.

Au premier cas, l'immeuble est vendu avec les
formalités de la loi, par suite du délaissement (Code
civil, art. 2174, 2175).

Au second cas, il y a lieu à l'application des articles 2167, 2168 et 2169 du même Code.

Au troisième cas il est tenu de notifier son contrat aux créanciers inscrits et de leur offrir en argent la valeur estimative de l'immeuble par lui
acquis. Dès lors les créanciers héréditaires inscrits
suivant les art. 2111 et 2113, ou porteront l'immeuble à sa véritable valeur par une surenchère,
ou accepteront les offres du tiers détenteur. Le prix
étant alors devenu définitif sera distribué suivant
le rang de chacun.

Quant à l'immeuble entré dans les mains de
l'héritier par suite de l'échange, il ne peut être leur
gage comme bien de succession, parce que l'héritier ne le possède pas, à titre de succession, mais
seulement à titre d'acquisition. Ils peuvent sans
doute en vertu de leur droit personnel contre l'héritier, poursuivre la vente de l'immeuble entré

dans les mains de leur débiteur par suite de l'échange ; mais alors ils renonceront à leur droit hypothécaire sur l'immeuble héréditaire, parce qu'ils ne peuvent avoir la chose et le prix.

Dans ce dernier cas, il me paraît incontestable qu'ils ne peuvent prétendre à un privilége sur l'immeuble acquis en contre-échange et qu'ils doivent venir sur le prix de cet immeuble au marc le franc avec les créanciers de l'héritier. La jurisprudence constante en matière d'échange conduit à cette solution.

On a prétendu que l'immeuble entré dans les mains de l'héritier, formant en quelque sorte le prix de l'immeuble de la succession, il y avait subrogation d'immeuble dans cette opération, et que par conséquent le droit réel des créanciers de la succession se reportait sur l'immeuble accepté en échange. La réponse est que ces subrogations d'immeubles n'existent que dans des cas fort rares, par exemple, en matière de remploi au titre *du Contrat de Mariage*, mais qu'elles ne peuvent jamais nuire aux droits réels acquis à des tiers ; que la loi n'a pas pu vouloir laisser à l'héritier le pouvoir d'annihiler le gage des créanciers du défunt, en lui permettant de soustraire à l'action légitime de ces créanciers, un immeuble héréditaire, par un échange de cet immeuble contre un autre immeuble qui n'aurait aucune valeur ; que les droits réels assis sur les immeubles ne peuvent se reporter sur le prix qu'autant que le prix consiste en argent, seule valeur représentative susceptible d'être l'objet d'une distribution.

Il faut ajouter qu'on donnerait en vain aux créanciers du défunt le droit de faire annuler comme frauduleux, l'échange consenti par l'héritier ; car ce moyen extrême n'aboutirait à rien, parce qu'il ne leur suffit pas de prouver la mauvaise foi de l'héritier, il faut encore qu'ils prouvent la collusion du tiers-détenteur (art. 1167) : ce qui veut dire dans la pratique que ce moyen n'en est pas un. Les objets qui font la matière d'un échange n'ont souvent qu'une valeur relative, et il est toujours extrêmement difficile de prouver la collusion d'un échangiste. Enfin si la loi n'a pas reproduit par un texte la décision de Lebrun ; c'est qu'elle a pensé avec raison que le régime hypothécaire protégeait suffisamment les créanciers du défunt contre les conséquences de l'échange.

352. — Que décider relativement aux biens rapportés, par le successible donataire du défunt, à la masse de la succession lors du partage ?

C'était autrefois une question très-controversée. Lebrun, n° 28, analyse les raisons pour et contre.

Il est d'avis que le droit des créanciers du défunt ne peut s'exercer sur les biens qui font l'objet du rapport. Pothier partage cette opinion. La raison décisive est que le rapport n'a lieu que pour l'égalité du partage ; que par conséquent les choses données ne sont réputées biens de la succession que par une fiction vis-à-vis des cohéritiers du donataire et non vis-à-vis des créanciers de la succession, lesquels ne peuvent se prévaloir de cette fiction qui n'a pas été faite pour eux (Voy. *contra* Bourjon, p. 896, nº 27).

On sent que la loi ayant consacré dans l'art. 857, le principe sur lequel se fondaient Pothier et Lebrun pour baser leur opinion, la question ne peut plus être douteuse aujourd'hui, et que le privilége des créanciers héréditaires ne peut s'exercer sur les biens rapportés. Cette solution, conforme aux véritables principes, donne lieu dans l'application aux difficultés les plus délicates en présence des dispositions contradictoires du Code civil. Nous les examinerons sous l'art. 2111 (1). Quant à présent, il suffit d'établir que les biens rapportés ne peuvent être grevés utilement par l'inscription des créanciers du défunt.

(1) *Voy.* nᵒˢ 401 et suiv.

CINQUIÈME ÉTUDE.

TRAITÉ DE LA SÉPARATION DES PATRIMOINES.

333.—Le privilége des créanciers de la succession peut se perdre .
1º Par la novation ;
2º Par la confusion ;
3º Et par la prescription.
Ces trois causes d'extinction du privilége seront traitées dans
trois paragraphes séparés.

SOMMAIRE.

§ Iᵉʳ. — DE LA NOVATION.

(Art. 879.)

§ II. — DE LA CONFUSION.

§ III. — DE LA PRESCRIPTION.

TRAITÉ DE LA SÉPARATION DES PATRIMOINES.

§ Ier. — DE LA NOVATION.

(C. civ., art. 879.)

334. — Toute la théorie moderne peut se réduire sur cet article à ce qui suit. L'acceptation de l'héritier pour débiteur de la part du créancier héréditaire est qualifiée novation en cette matière. Cette novation, qui n'a pas besoin pour exister des conditions exigées par les art. 1271 et 1278 du Code civil, puisqu'elle dépend d'un seul fait positif, l'acceptation de l'héritier pour débiteur, a pour effet, non pas d'éteindre l'ancienne dette en y substituant soit une nouvelle obligation, soit un nouveau débiteur, l'héritier continuant la personne du défunt, mais seulement d'empêcher l'exercice du bénéfice de séparation. Et cette théorie se fonde : 1° sur les lois romaines, dont le Code a reproduit, dit-on, les dispositions dans l'article qui nous occupe (*Voy.* Cass., 7 décembre 1814); 2° et sur le texte précis de l'art. 879, qui déclare qu'il y a novation par le seul fait, de la part du créancier héréditaire, de l'acceptation de l'héritier pour débiteur.

Car, dit M. Duranton, n° 497, si l'on eût entendu exiger une novation proprement dite, il suffisait de dire que le droit de demander la séparation serait éteint par la novation de la créance ou par la novation opérée avec le débiteur, et il ne fallait pas dire : « Lorsqu'il y a novation dans la créance du « défunt, *par l'acceptation de l'héritier pour débi-* « *teur* ». Ce qui certes n'est pas la même chose (1).

555. — Puis, en partant de ces idées plus ou moins fondées et sans les justifier autrement sous l'empire du Code, on décide que le créancier héréditaire est déchu du bénéfice de séparation, toutes les fois qu'il reconnaît l'héritier pour débiteur, ce qui a lieu notamment :

1° Si, en vertu de son titre contre le défunt, il poursuit l'expropriation des biens de l'héritier.

Pourtant, il lui sera permis de signifier les titres exécutoires qu'il avait contre le défunt. Cette signification est requise, sans doute, afin que les titres exécutoires contre le défunt le deviennent contre l'héritier personnellement (art. 877). Il ne faudrait pas un grand effort de logique pour conclure de là que cet acte ne peut s'expliquer de la part du créancier, qu'en lui supposant l'intention de reconnaître pour débiteur personnel l'héritier qu'il se propose

_____

(1) Il est malheureusement difficile de douter que tel n'est pas le sens historique de cet art. 879.

de poursuivre : ce qui, dans ce système, mène tout droit à la novation de l'art. 879. Malgré cela, il n'y aura pas novation ; mais c'est à une condition, c'est qu'il s'arrêtera aussitôt la signification faite. Ainsi, l'acte préliminaire de la poursuite lui sera permis et la poursuite lui sera interdite ; et s'il ose faire quelques tentatives contre l'héritier personnellement, s'il ose surtout poursuivre l'expropriation de ses biens propres pour obtenir son payement, la garantie hypothécaire que la loi dans les art. 2111 et 2113 attache à sa créance s'évanouira ! Il y aura novation dans son fait. Il aura reconnu l'héritier pour débiteur, ce qui est incompatible avec sa qualité de créancier du défunt. Incompatible !!! et on décide que la séparation des patrimoines ne modifie pas les effets de la saisine !...

336. — 2° S'il produit simplement à l'ordre des biens de l'héritier, quand même il viendrait ensuite à abandonner sa demande en collocation.

Ainsi, je suis créancier du défunt. Pour assurer le remboursement de ma créance, j'ai pris inscription dans les six mois du décès sur un immeuble de la succession, et par là j'ai acquis ou conservé un privilége sur cet immeuble (art. 2111). J'ai eu le malheur, pour ne pas ruiner le débiteur en frais, de chercher à me faire payer dans une distribution sur d'autres biens que celui qui m'était spécialement affecté, et voilà que ma tentative, ayant été infructueuse, je me verrai privé du gage qui m'appartenait sur l'immeuble grevé d'un privilége, que j'ai conservé au moyen des formalités prescrites par la loi ; et cela, parce que j'ai fait novation ! Mais c'est vous qui dites que j'ai fait novation... Je n'ai jamais eu l'intention d'abandonner mon droit hypothécaire sur l'immeuble que j'ai saisi par mon inscription. J'ai fait une tentative infructueuse pour me faire payer par le représentant du défunt, qui est le seul auquel je puisse m'adresser, et voilà tout. Si la loi voyait une novation dans un fait comme celui-là, il faudrait bien vite la changer, car elle serait contraire à la raison.

3° S'il exige de l'héritier des intérêts de sa créance.

Mais s'il ne les exige pas et si l'héritier les lui apporte? Oh! alors, il n'y aura pas novation (*Voy.* M. Duranton, n° 494).

Ainsi, créancier du défunt, ouvrez votre caisse pour recevoir votre dû, mais ne faites pas à l'héritier sommation de la remplir !

4° S'il assigne l'héritier devant les tribunaux, et s'il obtient contre lui personnellement condamnation pour la somme que lui devait le défunt.

Ici pourtant on admet une distinction. L'héritier est-il condamné en qualité de représentant du défunt? il n'y a pas novation. Mais si le créancier l'a poursuivi comme son débiteur personnel, et s'il a obtenu jugement contre lui en cette qualité, il y a novation. J'avoue que je ne comprends pas la distinction; car il me semble que l'héritier ne peut jamais être condamné personnellement que parce qu'il est le représentant du défunt, et que, par conséquent, la distinction ne s'appliquera jamais. Qui ne voit que la théorie contraire conduit tout droit à ce résultat, que le jugement aurait pour effet de donner naissance à la créance, tandis qu'il n'est que déclaratif de droits préexistants?

5° S'il accepte de l'héritier une caution, un gage ou une hypothèque.

Quoi! le créancier héréditaire ne se contente pas des garanties que la loi attache à sa créance, et voilà que vous décidez que, parce qu'il a demandé un surcroît de garantie, il a renoncé à celles qui lui appartenaient précédemment.

6° S'il accorde un terme ou délai à l'héritier pour le payement de la dette du défunt.

Cependant, il y a ici controverse. Quelques jurisconsultes ne veulent pas voir la novation de l'article 879 dans ce cas. Mais la question est bien douteuse (*Voy.* Duranton, n° 498). J'avoue que je ne comprends pas ces scrupules; car, pourquoi le terme ne constituerait-il pas une novation? Accorder un terme à l'héritier, c'est assurément le reconnaître pour débiteur, tout aussi bien qu'en acceptant de lui un gage ou une caution. C'est suivre sa foi, sa personne, comme disaient les lois romaines... Aussi, MM. Malleville et Dufresne repoussent-ils le schisme de MM. Delvincourt, Chabot et Duranton, et ils ont du moins sur eux l'avantage de la logique.

337. Tel est l'état actuel de la science sur cette matière importante. Ce qui m'étonne, c'est que cette théorie ait été admise par les auteurs sans contestation. Toullier, dans son ouvrage sur les successions (*Voy.* nº 546, note 2), ne paraissait pas convaincu; mais l'autorité de la Cour suprême, ou pour parler plus exactement, un malencontreux considérant d'un arrêt qui n'avait pas la question à juger (car il paraissait y avoir une véritable novation dans l'espèce soumise à la cour), a fini par l'entraîner comme les autres (Voy. *Traité des Obligations,* t. VII, nº 283). M. Vazeille, en rapportant ces décisions et autres semblables dans son résumé sur les successions, exprime des doutes (*Voy.* art. 879, nº 2); « ces solutions, dit-il, ne sont pas sûres. »

J'aime à croire que si la Cour suprême avait à statuer sur les espèces dont nous avons parlé, elle aurait de la peine à suivre à cet égard la doctrine des auteurs et qu'elle n'y verrait pas aussi facilement la novation de l'art. 879, considérée même comme une novation spéciale à la matière ; mais c'est en heurtant de front le principe sur lequel s'appuie cette théorie qu'il faut la combattre. Les demi-mesures, en droit, comme en tout, sont toujours fatales ; avec ces doctrines douteuses et non tranchées on arrive à ce chaos d'erreurs et de vérités qu'on rencontre dans les recueils de jurisprudence. Serait-il donc vrai que l'art. 879 dût recevoir l'interprétation qu'on lui donne ? Serait-il vrai que la novation dont il parle serait une novation d'un genre particulier ? Une novation qui, sans éteindre la créance primitive, aurait cependant pour effet d'anéantir les accessoires que la loi y attache, c'est-à-dire le privilége ou l'hypothèque résultant au profit du créancier héréditaire des art. 2111 et 2113 ? Cet art. 879 ne serait-il pas plutôt un texte égaré du droit Romain et qui serait venu s'implanter par erreur dans une théorie nouvelle tout étonnée de sa présence ? Bien plus, ne renfermerait-il pas en les confondant dans sa disposition deux idées distinctes du droit Romain lui-même, ou enfin son texte ne peut-il pas se prêter à une interprétation raisonnable dans le nouveau système ?

Cherchons-en l'origine, et tâchons de constater comment les auteurs du Code sont arrivés à l'introduire dans leur ouvrage. L'histoire doit toujours être le flambeau de l'interprète.

338. — Cet art. 879 appartient encore à Pothier; il a même été copié dans un passage du *Traité des Successions*. Mais avant d'arriver à ce jurisconsulte il faut d'abord examiner le droit Romain. Je pourrais soutenir avec une apparence de raison et en invoquant à l'appui de cette doctrine des noms célèbres, que tous les textes du titre *de Separationibus,* qui ont rapport à notre article, se réfèrent à la véritable novation; que par conséquent le créancier héréditaire n'est déchu du droit de demander le bénéfice de séparation qu'autant qu'il a, en stipulant avec l'héritier, *animo novandi,* créé une dette nouvelle sur les ruines de l'ancienne (*Voy.* Brunnemann, sur la loi 2, Cod. *de bonis autor. jud. poss.*). Cependant telle n'est pas notre manière de voir; la novation était sans doute l'une des causes exclusives du bénéfice de séparation; mais elle n'était pas la seule. La simple reconnaissance de l'héritier pour débiteur était également un obstacle à ce bénéfice : *Qui novandi animo ab hærede stipulatus est, aut alioquovis pacto ejus fidem secutus est, hoc beneficium amittit,* dit Duaren (*de Separationibus,* ch. III). Voici ce qui me semble résulter de l'examen attentif des textes à cet égard.

338 *bis.* — Sous l'empire du droit Romain, les créanciers héréditaires ne pouvaient plus demander la séparation des patrimoines, s'ils avaient suivi la

personne de l'héritier. Et en effet telle est la conséquence forcée d'un système dans lequel la séparation doit opérer une scission complète entre les
créanciers du défunt et l'héritier. Est-il besoin de
justifier cette proposition? elle ressort de tous les
textes. Les créanciers de la succession ont deux
moyens d'arriver au payement de leurs créances; ils peuvent ou s'en tenir aux seuls biens du
défunt, en repoussant l'héritier, en ne le voulant
pas pour débiteur personnel, en un mot, en
évitant, au moyen du bénéfice de séparation, les
conséquences désastreuses que l'adition d'hérédité pourrait entraîner à leur égard : ou bien
laisser les choses suivre leur cours ordinaire et con-
firmer les effets de l'adition d'hérédité soit par leur
silence, soit par la reconnaissance de l'héritier pour
débiteur comme continuant le défunt; alors ils
viennent en concours avec les créanciers de l'héritier sur les deux patrimoines confondus. Que résulte-t-il de là? C'est qu'il y a incompatibilité entre la qualité de créancier du défunt et la qualité de
créancier de l'héritier. En effet, nous savons que les
créanciers de la succession ne peuvent, tout à la
fois, demander la possession exclusive des biens du
défunt et venir encore concourir avec les créanciers
de l'héritier sur les biens personnels de ce dernier
(*Voy.* **246**).

Si donc le créancier héréditaire fait quelques actes desquels résultera le choix, la reconnaissance ou l'acceptation de l'héritier pour débiteur, comme cette reconnaissance est incompatible avec sa qualité de créancier du défunt qui doit toujours pour le bénéfice de séparation être séparée de la personne de l'héritier, la conséquence sera qu'il aura nécessairement renoncé au bénéfice introduit en sa faveur.

Ainsi, on n'écoutera pas le créancier de la succession qui, d'une manière quelconque, ou d'une manière telle quelle, aura suivi la foi de l'héritier avec l'intention de le reconnaître, de le choisir, pour débiteur personnel. *Neque enim ferundus est, qui qualiter qualiter (vel qualitercumque,* suivant quelques éditions), *eligentis tamen mente, hœredis personam secutus est* (Ulp., l. 1, ff. § 15, *de Separat.* » Voilà la règle générale qui n'était que la conséquence du système.

339. — Cela posé, recherchons maintenant quels sont les actes dans lesquels le créancier aura suivi la personne de l'héritier et qui par conséquent entraîneront la déchéance du bénéfice de séparation. A cet égard il faut les diviser en deux classes.

Dans la première, seront compris les actes emportant novation, c'est-à-dire, ceux dans lesquels le créancier, en stipulant avec l'héritier *animo no-*

vandi, aura créé une dette nouvelle sur les ruines de l'ancienne.

Dans la seconde, on comprendra les actes qui, sans éteindre l'ancienne dette, auront cependant, par une conséquence forcée, constitué non pas une novation, mais seulement le *mens eligendi*, c'est-à-dire, la simple reconnaissance de l'héritier pour débiteur, et par conséquent, la renonciation au bénéfice de séparation ; puisque reconnaître l'héritier pour débiteur, c'est suivre sa personne : circonstance exclusive du régime de séparation dans lequel le créancier se retire de cette personne (l. 5. ff. *de Separat.*).

340. — Voyons d'abord la novation telle qu'elle doit être comprise au titre *des Séparations de biens*.

Il ne faut pas croire, comme on l'a répété sous le Code, que la novation de ce titre soit une novation particulière. Les Romains n'avaient pas de novations qui ne novaient rien. C'est dans l'imagination française que cette idée a pris naissance ; car la novation du titre *des Séparations* est la novation du second siècle. Un coup d'œil historique va démontrer cette vérité.

341. — Si on interroge les *Commentaires* de Gaïus, on voit que dans le principe la novation qui s'opérait entre le créancier et le débiteur, s'admettait très-facilement. Il suffisait pour la constituer,

que les parties eussent ajouté dans une stipulation
postérieure, quelque chose de nouveau à la dette
primitive. C'est de là que vient le mot novation :
« *Novatio fit,* dit Gaïus (1), *si quid in posteriore sti-
pulatione novi sit.* »

Et il donne pour exemple des cas de novation qui
sont bien loin des idées actuelles. « *Forte si conditio
vel sponsor* (c'est depuis le *fidejussor*) *aut dies adji-
ciatur aut detrahatur.* » Ainsi, à cette époque, la novation existait par cela seul qu'il survenait quelque
modification dans l'état respectif des parties au
moyen d'une stipulation postérieure. Chose remarquable ! Il n'apparaît pas qu'alors l'intention de
nover fut requise comme condition d'existence de
la novation. Le silence de Gaïus sur un point aussi important me paraît bien extraordinaire. Les textes du
sixième siècle tendent, en effet, à démontrer la vérité
de cette observation (l. 8, C. *de novat. et delegat.*).

Quoi qu'il en soit, au temps des grands jurisconsultes, apparaît une nouvelle condition nécessaire
pour fonder la novation. Le fait d'avoir ajouté, ou
apporté quelque modification à l'état des choses
préexistant, ne suffit plus pour éteindre l'ancienne
dette et en créer une nouvelle. En effet, on voit notamment Ulpien, l'auteur des textes que nous avons

(1) *Com.,* nº 177.

à expliquer au titre *de Separationibus,* exiger en outre l'*animus novandi* (*Voy.* à cet égard, l. 2 *in fine,* 6, 8, § 5, et l. 30, ff. *de novat. et delegat.*).

Il faut alors pour éteindre l'ancienne dette et en créer une nouvelle, tout à la fois cet *animus novandi* et quelque modification à l'état de choses préexistant.

L'une de ces conditions ne dût pas souffrir de difficultés dans l'application, car il est toujours facile de constater les modifications survenues dans l'état des choses; mais il n'en fut pas de même de l'autre, de l'*animus novandi.*

Cette dernière condition a toujours été et sera toujours le siége des difficultés de la matière. Si le Code civil avait suivi l'idée de Justinien, les magistrats ne seraient pas si souvent embarrassés pour reconnaître les cas dans lesquels il y a, ou non, novation.

Quoi qu'il en soit, on sent combien avec la propension des jurisconsultes romains à pousser les déductions jusqu'à leurs derniers retranchements, il a dû exister de controverses sur les éléments d'après lesquels on reconnaîtrait l'*animus novandi,* sur les circonstances d'après lesquelles on penserait que les parties auraient choisi la nouvelle dette de préférence à la première : *Quod secundam magis pro anterioribus elegerint* (l. **8,** C. *de novat. et delegat.*).

Aussi les discussions devinrent tellement vives, et au milieu de ces controverses, la science telle-

ment incertaine, que Justinien crut devoir intervenir avec sa puissance législative, et couper le nœud
Gordien.

Je pourrais m'arrêter ici, et, à l'aide de ces quelques idées, expliquer les lois d'Ulpien au titre *de la
Séparation des patrimoines*. Mais il n'est pas inutile
de voir comment Justinien a modifié ce qui existait
avant lui.

L'empereur de Constantinople fut frappé des difficultés sans nombre qui s'élevaient sur l'appré-
ciation de l'intention des parties, et voulant porter
remède à un pareil état de choses, comme il le dit
lui-même par ces expressions : *novationum nocentia
corrigentes volumina et veteris juris ambiguitates rese-
cantes*, il arrêta ce déluge de controverses en déci-
dant qu'il n'y aurait désormais novation que quand
les parties s'en seraient exprimées d'une manière
formelle. Il voulut, en conséquence, que l'adjonction d'une caution, l'acceptation d'un gage, l'aug-
mentation ou la diminution de la première dette,
un terme accordé au débiteur, une condition appo-
sée à la première obligation, toutes circonstances
qui, aux yeux des fondateurs de la science, donnaient
naissance aux novations, ne fussent plus l'occasion
d'éternelles discussions. A partir de sa constitution,
on ne dût plus voir matière à novation dans de telles
conventions, mais seulement des circonstances,

des accidents qui modifiaient l'ancienne dette sans
l'éteindre, ou qui lui prêtaient le secours de leur
puissance accessoire, *incrementum illis accedere*, à
moins que les parties n'eussent exprimé d'une manière formelle, l'intention d'anéantir le premier
contrat (*Voy.* l. 8, C. *de novat.*).

C'est, comme on le sait, cette dernière législation
qui reparaît dans nos Codes, moins la nécessité
d'exprimer en termes formels l'intention de nover;
laquelle intention ne s'admet, toutefois, qu'autant
qu'elle est évidente (art. 1273).

341 *bis.* — Cela posé, examinons, en tenant
compte des modifications subies par la théorie de la
novation, les textes d'Ulpien, au titre *de la Sépara-*
tion des patrimoines. Celui qui a servi de type à
l'art. 879 du Code civil est ainsi conçu : « *Illud*
sciendum est eos demùm creditores defuncti posse
impetrare separationem qui non novandi animo ab
hærede stipulati sunt : cæterum si eum hoc animo se-
cuti sunt, amiserunt separationis commodum. » Ce
texte veut-il dire que la simple reconnaissance de
l'héritier pour débiteur est qualifiée novation en
cette matière (Cass., 7 décembre 1814)? Nullement.
Ce qu'il veut dire, c'est que des créanciers du défunt, ceux-là seuls qui n'ont pas fait novation avec
l'héritier en stipulant avec lui *animo novandi*, c'est-
à-dire en substituant une nouvelle dette à l'ancienne,

qui demeure éteinte, peuvent demander le bénéfice
de séparation. En effet, au temps des grands jurisconsultes, une stipulation faite avec l'héritier *animo
novandi*, entraînait avec elle la déchéance du bénéfice de séparation par un double motif : le premier
tiré de ce que la novation crée une nouvelle dette,
qui commence dans la personne de l'héritier, et le
second tiré de ce que par cette novation, le créancier choisit forcément l'héritier pour débiteur.
« *Quippe cum secuti sunt nomen hœredis, nec possunt
jam se ab eo separare qui quodam modo eum elege-
runt* » (*Voy.* l. 1, § 10, ff. *de Separat.*) : choix qui,
comme nous le savons, est incompatible avec la
qualité de créancier du défunt, puisqu'en droit romain, au contraire de ce qui existe chez nous, on ne
peut être tout à la fois créancier de l'héritier et du
défunt.

Il y avait également novation dans le cas où le
créancier du défunt avait accepté une caution de
l'héritier *(Voy.* Gaïus, *Comm.* 3, n° 177, l. 1, § 11,
ff. *de Separat.*). Même solution relativement au
gage (l. 1 § 15, Cod.).

Ce qu'il a de remarquable, c'est qu'on voit précisément au titre des séparations, la plupart des
espèces dans lesquelles Justinien nous apprend par
sa constitution (l. 8, C. *de nov.*), que les fondateurs
de la science décidaient qu'il y avait novation.

Au sixième siècle Justinien venant à modifier la théorie de la novation, l'adjonction d'une caution, l'acceptation d'un gage et autres circonstances semblables ne constituèrent plus une novation véritable, mais les textes d'Ulpien purent continuer d'exister au titre *des Séparations,* parce que *le mens eligendi* resta en vigueur, attendu que le bénéfice eut toujours, même au sixième siècle, pour objet de modifier les conséquences du principe de l'adition d'hérédité.

Ces observations n'auraient pourtant pas dû échapper aux auteurs du Code civil. Au lieu de rédiger l'art. 879 tel qu'il existe, s'ils avaient dit : *ceux-là seuls des créanciers héréditaires qui n'auront pas fait novation à la dette du défunt dans des stipulations avec l'héritier, pourront jouir du bénéfice de séparation,* ils auraient traduit un texte vrai du droit Romain qui doit nécessairement encore s'appliquer dans notre droit. Mais une phrase de Pothier valait bien mieux que le texte d'Ulpien, et alors ils sont arrivés à se jeter dans le second ordre d'idées dont je vais parler, tout en abandonnant la théorie qui lui servait de fondement.

342. — J'ai dit que le bénéfice de séparation opérait une scission complète entre les créanciers du défunt et la personne de l'héritier. Les textes d'Ulpien et de Paul (l. 1, § 17 et l. 5, ff. *de Separat.*) ne laissent aucun doute à cet égard ; j'ai ajouté que

les créanciers du défunt n'avaient que le choix ou
de demander la possession des biens du défunt à
l'exclusion des créanciers de l'héritier, ou de suivre
la personne de ce dernier, en confirmant les effets
de l'adition d'hérédité, afin de venir alors sur les
patrimoines confondus du défunt et de l'héritier en
concours avec les créanciers de ce dernier. Que res-
sort-il de cette doctrine? c'est qu'il ne sera pas nécessaire de faire une véritable novation pour être
privé du bénéfice de séparation, et que la simple
reconnaissance de l'héritier pour débiteur suffira
pour élever un obstacle à ce bénéfice. Il ne faut plus
ici parler de novation ; il ne s'agit que d'une simple
renonciation. C'est alors qu'apparaît le *mens eligendi*
dont il est si souvent question dans les textes. Ainsi,
dans le dernier état du droit romain, si *cum mente
eligendi,* le créancier du défunt accepte de l'héritier
un gage ou une caution, si, même au temps des
grands jurisconsultes, il reçoit ou exige des intérêts
produits par la créance du défunt des mains de
l'héritier, il n'aura pas sans doute consommé une
novation, car il n'aura pas modifié la dette; mais il
aura suivi la personne de l'héritier; et comme suivre la personne de l'héritier et se retirer de cette
personne par la séparation sont deux idées contradictoires, le créancier ayant l'option, sans que le
cumul lui soit permis, aura nécessairement, en

« sion se sépare de la *personne* de l'héritier, *recessit*
« *a persona hæredis.*

« Il n'a, par conséquent, aucune action sur ses
« biens propres ; c'est sur les seuls biens du défunt
« qu'il doit se faire payer. Mais, s'il vient à l'hé-
« ritier au lieu de s'en écarter, s'il l'accepte comme
« débiteur, soit en le poursuivant sur ses biens
« propres, soit en tenant une conduite telle qu'il
« est impossible de la concilier avec celle d'un
« homme qui ne voudrait pas de l'héritier pour
« débiteur, c'est qu'il aime mieux entrer dans la
« classe des créanciers de l'héritier, que de rester
« dans la classe des créanciers du défunt. »

Alors je comprendrais, dans ce système, que la
simple acceptation de l'héritier pour débiteur pût
constituer une espèce de novation, ou, pour parler
plus exactement, une renonciation au bénéfice de
séparation. Il y aurait incompatibilité entre ces deux
idées : créanciers purs du défunt et créanciers du
défunt devenus créanciers de l'héritier.

Mais, pour arriver là, il faut décider que le Code
civil a, par la séparation des patrimoines, modifié
le principe de la saisine dans les rapports des créanciers du défunt avec la *personne* de l'héritier, et,
si j'ouvre les auteurs que je combats en ce moment,
je les vois tous établir, avec l'autorité de la logique
et de la raison, que, sous le Code civil, la sépara-

tion n'a pas pour objet de modifier les effets de la saisine ! Alors, je l'avoue, je n'y comprends plus rien. Leur doctrine ne m'apparaît plus que comme un mélange confus d'idées hétérogènes qui s'entre-détruisent, et qui ne découlent d'aucun principe fondamental. Soyons donc plus systématiques, et recherchons la vérité au fond de ce chaos avec une entière indépendance.

347. — Le bénéfice de séparation, sous le Code civil, modifie-t-il le principe de la saisine ? non ; parce qu'une exception à un principe fondamental, ne peut résulter que d'un texte, et que ce texte n'existe pas ; parce que, surtout, au cas particulier, la loi en établissant le régime individuel de séparation, a même repoussé toute idée de modification à cet égard : la protection hypothécaire, en faveur des créanciers du défunt, n'étant que le résultat d'une transaction, d'une composition avec l'héritier qu'on n'a pas voulu déposséder des biens héréditaires.

Il est donc certain que l'héritier saisi, malgré lui, de toutes les actions actives et passives de l'hérédité, continue la personne du défunt, tant qu'il ne fait pas acte de renonciation ; que, par conséquent, il est le seul propriétaire des biens de la succession ; qu'il en est par suite le seul possesseur et le seul administrateur ; que la possession ne peut

lui être enlevée que par des saisies faites réguliè-
rement, en vertu de titres exécutoires portant
créances exigibles. Seulement, la loi, qui a voulu
protéger les créanciers du défunt contre les conséquences fâcheuses pouvant résulter, à leur préju-
judice, de la survenance d'un nouveau débiteur
qu'elle leur impose à la place du débiteur de leur
choix, leur a concédé, sous certaines conditions,
un privilége ou une hypothèque sur les biens héréditaires, et voilà tout. Mais, elle n'a jamais voulu
porter atteinte au grand principe de la saisine, ce
qui supposerait, soit quelques mesures analogues
à celles des faillites, soit la réduction de l'héritier
pur et simple au rôle d'un dépositaire, ou d'un
curateur aux biens : toutes choses qui ne se comprendraient pas dans notre législation. Il me paraît
donc incontestable qu'il n'y a pas incompatibilité
entre la saisine et la séparation du Code civil.
D'ailleurs, Lebrun et Pothier conservaient eux-
mêmes, en dépit des textes sous lesquels ils
écrivaient, le principe des successions, et cela,
malgré le bénéfice de séparation tel qu'ils l'enten-
daient. Il n'est pas vraisemblable que les auteurs du
Code aient voulu retourner au système de Paul et
d'Ulpien, ni même au système mitigé de Papinien.
Il faudrait, pour cela, des textes qui n'existent pas.
Dans cette théorie, les art. 2111 et 2113 ne se com-

prendraient plus; enfin, tout le monde est d'accord à cet égard.

Mais si la saisine ne reçoit aucune atteinte du bénéfice de séparation sous le Code civil, il va de soi que l'obligation personnelle du défunt est devenue et continue toujours d'être l'obligation personnelle de l'héritier. Eh bien alors, le créancier héréditaire, qui se contente d'accepter l'héritier pour débiteur, sans intention de créer une nouvelle dette dans la personne de ce dernier par l'extinction de la dette primitive, n'apporte aucune modification à l'état des choses préexistant. Il ne fait que reconnaître ce qui existe par la seule force de la loi et malgré sa volonté. Comment, dès lors, cette simple reconnaissance pourrait-elle le priver des priviléges et hypothèques attachés par la loi à son origine de créancier du défunt?...

348. — Vous opposez le texte de l'art. 879, et vous vous retranchez derrière des expressions qui, malheureusement, prêtent à la controverse; mais il faut les interpréter, ces expressions, et s'il est démontré que votre interprétation n'est pas raisonnable, il en résultera bien qu'elle n'est pas la véritable, car il n'est pas présumable que la loi ait voulu une chose déraisonnable. Et pourtant, avec votre judaïsme, vous arrivez à faire tenir par la loi ce langage absurde aux créanciers héréditaires : « Voici

« l'héritier que je vous présente ; c'est un nouveau
« débiteur que je vous impose à la place du défunt.
« Il sera votre obligé personnel, car son auteur
« continuera d'exister dans sa personne ; mais si
« vous le reconnaissez comme tel, vous aurez fait
« une novation, et vous serez déchus de la cause
« de préférence attachée à votre origine.... »

Ou bien celui-ci : « Vous aurez un privilége
« sur les biens de la succession (art. 2111), à rai-
« son de vos qualités de créanciers du défunt. Ce
« privilége ne vous empêchera pas d'avoir aussi
« pour gage les biens de l'héritier, parce que la
« séparation des patrimoines, sous le Code, n'effa-
« çant pas les conséquences de la saisine, vous
« avez un droit personnel contre lui (art. 2092-
« 724). Mais si vous faites la moindre démonstra-
« tion pour mettre ce droit personnel en exercice,
« soit en poursuivant votre débiteur sur ses biens
« propres, soit en produisant à la distribution de
« leur prix, vous serez déchus des droits réels at-
« tachés à l'origine de vos créances. En d'autres
« termes, vous aurez un droit personnel contre le
« représentant du défunt, mais il vous est interdit
« de l'exercer à moins de consommer votre ruine. »

Il ne peut en être ainsi. Et en effet, de deux
choses l'une : ou il faut adopter le rigorisme des
jurisconsultes romains, qui voyaient dans le béné-

tice de séparation une scission complète entre les créanciers du défunt et *la personne* de l'héritier, et qui, après l'obtention de ce bénéfice, refusaient aux créanciers héréditaires, dans tous les cas, le droit de se faire payer sur les biens de ce dernier ; ou bien il faut admettre les conséquences nécessaires des nouveaux principes qui, plus conformes aux idées actuelles, se sont fait jour en cette matière. Et comme il est constant sous le Code, ainsi qu'on le décide généralement, que le créancier héréditaire peut obtenir son payement par privilége sur les biens de la succession et au marc le franc sur les biens de l'héritier devenu son débiteur personnel, il résulte bien de là que la loi ne peut évidemment voir une novation à la dette dans l'emploi des moyens qu'elle met à la disposition des créanciers héréditaires pour arriver au but utile du droit personnel qu'elle leur concède. De ce que je suis créancier hypothécaire de Paul sur certains biens lui appartenant, est-ce qu'il en résulte que je ne suis pas son créancier personnel ? Est-ce qu'en vertu de ce droit personnel que j'ai contre mon débiteur, je ne puis pas faire vendre ses biens autres que ceux affectés hypothécairement à ma créance, sans qu'à l'instant même on ne voie dans cette poursuite l'abandon de l'hypothèque qui m'appartenait à un autre titre ?

J'avoue que ma raison ne comprend pas toutes ces distinctions subtiles entre la poursuite sur les biens héréditaires, et la poursuite sur les biens de l'héritier.

Direz-vous, avec M. Delvincourt, pour donner une apparence de raison à votre doctrine, que les créanciers du défunt doivent d'abord discuter les biens héréditaires avant d'arriver à ceux d'héritier; que, par conséquent, vos idées peuvent se concilier de cette manière ?

Mais alors je vous répondrai aussitôt, en vous demandant comment il se fait que vous, qui tout à l'heure, interprètes timides de l'art. 879, n'osiez pas, attachés que vous étiez judaïquement au texte de la loi, lui donner un sens raisonnable, vous vous transformiez tout à coup en législateurs. Où donc voyez-vous, dans nos Codes, un texte qui force le créancier du défunt à discuter d'abord les biens de la succession avant de saisir ceux de l'héritier? Ce texte existe-t-il? Non. L'art. 2171 repousse même toute idée de discussion, puisque la protection des créanciers du défunt repose sur un privilége ou sur une hypothèque spéciale, la loi exigeant que l'inscription frappe *chacun* des biens de la succession (art. **2111**).

Eh bien alors, ce moyen vous échappe; et d'ailleurs, à le supposer fondé, faudrait-il en conclure

que le créancier héréditaire, en poursuivant l'héritier sur ses biens, aurait renoncé à son privilége
sur les biens du défunt? Nullement. Ce qui pourrait en résulter, c'est que ce serait le cas de lui signifier qu'il eût d'abord à se pourvoir sur les biens
du défunt, sauf à revenir ensuite sur ceux de l'héritier, s'il n'était pas entièrement satisfait. Il s'agi-
rait d'un sursis à la distribution des biens de l'héritier, et voilà tout.

Plus je réfléchis sur la solution que cette question
importante reçoit de nos auteurs les plus accré-
dités, et plus je suis étonné de la facilité avec laquelle ils l'ont acceptée comme incontestable et
sans même la discuter; mais mon étonnement re-
double bien plus, lorsque je les vois redevenus
eux-mêmes, établir avec l'autorité de leur haute
intelligence, que le bénéfice de séparation, sous
le Code civil, ne modifie pas le principe de la
saisine. Alors, je l'avoue, je n'y comprends plus
rien...

Revenons donc à notre manière d'interpréter
l'art. 879, et ne voyons dans cet article qu'une véritable novation. La raison sera satisfaite, et le
Code civil, ainsi entendu, sera mis en harmonie
avec lui-même.

349. — Le principe de l'art. 879 étant exposé,
il ne s'agit plus que d'en tirer les conséquences.

Il est bien évident que toutes ces questions qu'on agite dans la doctrine généralement suivie, ne peuvent faire l'objet d'un doute dans notre théorie.

Ainsi, le créancier héréditaire pourra produire, à l'ordre des biens de l'héritier, son débiteur personnel, recevoir et exiger les intérêts de la créance du défunt, assigner l'héritier devant les tribunaux, obtenir condamnation contre lui personnellement, se faire donner de nouvelles garanties, telles qu'une caution, un gage, une hypothèque sur ses biens propres; il pourra également accorder un terme au débiteur: le tout, sans avoir à redouter la novation microscopique de l'art. 879. Le *mens eligendi* a nécessairement dû disparaître de notre législation, dès que la théorie romaine n'a pas été suivie. La novation seule a pu rester. A la vérité, cette novation s'admettait très-facilement au second siècle; mais qu'importe? Dès que les principes de la novation ont changé, c'est de ces nouveaux principes qu'il faut faire application. Et ne serait-il pas, en effet, déraisonnable de déclarer le créancier de la succession déchu des priviléges et hypothèques attachés à son origine (art. 2111 et 2113), sous prétexte de novations qui ont pu exister autrefois, mais que les Romains eux-mêmes avaient rejetées dès le sixième siècle, comme subtiles et nuisibles, ainsi que la constitution de Justinien en fait foi (*Voy*. l. 8. C. *de Novat.*) (1).

Disons donc qu'il s'agit dans l'art. 879 d'une véritable novation.

Ainsi on ne verra pas de novation dans le cas où le créancier en traitant avec l'héritier, aura fait toute réserve et protestation contre l'intention de nover. Il pourra même, en consommant une véritable novation, réserver les garanties attachées à la dette du défunt, et par conséquent conserver les privilége et hypothèque des art. 2111 et 2113 qui n'en sont que les accessoires (C. civ., art. 1278). Et si les réserves n'apparaissent pas, il faudra alors apprécier les actes avec intelligence, en ne perdant pas de vue ce principe : que la novation ne se présume pas et qu'il faut que l'intention de l'opérer résulte des actes d'une manière certaine. On arrive ainsi à un système raisonnable et on pourvoit aux intérêts de tous sans blesser personne. Le lecteur voit d'après tout ce qui précède, que nous considérons l'art. 879 du Code civil, comme devant être réduit à l'état de lettre morte. Ne doit-on pas en effet considérer comme telle, toute disposition législative qui n'était que la conséquence d'un

_____

(1) Je parle de la novation en général, et non pas de la renonciation au bénéfice résultant du *mens eligendi*, l'art. 879 employant le mot *novation*.

principe fondamental, lorsque le principe a disparu.

350. — Je termine par une réflexion importante. Si l'on veut absolument conserver la simple acceptation de l'héritier pour débiteur comme un obstacle au privilége des créanciers héréditaires, il faut s'isoler des précédents posés par la presque unanimité des interprètes du Code civil et donner à l'art. 879, le motif que voici : La loi en considérant la simple acceptation de l'héritier pour débiteur comme une cause de déchéance du privilége, a voulu ne pas trop favoriser les créanciers du défunt au préjudice des créanciers de l'héritier ; elle a ainsi donné à ces derniers *les moyens et le temps d'appréhender les biens propres de leur débiteur*, en défendant aux créanciers du défunt de les saisir et de les accepter en gage de leurs créances, sous peine de renonciation à leur privilége sur les biens provenant du défunt. De cette manière, on arriverait à un résultat analogue au résultat de Papinien (l. 3, ff. *de Separat.*) : ce qui serait équitable. Mais ce serait toujours indirectement porter atteinte au principe fondamental des successions, car, il ne faudrait plus parler de marc le franc sur les biens de l'héritier, quoiqu'il n'y aurait pas de texte précis qui autoriserait une pareille théorie, si ce n'est la conséquence que l'on tirerait alors de l'art. 879.

§ II. — DE LA CONFUSION.

351. — Un autre obstacle à l'exercice du bénéfice de séparation naît de la confusion, c'est-à-dire ici, du mélange matériel des biens héréditaires avec ceux de l'héritier, de telle sorte qu'il soit impossible de les reconnaître. En effet, si on ne peut distinguer les biens provenant du défunt d'avec ceux de l'héritier, la matière manque pour asseoir le droit réel et, par conséquent, la cause de préférence (Ulp., l. 1, § 11, ff., *de Separat.*).

Il est à remarquer que cette théorie de la confusion matérielle est commune aux régimes de séparation collective et individuelle.

352. — En ce qui concerne les immeubles, la confusion n'est pas à craindre, car, il sera toujours facile de reconnaître ceux dépendant de la succession, et ceux appartenant à l'héritier. Leur nature même s'oppose à la confusion, à moins que les possessions ne soient tellement unies et mêlées que la séparation en soit impossible. Ce qui est très-rare, dit Ulpien (l. 1, § 12, ff., *de Separat.*).

353. — *Quid juris* si un immeuble de la succession avait été vendu par l'héritier, en même temps qu'un immeuble lui appartenant pour un seul et même prix ?

Ce serait le cas de la ventilation (C. civ., art. 2192)

Cette ventilation doit se faire dans la notification aux créanciers inscrits. Lorsqu'elle ne se trouve pas dans la notification, le juge-commissaire la fait ordinairement lors de l'ordre, d'après les renseignements fournis par les parties. Si elles ne s'entendent pas, il se hâte de les renvoyer devant le tribunal qui fait procéder à une expertise.

354. — Mais si la confusion n'atteint jamais les immeubles, il n'en est pas de même relativement au mobilier... C'est ici que la confusion peut réellement devenir un obstacle à l'exercice du privilége des créanciers du défunt.

L'un des moyens pour l'empêcher est un bon et fidèle inventaire, par la clôture duquel les objets inventoriés sont remis entre les mains d'un gardien qui s'oblige à les représenter sous sa responsabilité personnelle.

Mais il ne faut pas croire que cet inventaire soit exigé à peine de déchéance. En effet, comme le dit Pothier, on peut toujours demander la séparation des patrimoines *tant que les biens de la succession peuvent se démêler facilement d'avec ceux de l'héritier* (Voy. Lebrun, n° 23).

Ecoutons à cet égard le président Favre, que tous les auteurs citent en cet endroit, quoique peut-être, sa doctrine soit l'excès de la vérité. Il déclare avoir ri à gorge déployée, *nudis dentibus risi,* quand il a vu les praticiens de son temps argumenter de la loi 1, § 12, ff. *de Separat.*, et prétendre que l'inventaire était une condition indispensable pour obtenir le bénéfice de séparation. Car, dit-il, il est évident que Ulpien, au § précité, ne s'occupe pas de la confusion qui a lieu par la seule force de la loi dans l'adition d'hérédité, mais bien de la confusion réelle, c'est-à-dire, du mélange matériel des choses de la succession avec les choses de l'héritier. La confusion devient alors un obstacle au bénéfice de séparation, parce qu'elle est irréparable. Mais aussi, cette confusion ne peut atteindre que les choses dont la propriété se perd par le mélange, comme le blé, le vin, les liqueurs, etc... *Aut quid aliud simile ex earum rerum numero quarum dominium confusione amittitur* (Ant. Faber, *de Erroribus pragm. decad.* 2, *error.* 2, nº 9).

Cette décision du président Favre me paraît trop restrictive dans notre droit. Il faut, ce me semble, la traduire par cette idée : que la séparation, ou plutôt le privilége des créanciers du défunt ne pourra plus s'exercer, lorsqu'on ne pourra plus reconnaître l'origine des meubles ou de certains meubles possédés par l'héritier, et qu'il y aura une véritable incertitude sur le point de savoir s'ils proviennent en réalité du défunt. En effet, dans le cas de doute, il faut revenir à la règle générale de l'art. 2092 : les priviléges n'ayant lieu que dans les cas spécialement prévus par la loi et sur les objets qu'elle détermine.

355. — Du reste, la confusion d'une partie du mobilier du défunt, avec celui de l'héritier, n'empêcherait pas l'exercice du bénéfice de séparation sur les objets non confondus. La raison en est, que le droit de séparation peut s'exercer sur chacun, comme sur tous les biens de la succession (Cass., 8 novembre 1815).

356. — Nous nous sommes déjà expliqués sur la confusion des créances du défunt contre l'héritier et les tiers. Il suffit d'ajouter ici que les créanciers du défunt doivent surtout prendre des mesures pour que l'héritier ne puisse recevoir les sommes dues au défunt, parce que, s'il les recevait, elles seraient à l'instant même perdues pour eux, puisque les deniers en provenant tomberaient dans la caisse de l'héritier, et s'y confondraient avec ses deniers personnels. Pour parer à cet inconvénient, la saisie-arrêt est un remède efficace.

§ III. — DE LA PRESCRIPTION.

(C. civ., art. 880.)

357. — Sous l'empire du droit romain, les créanciers de la succession étaient déchus du droit de demander la séparation des patrimoines, s'ils avaient laissé cinq ans s'écouler à partir de l'adition d'hérédité (Ulp., l. 1, § 3, ff. *de Separat.*). Cette règle s'appliquait tout aussi bien aux immeubles qu'aux meubles. Il était, en effet, impossible de faire une distinction, puisque le patrimoine en masse était adjugé à l'*emptor,* au moins dans le bel âge de la jurisprudence romaine.

Il ne paraît pas que cette prescription de cinq ans ait passé dans notre droit, du moins généralement. *Attendu* (dit Lebrun, nᵒ 25 *in fine*) *qu'on tient en France, pour maxime, de n'admettre aucune prescription du droit romain, si elle n'est confirmée par l'ordonnance ou par la coutume* (*Voy.* Pothier, ch. v, art. 4, *Successions*). Quoi qu'il en soit, il est certain qu'elle ne s'appliquait pas aux immeubles. A l'égard de cette espèce de biens, la séparation pouvait s'exercer tant qu'ils étaient dans les mains de l'héritier. Mais, à l'égard des meubles, il n'en était pas de même, du moins à Paris, où la prescription de cinq ans était admise au rapport de Bourjon (*Voy. Droit commun de la France*, p. 896, sect. 6, nᵒ 26). Le Code civil a suivi la jurisprudence du Châtelet, en réduisant toutefois le délai de la prescription à trois ans, et il a laissé subsister la règle généralement admise en France, relativement aux immeubles.

358. — Il résulte de là que les créanciers de la

succession peuvent s'inscrire utilement sur les immeubles, suivant les distinctions des art. 2111 et **2113** du Code civil, tant que leurs créances subsistent, et que les biens du défunt se trouvent réellement, ou sont réputés à leur égard se trouver encore dans les mains de l'héritier. Nous verrons plus tard que l'art. 880 a été modifié dans ses conséquences par le titre *des Priviléges et Hypothèques.*

359. — En ce qui concerne le mobilier, la prescription de notre article est fondée sur cette idée, que les meubles n'ayant pas d'assiette fixe, il est difficile, au bout d'un certain temps, de reconnaître leur identité et leur origine. La loi répute, en conséquence, la confusion du mobilier définitive après l'expiration de trois années. Il suit de là, qu'après cette époque, la séparation ne peut avoir lieu. Car, pour que les créanciers du défunt puissent exercer leur cause de préférence, à l'exclusion des créanciers de l'héritier, sur les meubles de la succession, il faut toujours qu'ils établissent que ces meubles proviennent de cette succession. Cette preuve difficile à faire à raison de la nature même du mobilier, devient pour ainsi dire impossible après un certain temps, lorsque la possession et la libre disposition en ont appartenu à l'héritier. De là, la prescription de trois ans. Elle est fondée sur un motif d'ordre public. Le législateur n'a pas voulu qu'on plaidât après ce délai qui, du reste, est suffisant, sur l'origine des meubles, dont la possession a toujours quelque chose de fugitif. Concluons de là, qu'après ces trois ans, les créanciers héréditaires prouveraient inutilement que les meubles, par eux saisis, ont appartenu au défunt. La preuve offerte ne serait pas admissible.

360. — A partir de quelle époque court cette prescription?

C'est évidemment du jour même de l'ouverture de la succession. En effet, c'est de ce jour que les créanciers de la succession peuvent agir. Dans le droit romain, la prescription de cinq ans partait de l'adition de l'hérédité (l. 1, § 13, ff. *de Separat.*), mais c'est qu'on n'y connaissait pas la règle : *Le mort saisit le vif.* Il fallait, *en général*, aller trouver l'hérédité, *adire hæreditatem;* tandis qu'en France, c'est l'hérédité qui vient nous trouver. L'acceptation de la succession n'est, sous le Code, qu'une affaire de confirmation de l'état de choses préexistant.

360 bis. — Le jour du décès est-il compris dans le terme requis pour prescrire? Je le pense, car toutes les fois qu'on ne compte pas *de momento ad momentum*, le jour *a quo* est utile. La règle suivie dans l'ancienne jurisprudence, après des contestations sans fin, n'est plus admissible, sous le Code civil, en matière de prescription. Les art. 2260 et 2261 ne sont que la reproduction des lois (6 et 7, ff. *de Usurpat.* et *Usucap.*), où le jour *a quo* est compté. Quelle apparence peut-il y avoir que le Code civil ait adopté et traduit le principe pour en rejeter le commentaire. D'ailleurs, il me paraît certain que sous l'empire du droit romain il en était ainsi toutes les fois qu'on ne comptait pas *de momento ad momentum*, et que, même dans l'ancienne jurisprudence, la règle *dies a quo non computatur in termino* ne s'appliquait pas lorsqu'il s'agissait de priviléges dont la matière doit être plutôt restreinte qu'étendue.

Cette solution, je le sais, est contraire aux idées reçues dans les tribunaux ; mais elle me semble néanmoins conforme aux principes véritables. En effet, la prescription doit nécessairement commencer à courir à partir du moment même où l'action commence à pouvoir être mise en exercice, et, comme en matière de prescription, on ne compte pas par moments, mais par jours, le jour qui comprend le moment où on a pu agir, est donc compté dans le temps requis pour prescrire. Or, il est certain que le jour même du décès, le créancier héréditaire peut agir ; par conséquent, c'est de ce jour inclusivement que la prescription pour se libérer de l'action privilégiée sur le mobilier, commence à courir.

Avec ces tempéraments d'équité prétendue, qui laissent aux juges le soin de rechercher, pour appliquer ou repousser un principe, si la matière est où n'est pas favorable, on arrive toujours à l'arbitraire. Qu'on décide que le jour *a quo* ne sera jamais compté, je le comprends. Je dirai même que généralement, en matière civile, cette doctrine sera plus équitable ; mais que tantôt on applique une règle, et que tantôt on applique une règle contraire, c'est ce qu'il m'est impossible d'admettre. C'est avec ces concessions incertaines que se produisent autant de solutions différentes qu'il y a de magistrats chargés d'appliquer la loi.

561. — Qu'arriverait-il si les créanciers étaient restés dans l'inaction pendant plus de trois ans, et si les héritiers ne se présentaient également qu'après ces trois ans, la prescription de notre article courrait-elle du jour du décès ?

Cette question, qui se rencontrera rarement dans la pratique, à moins que le décès n'ait eu lieu dans un voyage lointain, et qu'on ne l'ait connu que longtemps après, doit, ce me semble, se résoudre encore par l'affirmative. La raison en est, qu'il est certains événements que la loi répute nécessairement publics, et le décès est de ce nombre. C'est à ce moment que tous les droits sont ouverts. C'est donc de ce moment que court la prescription. S'il n'en était

pas ainsi, à quel autre point de départ s'arrêterait-
on ? Serait-ce au moment où les héritiers se présentent ? Mais quelles difficultés ne soulèverait pas dans
la pratique une pareille solution ? Il faut donc s'en
tenir à cette idée que, dans tous les cas, la prescription de trois ans de l'art. 880 commence à courir
du jour même du décès. Du reste, la jurisprudence
est conforme à cette doctrine, quoiqu'elle soit contestée par les annotateurs de M. Zachariæ sur une
raison spécieuse, mais l'ordre public s'oppose à leur
manière de voir.

SIXIÈME ÉTUDE.

TRAITÉ DE LA SÉPARATION DES PATRIMOINES.

(C. civ., art. 2111, 2113, 2143.)

SOMMAIRE.

DEUXIÈME SECTION.

Des effets du privilége.

§ Ier. — EN CE QUI CONCERNE LES HÉRITIERS.

§ II. — EFFETS DU PRIVILÉGE A L'ÉGARD DU TIERS DÉTENTEUR.

430. — Le tiers détenteur doit notifier son contrat aux créanciers
de la succession inscrits suivant les art. 2111 et 2113.

§ III. — EFFETS DU PRIVILÉGE A L'ÉGARD DES CRÉANCIERS DE L'HÉRITIER.

§ IV. — EFFETS DU PRIVILÉGE ENTRE LES CRÉANCIERS DE LA SUCCESSION.

TRAITÉ DE LA SÉPARATION DES PATRIMOINES.

(C. civ., art. 2111, 2113, 2146.)

362. — Nous sommes arrivés à la partie la plus importante de notre travail sur la séparation des patrimoines. Les textes sur lesquels nous allons nous expliquer sont la base de l'édifice. Le législateur, rompant ici avec le passé, organise un système nouveau. A un droit de préférence mal défini, il ajoute le complément qui lui manquait, c'est-à-dire une hypothèque, et ce simple droit de préférence devient une hypothèque privilégiée. En un mot, il introduit dans la matière le régime hypothécaire. Il règle en même temps la marche à suivre par les créanciers et les légataires du défunt pour arriver au résultat utile de la protection qui leur est due. Toutefois il ne s'occupe que des immeubles, et il se tait en ce qui touche le mobilier de la succession. Ce silence, qui du reste s'explique par le peu d'importance qu'il semble souvent attacher à cette espèce de bien, n'implique pas sans doute abrogation des principes précédemment posés ; mais il faudra suppléer à l'insuffisance de la loi, et rechercher d'après les analogies quelle doit être la conduite des créanciers du défunt qui voudront mettre en exercice leur privilége sur le mobilier de la succession.

DIVISION DE CETTE ÉTUDE.

363. — Cette étude se divisera en quatre sections.

La première sera relative à la forme que doivent suivre et aux conditions que doivent remplir les créanciers du défunt pour conserver leur privilége ou leur hypothèque sur les immeubles héréditaires.

La seconde aura pour objet de déterminer les effets de ces privilége et hypothèque ainsi régularisés.

Un appendice sur les légataires complétera la théorie en ce qui concerne les immeubles.

La troisième section traitera des rapports de la séparation des patrimoines avec le bénéfice d'inventaire;

Et la quatrième du mobilier du défunt.

Notre travail se terminera ensuite par quelques réflexions générales.

PREMIÈRE SECTION.

Formes que doivent suivre, et obligations que doivent remplir les créanciers de la succession qui veulent réaliser leur privilége sur les immeubles héréditaires.

364. — L'effet du privilége de la séparation des patrimoines envisagé sous le rapport du concours des créanciers du défunt avec ceux de l'héritier, est de donner la préférence, sur les biens héréditaires, aux créanciers de la succession, contre toute espèce de créanciers de l'héritier (C. civ., art. 878). Mais on est loin d'être d'accord sur la forme à suivre pour arriver au résultat. La jurisprudence à cet égard flotte incertaine, et le vague déplorable qui en résulte est certainement la cause pour laquelle les dispositions sages de la loi sont loin dans la pratique de produire les bons effets qu'elles étaient destinées à réaliser. La doctrine des auteurs n'est pas mieux assurée : en sorte que le créancier de la succession qui veut user du bénéfice qui lui appartient, n'a pour le guider dans sa route que des décisions contradictoires.

Il est inutile de nous arrêter à tout ce que l'imagination a produit en cette matière. Cependant nous signalerons sur notre chemin les systèmes qui se sont fait jour jusqu'à présent, et nous ver-

rons combien on a peu tenu compte de l'histoire,
qui pourtant devrait toujours être le guide des jurisconsultes.

365. — C'est parce qu'on n'a pas suivi la filiation
des mots employés par la loi, qu'on est tombé
dans un dédale inextricable en cette matière. Si
on réfléchit un instant, n'est-on pas étonné de voir
de graves cours royales se poser ces questions : La
séparation des patrimoines doit-elle être demandée
par action principale contre l'héritier ? Cette action
ne doit-elle pas, au contraire, être introduite contre
ses seuls créanciers particuliers ?... et résoudre ainsi
ces difficultés imaginaires....

Assigner tous les créanciers de l'héritier !.... dira
la cour de Nancy (14 février 1833), mais cela est
impossible.... Je le crois bien ! Il faudrait les connaître, et comment les découvrir ?.. L'héritier seul ?
à la bonne heure... il est le représentant de tous,
et par conséquent l'action doit être dirigée contre
lui....

Mais, dira la cour de Bordeaux (11 décembre
1834), l'héritier n'a rien à faire en pareille circonstance. Les dettes de l'hérédité lui sont devenues
propres par l'acceptation de la succession. Il est tenu
de les acquitter, soit sur les biens héréditaires, soit
sur ses biens propres. Il ne peut donc, de son chef,
s'opposer à une demande de cette nature. C'est con-

tre ses créanciers que la demande doit être dirigée. C'est la disposition formelle de l'art. 878 du Code civil.

Je laisse à d'autres le soin de concilier la jurisprudence avec elle-même. Ces systèmes qui se croisent, en s'appuyant tous deux sur des motifs plausibles, prouvent qu'il en est un troisième auquel il faut s'arrêter.

566. — En effet, toutes les incertitudes disparaissent, lorsqu'on admet que les auteurs du Code n'ont pu assurer le sort des créanciers de la succession qu'au moyen du régime hypothécaire ; car, dans cet ordre d'idées, la séparation des patrimoines n'est pas sujette à demande principale. Une demande ne se comprendrait même pas dans la théorie de Lebrun et de Pothier. Aussi de leur temps il n'y avait pas de procédure particulière pour demander la séparation des patrimoines.

Pour expliquer d'une manière raisonnable la doctrine du Code civil à cet égard, voici ce qu'il faut dire : La loi répute les créanciers de la succession, créanciers privilégiés, ou hypothécaires-privilégiés sur les immeubles héréditaires, à la charge par eux de se conformer aux mesures de publicité qu'elle prescrit. Elle ne leur impose aucune autre condition. Ainsi, sous le Code civil, la séparation des patrimoines s'opère par le seul fait des inscriptions qui ne peuvent avoir lieu que sur les immeubles provenant du défunt. Par cette opération, les créanciers de la succession distraient de la masse confuse des deux patrimoines qui se trouvent entre les mains de l'héritier, les immeubles du défunt qu'ils appréhendent à leur singulier profit.... De cette manière, ils disent aux créanciers de l'héritier, avertis par le journal du conservateur : « Après nous.... s'il en reste.... » Ils viennent ensuite à l'ordre munis de leurs inscriptions faites suivant les art. 2111 et 2113, et demandent à être colloqués par privilége ou à leur rang hypothécaire, attendu leur origine de créanciers du défunt. Si, ensuite, quelque créancier de l'héritier, ou l'héritier lui-même, dans les cas où il pourrait y avoir intérêt, conteste cette demande, sur le motif qu'il y a eu déchéance du privilége ou pour une autre cause, le débat s'engage alors dans l'instance sur les contredits, et le jugement qui intervient, règle d'une manière définitive le sort et le mérite des inscriptions.

Telle est la pensée fort simple de la loi, et les textes, sainement entendus, concourent à démontrer la vérité de cette proposition.

367. — Le système contraire ne roule que sur des arguties. Il s'appuie sur les expressions de l'art. 878 : *ils peuvent demander la séparation...* de l'art. 881 ; *les créanciers de l'héritier ne sont point*

admis à demander, etc...; et enfin, de l'art. **2111**; *ceux qui demandent...*

De ces textes, on a conclu qu'une demande proprement dite en séparation des patrimoines était nécessaire. On a même été jusqu'à décider que le privilége de l'art. **2111** ne pouvait s'exercer, sans qu'au préalable la demande en séparation des patrimoines eut été faite par action principale. M. Merlin a prêté la grande autorité de son nom à cette doctrine, suivie ensuite par un bon nombre de ceux qui sont venus après lui. C'est là une erreur aujourd'hui reconnue. La réfutation de ce système appartient à M. Duranton qui a trop bien rempli sa tâche pour ne pas renvoyer à son ouvrage (1).

Il faut traduire ces mots de l'art. **2111** : *Ceux qui demandent la séparation des patrimoines,* par ceux-ci : *Ceux qui entendent exercer le privilége de la séparation des patrimoines,* conservent, etc...

Cette interprétation s'appuie en effet sur l'histoire et sur la raison. Voyons d'abord l'histoire.

568. — Comment procédait-on sous l'empire du droit romain (2) ?

Les interprètes ne se sont pas occupés de cette question, la plus importante et certainement la plus

______

(1) *Voy.* t. VII, n° 488.

(2) Nous complétons ici le système de la législation romaine, exposé dans notre troisième Étude, n°s 241 à 256.

difficile de la matière que nous traitons ; les textes sont à peu près muets à cet égard. Le système des Romains ne nous est pas bien connu. Nous n'en possédons que des lambeaux. Les ciseaux de Tribonien ont passé par là !...

Cependant, j'oserai hasarder quelques conjectures. Si je me trompe, la critique pourra relever mes erreurs.

369. — Il est d'abord hors de doute qu'il fallait une demande de la part des créanciers héréditaires pour obtenir le bénéfice de séparation. Il n'est pas moins certain que le pouvoir d'accorder cette séparation n'appartenait qu'au préteur ou au président de la province (l. 1, pr. et § 14, ff. *de Separat*).

Mais avant d'arriver à cette séparation, que se passait-il ?

Depuis le décès du débiteur jusqu'à l'adition d'hérédité, la succession, être moral, représentait le défunt. Elle était dite *jacens hœreditas* (*Inst. Just.*, l. 2, t. XIV, § 2). Il était pourvu par des mesures à la conservation des biens qui la composaient. Si personne ne se portait héritier, on considérait le défunt comme *indefensus* (*Voy.* l. 4, § 1, ff. *de reb. auct. jud. poss.*). Les créanciers héréditaires pouvaient alors obtenir l'envoi en possession des biens (Ulp., l. 8, et Paul, l. 9, ff. *quib. ex caus., in poss.*). Le préteur ordonnait, sur la demande des créanciers un sequestre dont la durée était de quinze jours. Venait ensuite la vente dont nous parlerons bientôt (*Voy.* Gaius, *Com.* 3, § 78). Jusque-là, il ne peut s'agir de séparation des patrimoines; car s'il n'y a pas d'héritier, il n'y a pas de patrimoines à séparer.

370. — Mais apparaît un héritier. Il accepte l'hérédité qui lui est offerte. Qu'arrive-t-il? Les créanciers du défunt sont devenus par l'adition d'hérédité les créanciers de l'héritier. Ils doivent donc concourir, d'après la loi civile, avec les créanciers personnels de ce dernier sur les deux patrimoines désormais confondus. Mais s'ils aiment mieux renoncer aux biens de l'héritier et s'en tenir à ceux que possédait le défunt, ils peuvent demander, aux termes de l'édit, que les deux patrimoines soient divisés, et de cette manière, ils écartent le concours des créanciers de l'héritier des biens de la succession, tant qu'ils ne sont pas désintéressés. Quelle marche devaient-ils suivre pour arriver à ce résultat? Nous avons vu (1) que Cujas expliquait la séparation des patrimoines par *la possession des biens.* Le titre *de la Séparation des patrimoines* est en effet confondu au Code avec le titre *de bonis auct. jud. possidendis* La place qu'occupe le titre *de Separationibus* dans les Pandectes démontre aussi cette vérité. D'ailleurs,

____

(1) N° 242.

on ne comprendrait pas une autre manière de procéder dans la législation romaine. Il est donc constant que l'établissement du régime en séparation
des patrimoines était lié aux mesures d'exécution.

371. — Cela posé, il me paraît que, l'héritier
représentant le défunt au regard de tous jusqu'à la
séparation prononcée, il y avait lieu de la part des
créanciers soit du défunt, soit de l'héritier, de l'appeler *in jus*, afin de le constituer dans l'état de
l'*indefensus*. Si l'héritier donnait satisfaction aux créanciers héréditaires, la séparation devenait sans objet; mais s'il ne les payait pas, il fallait nécessairement s'adresser à lui. Dès lors le fait, de la part des
créanciers du défunt, de poursuivre cet héritier, ne
pouvait constituer soit une novation, soit la reconnaissance de l'héritier pour débiteur, circonstances de nature à leur faire perdre le bénéfice,
parce qu'en agissant ainsi, ils ne faisaient qu'obéir à
la nécessité (l. 7, ff. *de Separat.*).

372. — Si l'héritier cité se cachait fauduleuse-
ment au lieu de satisfaire à *l'in jus vocatio* (Ulp., l. 7,
§ 1-2, ff. *ex quib. caus. in poss.*), ou si, paraissant
devant le magistrat, il refusait d'engager l'instance,
negat se defendere aut non vult suscipere actionem
(Ulp., l. 52, ff. *de regul. juris*), il était alors réputé
indefensus. C'était le cas de le considérer comme
étant en déconfiture et comme ne pouvant empê-

cher la vente de ses biens : *patitur bonorum venditionem* (l. 1, ff. *de Separat.*).

Voici alors ce qui se passait : tous les créanciers indistinctement se réunissaient et allaient trouver le préteur, συνιόντες οἱ κρεδίτωρες προσίεσαν τῷ πραιτῶρι (1). Le préteur pourvoyait au sort commun par un régime collectif, *communi cautione* (l. 4, ff. *de Separat.*), c'est-à-dire, par la *missio in possessionem* qu'on nommait *communis cautio*, parce que le gage prétorien qui en résultait profitait à tous, soit que la masse des créanciers ait été envoyée en possession, soit que la *missio* n'ait été accordée que sur la demande d'un seul. Il possédait alors pour tous les autres et pour lui-même (l. 12, ff. *de reb. auct. jud. poss.*).

Les biens en masse se trouvaient ainsi séquestrés pendant 30 jours. A l'expiration de ce délai, le préteur convoquait tous les créanciers. Il leur prescrivait de choisir parmi eux un syndic, un *magister* chargé de faire la vente, *eum per quem bona veneant* (Gaïus, *Com.* 3, § 79). Il était ensuite dressé des affiches qui avaient le double but d'appeler la concurrence et d'avertir ceux des créanciers qui ne s'étaient pas d'abord présentés qu'ils eussent à le faire, parce que le débiteur était tombé en déconfiture. Quelques jours après, on se réunissait de nou-

---

(1) *Voy.* Théophile, l. III, tit. XII, pr.

veau pour dresser le cahier des charges, *lex bono-rum vendendorum* dans lequel était probablement arrêté l'état des créanciers dont les droits étaient vé-rifiés (1) ; on stipulait que *l'emptor* ne pourrait ac-quérir le patrimoine du débiteur que pour une somme dont le *minimum* était fixé, qu'il s'obligerait à payer aux créanciers vendeurs, par exemple, 50 pour 100 de leurs créances.

C'est probablement dans la première assemblée des créanciers en masse que s'opérait la séparation alors : des patrimoines. Les créanciers du défunt di-saient *creditores Seii dicunt bona Seii sufficere sibi, cre-ditores Titii contestos esse debere bonis Titii* (l. 1, § 1, ff. *de Separat.*). Si ensuite le préteur, *causâ cognitâ*, accordait la séparation aux termes de l'édit, une scission s'opérait entre les créanciers du défunt, d'une part, et les créanciers de l'héritier, d'autre part : de telle sorte qu'une fiction faisant revivre le défunt, il y avait deux débiteurs différents et par conséquent deux classes de créanciers incompati-bles... *sic quasi duorum fieri bonorum venditionem... quasi defuncti bona vendiderunt... hos qui secuti sunt hæredem cum creditoribus hæredis numerandos* (Voy. l. 1, § 1-16, et l. 5, ff. *de Separat.*).

Etait-il nommé deux *magistri,* deux syndics ?

____

(1) *Voy.* M. Bonjean, *Traité des Actions,* t. II, § 395 et suiv., et surtout Théophile, *loco citato.*

C'est ce que les textes ne disent pas. Dans tous les cas, il est certain que les deux patrimoines étaient réellement divisés.

373. — Mais il peut se faire qu'avant la vente, l'héritier, soit par lui-même, soit par des cautions, donne satisfaction aux créanciers. Il fait alors cesser la *missio in possessionem* (l. 33, § 1, ff. *de reb. auct. jud.*). S'il est donné satisfaction aux créanciers du défunt, les biens héréditaires, dont la possession cesse entre leurs mains, se réunissent à la masse des biens particuliers provenant de l'héritier; et les créanciers du défunt sont *di-missi,* le contraire de *im-missi;* de cette manière les créanciers de l'héritier en profitent. Si, au contraire, il est donné satisfaction aux créanciers de l'héritier, ceux-ci sont également *di-missi;* mais les jurisconsultes étaient divisés sur la question de savoir si les biens, dont la possession était enlevée aux créanciers de l'héritier, pouvaient se réunir à la masse de la succession. Papinien pensait que *oui* (*Voy.* l. 3, ff. *de Separat.*), Paul et Ulpien, ainsi que les autres généralement *vulgo,* pensaient que *non* (l. 1, § 17, et l. 5, *eod. tit.*).

C'est ainsi, ce me semble, que peut être entendue la loi 3, § 2, de notre titre et ce mot *dimissi* qu'on y lit.

Cependant, Ulpien (l. 1, § 17), et Papinien (l. 3,

§ 2), paraissent dire qu'il s'agit du cas où la masse de la succession a été vendue pour une somme supérieure aux dettes du défunt. Cela se comprend très-bien au VIe siècle, avec les ventes pièces à pièces, mais cela se comprend plus difficilement avec les ventes de biens en masse : système sous lequel le *bonorum emptor* offrait aux créanciers tant pour cent de leurs créances. Il faudrait supposer, alors, qu'au cas de séparation des patrimoines, il offrait aux créanciers de la masse héréditaire une somme supérieure à celle qui leur était due, lorsque le patrimoine du défunt était d'une valeur supérieure aux dettes, sauf à reverser l'excédant dans la caisse des créanciers de l'héritier. Toutefois, il me paraît certain, d'après l'ensemble des textes, que le *minimum* à offrir par les amateurs étant seul fixé, la concurrence pouvait faire monter le prix de la masse de la succession au delà de l'importance des créances héréditaires. Dans ce cas, il devait y avoir une manière de procéder autre que le dividende dont parle Théophile. Tribonien aura retranché quelques textes devenus inutiles dans le nouveau système. Il y a là-dessous quelque chose que nous ne connaissons pas, ou du moins, que je ne connais pas.

374. — Quoi qu'il en soit, à partir de la séparation prononcée, l'héritier devenait un étranger au regard des créanciers du défunt, qui s'étaient retirés de sa personne et de ses biens. C'est la conséquence forcée des textes sur lesquels nous nous sommes expliqués dans notre 3e étude (*Voy.* n^{os} **246** et suiv.).

Les syndics, les *magistri*, ou le syndic unique, *magister*, si un seul était investi du pouvoir des créanciers pour vendre les deux patrimoines divisés, devaient procéder à la vente dans un délai déterminé (Gaïus, *Com.* 3, § 79). Cette vente pouvait, toutefois, être reculée, à raison des circonstances. On nommait alors un *curator* ou des *curatores,* dans une nouvelle assemblée des créanciers, et ce que faisaient ces *curatores* était reconnu recevable (l. 2 ff. *de Curat. bon. dand.*).

Après l'accomplissement de toutes les formalités, chacun des patrimoines était adjugé, par le magister, à l'amateur ou aux amateurs qui offraient le dividende le plus élevé (Théophile, *loc. cit.*). Le *bonorum emptor* ou les *bonorum emptores* étaient considérés comme des héritiers à titre universel (Gaïus, *Com.* 3, § 77). Toutefois, ils n'acquéraient pas, par la seule *emptio bonorum,* le domaine *ex jure quiritium.* Il leur fallait l'usucapion. Les biens achetés étaient seulement *in bonis* (*Com.* 3, § 80) (1). En

____

(1) Le texte de Gaïus, qui ne nous est pas parvenu entier, ajoute cependant que cela ne se passait pas ainsi dans tous les cas. Quels

effet, cette succession n'était qu'une succession prétorienne. Une fois les opérations du syndic terminées, les créanciers se faisaient payer par les *emptores bonorum*, au moyen d'actions utiles (Théophile, *loc. cit. in fine. — Voy.* M. Ducaurroy, *Inst. expliq.*, n° 948). Quant à ces derniers, ils procédaient, pour obtenir ce qui faisait partie de leur acquisition à titre universel, en agissant *ficto hærede*, avec la qualité fictive d'héritiers suivant une action dite *serviana,* et, quelquefois autrement, c'est-à-dire, au nom de celui dont ils avaient acheté le patrimoine. Puis, ils retournaient la *condemnatio* à leur profit (1). Cette procédure s'appelait *actio rutiliana* (Gaïus, *Com.* 4, § 35).

375. — Malgré cette espèce de succession prétorienne, le débiteur, dans le cas où les créanciers n'étaient pas payés intégralement, restait toujours leur obligé pour le surplus ; il pouvait donc être poursuivi de nouveau, s'il acquérait quelque chose par la suite (Gaïus, *Com.* 2, § 155). Nous savons que, suivant les textes de Paul et d'Ulpien, contre le sentiment de Papinien, il n'en était pas de même à l'égard des créanciers du défunt qui avaient de-

____

cas ? *Grammatici certant et adhuc sub judice lis est.* M. Pellat pense qu'il s'agissait vraisemblablement de la *sectio bonorum.*

(1) C'était à peu près ce qui se passe chez nous, sous l'art. 1466 du Code civil, notamment dans ce que nous appelons aujourd'hui les *sous-ordres.*

mandé et obtenu la séparation des patrimoines.

376. — Cette procédure de la vente des biens en masse a disparu lors de la grande révolution qui s'est opérée sous l'empereur Dioclétien (*Inst. Just.*, l. 3, tit. 12). Au VIe siècle les biens sont vendus séparément (l. 10, C. § 1er, *de bon. auct. jud. poss.*), au fur et à mesure des besoins. Les créanciers sont payés quand ils se présentent. Il leur est pour cela accordé de longs délais (*Voy.* l. 10, *eod.*). Ce qui reste des biens est séquestré par le juge pour remplir ceux qui se présentent ensuite ; mais la *missio in possessionem* n'en reste pas moins en vigueur.

377. — Sous ce dernier système, si les créanciers de la succession, qui ont obtenu la *missio in possessionem* du patrimoine du défunt en tout ou en partie, sont intégralement payés, ce qui reste des biens héréditaires profite comme auparavant aux créanciers de l'héritier, et on suit, en ce qui touche les créanciers du défunt, les règles précédemment posées : c'est-à-dire qu'ils n'ont aucun droit sur les biens de l'héritier, après le payement de ses créanciers personnels.

378. — Tel me paraît avoir été le système d'exécution des Romains. Je ne sache pas qu'aucun interprète ait cherché à rattacher la séparation des patrimoines aux ventes des biens en masse. Je le répète, les idées que j'ai émises ne sont que des conjectures. C'est ainsi que je comprends la théorie, et voilà tout. Il vaut encore mieux hasarder quelque chose de probable que de se taire. C'est au moins un moyen de provoquer la critique, et par conséquent la lumière dans ces matières difficiles et bien peu connues.

379.— Quoi qu'il en soit, il est certain que pour obtenir la séparation des patrimoines, il fallait une demande positive de la part des créanciers héréditaires. Si, comme je le pense, au moins sous le système d'exécution qui existait au temps des grands jurisconsultes, cette demande avait lieu contre les créanciers de l'héritier, on sent qu'elle était très-praticable avec les assemblées dont parlent Théophile et Gaïus.

Cela dit, passons à la jurisprudence de l'ancien droit français.

380. — Les formes de la législation romaine n'étant pas passées dans notre droit, il paraît qu'en France, la séparation des patrimoines s'obtenait autrefois par lettres de la chancellerie ; les créanciers de la succession se faisaient délivrer, moyennant finance, des lettres de séparation de patrimoines, comme l'héritier des lettres de bénéfice d'inventaire. Cette opération était du ressort de l'administration. C'était, me semble-t-il, un vestige de l'*imperium* du préteur qui, à Rome, n'avait pas seulement l'exercice du pouvoir judiciaire. La *missio in possessionem*, et par suite *la separatio bonorum* étaient *magis imperii quam jurisdictionis* (*Voy. Ulp.*, l. 4, ff. *de jurisdict.*).

« Ainsi, dit Leprêtre (1re Centurie, chap. LXXV), « si les meubles du défunt sont saisis à la requête « des créanciers de l'héritier, les créanciers du dé- « funt se doivent opposer et obtenir *lettres royaux*, « afin de demander séparation des biens du dé- « funt d'avec ceux de l'héritier (1). »

Alors il était vrai de dire : *la demande* en sépa- ration des patrimoines appartient aux créanciers de la succession : les créanciers qui *demandent* la sé- paration... Cette expression *demande* était, quoi- que dans un sens différent du droit romain, rigou- reusement exacte.

Mais l'usage des lettres de la chancellerie est tombé en désuétude, et on n'y a rien substitué. Les mots sont restés avec une signification tout autre, c'est-à-dire que la demande en séparation, sous notre législation, n'a plus été autre chose qu'une demande en collocation sous forme de privilége, de

---

(1) *Voy.* aussi Lebrun, n° 25 ; — Claude Ferrière, *Jurisprud. du Digeste conférée avec le Droit français. Voy. suprà*, n° 268, à la note.

Ce n'est pas nous dire grand'chose. Ce point est obscur. J'ai fait dans les vieilles pratiques de vaines recherches pour l'éclaircir. D'autres seront peut-être plus heureux un jour !...

prélèvement, attendu la qualité de créancier du défunt. Aussi, quand on voit les anciens auteurs, tels que Domat, Lebrun et Pothier, se servir de ces expressions : « La demande en séparation des « patrimoines appartient aux créanciers du défunt. « Ceux qui *demandent*... etc...» Il ne faut pas conclure de là que cette demande s'intentait par action principale contre les créanciers de l'héritier. Un passage de Lebrun est un trait de lumière à cet égard.

En effet, « en France, dit-il, au n° 24, la sépa- « ration des patrimoines a lieu de plein droit ; elle « n'est pas sujette à demande (1). » Ce qui veut dire aujourd'hui que la séparation s'oppose comme un privilége, comme un droit de préférence dont on fait usage dans un ordre ou dans une distribution. Or, il est arrivé que les auteurs du Code civil ont copié les expressions de Lebrun et de Pothier, sans faire attention au changement qui s'était opéré dans la manière de procéder à cet égard. Mais si ces expressions ont passé dans nos lois, c'est, bien entendu, avec la signification qu'y attachaient ces auteurs, dont les termes se retrouvent à chaque pas au titre *des Successions*.

On voit par là que l'histoire condamne déjà la théo-

______

(1) « Suivant nos usages, dit Basnage *Traité des Hypothèques*, p. 180, édit. de 1681, il n'est point besoin de demander la séparation des biens immeubles du défunt et de son héritier, mais, etc...»

rie de ceux qui veulent absolument que l'inscription de l'article 2111, soit précédée, accompagnée ou suivie d'une demande en séparation des patrimoines.

381. — Continuons. Si le législateur de 1804 eût voulu qu'une demande proprement dite en séparation des patrimoines fût intentée par action principale, soit avant la prise d'inscription, soit au moment de cette inscription, il n'eut pas manqué de tracer à cet égard des règles de procédure. Les difficultés pratiques soulevées par une pareille demande, méritaient bien une explication de sa part. Or, il n'existe dans nos Codes aucun texte qui détermine la marche à suivre pour l'exercice de cette prétendue action.

382. — Enfin, le système contraire au nôtre est impraticable. Contre qui le créancier de la succession dirigera-t-il sa demande? contre l'héritier? comme l'a décidé la cour de Nancy... Mais une semblable action, dans une législation sous laquelle l'héritier reste l'obligé des créanciers du défunt et n'est pas séparé d'eux, ne peut évidemment s'exercer contre le représentant du défunt. A quel titre viendrait-il y défendre? que lui importe à lui, héritier unique, je le suppose, la séparation des patrimoines? est-il privé sous le Code par l'effet seul de cette demande, de la libre disposition des biens provenant du défunt? est-il privé de la jouissance des immeubles? n'est-il pas quoi qu'il arrive, toujours débiteur personnel de la totalité des dettes de la succession par suite de la saisine confirmée par son acceptation de l'hérédité? Il est donc impossible que la loi ait voulu remettre le soin de défendre à cette prétendue action, entre les mains d'une personne qui n'y a pas d'intérêt avec le système généralement admis.

383. — Maintenant supposons le jugement rendu, à quoi aboutira-t-il? Les créanciers de l'héritier seront-ils avertis davantage ? Le jugement leur en apprendra-t-il plus que l'inscription ? Évidemment non. Le jugement ne sera donc qu'une déclaration du créancier héréditaire qu'il entend jouir du bénéfice de séparation ; mais comme cette déclaration peut se produire de toute autre manière, un jugement avec l'héritier ne ferait qu'engendrer des frais frustratoires. Pour décider ensuite qu'un pareil jugement aurait l'autorité de la chose jugée, à l'égard de tous les créanciers de l'héritier, *même des créanciers hypothécaires antérieurs à la demande,* il faudrait, ce qui n'est guère vraisemblable, admettre que nos Codes eussent organisé une procédure sans précédent dans l'ancienne jurisprudence, et il n'y a pas de textes à cet égard !!...

Mais si la demande des créanciers de la succession ne peut être dirigée contre l'héritier, peut-elle l'être contre ses créanciers personnels par action principale? pas davantage, parce que pour intenter une demande quelconque devant les tribunaux, il faut connaître ses adversaires, et qu'ici, cela est impossible. Le créancier de la succession s'adressera-t-il au premier venu des créanciers de l'héritier pour faire déclarer avec lui la séparation des patrimoines? qu'arrivera-t-il? C'est que son droit étant évident, le créancier de l'héritier s'en rapportera à la justice, et ne contestera pas, en protestant contre les frais inutiles engendrés par une pareille procédure, et le créancier de la succession sera encore obligé de payer, ou au moins d'exposer des frais considérables pour n'arriver à aucun résultat; car le jugement n'aura pas sans doute l'autorité de la chose jugée à l'encontre des autres créanciers de l'héritier. Ce qu'il aura fait avec l'un d'eux, il sera donc contraint de le faire avec d'autres, à mesure qu'il les connaîtra : de cette manière, il faudra autant de jugements qu'il découvrira de créanciers. Tout cela n'est-il pas absurde et impraticable? et ne voit-on pas que, s'il en était autrement dans le droit romain, c'est parce que les ventes des biens en masse nécessitaient la réunion du collége des créanciers, et que ce qui était raisonnable sous l'empire d'une législation qui admettait en ces matières des mesures collectives analogues à nos faillites, est impraticable chez nous!!...

384. — Tenons donc pour constant que la séparation des patrimoines, c'est-à-dire, le privilége des créanciers de la succession, a lieu de plein droit dans notre législation. Le créancier héréditaire n'est astreint qu'aux seules formalités prescrites par les art. 2111 et 2113, et qui consistent uniquement dans l'inscription prise sur les immeubles de la succession. Une fois cette inscription régularisée, le droit des créanciers du défunt est conservé dans toute sa plénitude. Les immeubles leur sont affectés comme à des créanciers privilégiés au cas de l'art. 2111 , ou comme à des créanciers hypothécaires au cas de l'art. 2113.

Alors, le bénéfice se produit suivant les circonstances :

Comme droit réel, sur les biens héréditaires : à l'égard des tiers acquéreurs, qui ne peuvent prétexter aucune ignorance, avertis qu'ils sont par la publicité; à l'égard des héritiers qui, par ce moyen, ne peuvent ruiner les créanciers de la succession, en dilapidant la fortune immobilière du défunt, et qui se trouvent ainsi forcés de satisfaire à cette règle d'éternelle vérité, à savoir : qu'ils ne succèdent qu'à la charge de payer les dettes de l'auteur.

Comme droit de préférence : à l'égard des créanciers de l'héritier qui ne peuvent avoir plus de droits que leur débiteur lui-même; et enfin, à l'égard des créanciers du défunt entre eux : parce que la loi ne doit pas admettre également à ses faveurs, ceux qui, soigneux de leurs intérêts, obéissent à ses prescriptions, et ceux qui, négligeant leurs affaires, viennent tardivement revendiquer ses bienfaits.

Loin de critiquer ce système, il faudrait l'inventer s'il n'existait pas. C'est l'une des plus belles créations du Code civil. Mais on aime bien mieux se jeter dans des théories vagues et abstruses, que d'ouvrir les yeux à la lumière. Si les articles du titre *des Successions* relatifs à la séparation, ne s'y trouvaient pas, aucune discussion n'aurait été possible. La présence de ces articles, qui ne sont qu'une transition d'un ancien système à un nouveau, doit-elle donc nous faire abandonner l'idée fondamentale de la loi, pour nous reporter à une législation qui n'est plus dans nos mœurs, et qui a le plus grand vice qu'une législation puisse avoir, puisqu'elle ne protége pas ceux qu'elle veut pourtant protéger! En France, nous avons trop de textes, beaucoup trop de textes; c'est une des causes du chaos de notre jurisprudence.

585. — L'inscription étant la condition d'existence du droit réel sur les immeubles héréditaires , les créanciers de la succession ne peuvent apporter trop de soin et trop de diligence à suivre exactement les prescriptions de la loi (art. 2148). Du reste, ils n'ont pas besoin, pour requérir cette inscription, d'actes authentiques nécessaires pour donner naissance aux hypothèques judiciaires et conventionnelles. Leur droit de privilége résulte, non pas de l'instrument qui constate leur créance, mais bien de la loi qui attache ce privilége à leur qualité. Ainsi, une simple reconnaissance ou tout autre titre émané du défunt, bien plus, de simples mémoires d'ouvriers suffisent pour autoriser le créancier héréditaire à s'inscrire, et le conservateur ne serait pas fondé à refuser l'inscription. C'est un point qu'on doit considérer comme constant, malgré les scrupules de M. Duranton (t. VII, n° 492). Le mérite de l'inscription et de la créance sera en effet apprécié au moment de l'ordre.

386. — L'art. 2111 exige que l'inscription soit prise sur chacun des immeubles de la succession. C'est là une des conséquences de la spécialité qui, dans l'esprit des rédacteurs du Code, devait jouer un si grand rôle en matière hypothécaire, et que la jurisprudence, se faisant législatrice, a tant modifiée. D'après ce qui existe actuellement, on est fondé à croire qu'une inscription prise avec les indications générales reconnues suffisantes pour les hypothèques conventionnelles, ne serait pas nulle, si les tiers n'avaient pu être induits en erreur, par son contexte (*Voy.* pourtant art. 2129). Du reste, l'inscription peut n'être requise que sur certains biens, comme elle peut être requise sur tous. Individuel par rapport aux personnes, le bénéfice de séparation l'est également par rapport aux biens.

Il y a pourtant ici une raison particulière pour exiger des désignations nominatives de chacun des biens saisis par l'inscription. C'est l'idée de séparation des patrimoines, qui consiste à distraire de la masse confuse les biens ayant appartenu au défunt. N'est-il pas de la plus haute importance pour les tiers qu'ils aient des moyens simples et faciles de savoir que tels ou tels biens proviennent du défunt, et que par conséquent, ils n'aient à compter sur eux que moins ce qui peut être dû aux créanciers de la succession ?

Quelle est l'époque fatale à laquelle l'inscription doit se produire ?

Pour procéder à cette recherche, il faut examiner les différentes positions dans lesquelles les parties peuvent se trouver placées.

Les immeubles héréditaires sont encore entre les mains des héritiers, et alors il n'y a pas de difficulté. Le droit des créanciers qui ont commencé par être créanciers du défunt, peut être régularisé par la prise des inscriptions tant que durent leurs créances. Il y a seulement lieu à faire une distinction sur la nature de leur droit qui, au cas de l'art. **2111**, est un privilége, et qui, au cas de l'art. 2113, n'est plus qu'une simple hypothèque.

587. — Mais que décider si les immeubles ont été vendus en totalité ou en partie ? Le créancier héréditaire sera-t-il déchu du droit de s'inscrire par le seul fait de l'aliénation ?

Je ne puis me rendre à cette doctrine peu raisonnable qui déclare les créanciers héréditaires déchus du droit de s'inscrire avec effet, par le seul fait de l'aliénation, sous prétexte que l'art. 880 décide que la séparation peut s'exercer tant que les biens sont entre les mains de l'héritier. L'argument *a contrario* qu'on en tire est mauvais. D'une part, en effet, la loi n'a rien de restrictif ; d'autre part, cette doctrine favoriserait trop la mauvaise foi de l'héritier. Il n'est pas possible que les rédacteurs du Code civil aient laissé ainsi à la discrétion du représentant du défunt le pouvoir de mettre à néant suivant sa volonté le droit des créanciers héréditaires. Autrement la loi aurait complétement manqué son but qui était de les protéger contre les conséquences de la saisine.

L'action de l'art. 1167 ne serait pas un remède efficace au vice de cette théorie. En effet, il ne suffit pas aux créanciers de la succession de prouver que l'héritier en vendant a été de mauvaise foi, mais il leur faut encore prouver la collusion frauduleuse de l'acheteur ; ce qui est le plus souvent impossible. Il est vrai qu'on reporte sur le prix, s'il n'est pas encore payé, le privilége qui aurait pu se régulariser sur l'immeuble par l'inscription sans l'aliénation, et que l'on croit de cette manière établir un système raisonnable. Mais cet effort est encore bien infructueux. D'une part, en effet, si l'héritier reçoit le prix de la vente, le créancier de la succession perd son privilége, et d'autre part, on est obligé, dans le cas où le prix est encore dû, de reporter sur le prix, quoi? un droit réel? Il n'a pas existé sur l'immeuble. Sans l'inscription, il n'y a pas de droit réel sur les immeubles sous le Code, si ce n'est dans quelques cas exceptionnels. Un droit de préférence? Qu'est-ce que c'est qu'un droit de préférence sans droit réel qui le précède? A ce compte il faudrait déclarer hypothécaire sur le prix, le créancier de l'héritier qui, ayant stipulé une hypothèque de son débiteur, ne l'a pas inscrite en temps utile !

388. — Mais laissons de côté toutes ces théories vicieuses et voyons la véritable raison de décider.

J'ai dit que les créanciers de la succession devaient être considérés comme des créanciers privilégiés ou hypothécaires suivant les cas, à charge par eux, en ce qui concerne les immeubles, de se conformer aux mesures de publicité prescrites par la loi. Cette proposition je l'ai appuyée sur la nécessité, dans laquelle se sont trouvés placés les rédacteurs du Code civil, d'assurer le sort des créanciers de la succession par le régime hypothécaire, dès qu'ils ne reproduisaient pas dans leur ouvrage les textes de Paul et d'Ulpien (l. 1, § 17 ; et l. 5, ff. *de Separat.*), ni même le système mitigé de Papinien (l. 3, *cod. tit.*), en organisant des mesures collectives analogues à celles de nos faillites.

La théorie romaine, abandonnée par l'ancienne jurisprudence, a dégénéré en une simple cause de préférence de créanciers à créanciers, parce qu'on n'a vu que le résultat utile, au lieu de s'attacher au principe qui menait indirectement à ce résultat. Alors, on a conservé la saisine en cette matière, quand le bénéfice de séparation avait précisément un objet contraire, suivant le droit prétorien. Dès lors, tous les créanciers du défunt sont restés créanciers de l'héritier malgré le bénéfice, et les auteurs du Code n'ont pu se dispenser de convertir ce bénéfice en un privilége hypothécaire, sous peine de ne pas protéger les créanciers de la succession ; car, laisser à l'héritier la libre disposition des biens du défunt et séparer réellement les deux patrimoines au moyen d'une fiction d'après laquelle le défunt se survit à lui-même, sont deux idées qui ne peuvent marcher ensemble. On peut bien sans doute, sans faire disparaître le principe, ratifier ce que l'héritier aura fait *medio tempore* et ne pas donner au bénéfice de séparation un effet rétroactif, comme cela avait lieu dans le droit romain ; mais une fois la séparation prononcée, l'héritier ne peut plus être qu'un étranger au regard des créanciers du défunt qui se sont séparés de lui. Si on l'admet (1) comme ayant la libre disposition des biens du défunt et comme débiteur personnel des créanciers héréditaires, le principe est perdu et la séparation n'existe plus. Aussi, le législateur du Code civil a-t-il concilié tous les intérêts de la manière la plus heureuse. Il trouvait le bénéfice de séparation réduit à une simple préférence dans Lebrun et Pothier, et il n'a fait qu'ajouter à leur théorie ce qui lui manquait. Dès lors, il a pourvu au sort des créanciers du défunt par l'hypothèque privilégiée, parce que l'hypothèque, tout en proté-

---

(1) Je raisonne dans le cas d'une demande en séparation contre l'héritier avant toute saisie. Quelques auteurs l'admettent. Mais comme leur séparation aboutit à néant, ils se tirent d'affaire en exigeant une caution de l'héritier. Cela veut dire qu'ils imposent à l'héritier une obligation que la loi n'impose pas ; qu'ils se font législateurs pour les besoins de leur système. Leur argument, tiré de l'art. 807, spécial au bénéfice d'inventaire, est mauvais. La règle *ubi eadem ratio idem jus* ne s'applique que dans les cas favorables, et jamais pour créer une obligation onéreuse non imposée par la loi. M. Blondeau paraît être de l'opinion que je combats en ce qui touche le mobilier (p. 478, note 1). Je ne puis accepter cette décision. Elle est à mettre dans la loi ; mais elle n'y est pas.

geant utilement le créancier de la succession, n'empêche pas les effets de la saisine et laisse à l'héritier,
sauf les effets du droit réel, la libre disposition des
biens du défunt.

Mais alors, dans ce dernier ordre d'idées, il fallait fixer un délai pour faire un appel à tous les
créanciers du défunt ; il fallait de plus frapper l'héritier, pendant un certain temps, de l'incapacité
d'aliéner les immeubles de la succession, sinon d'une
manière absolue, au moins au regard des créanciers
héréditaires. C'est en effet ce qui ressort jusqu'à
l'évidence de l'art. 2111, sur lequel nous allons
jeter un coup d'œil.

389. — La loi accorde aux créanciers de la succession un délai de six mois, à partir du décès, pour
inscrire leur privilége sur les immeubles provenant
du défunt. Quel est le motif de cette disposition ?
C'est évidemment parce que le décès peut être
ignoré pendant un temps assez long, et parce qu'il
fallait donner aux créanciers, éloignés du domicile
du défunt, la possibilité de régulariser leur position. Si le délai eût été plus court, les créanciers,
se trouvant sur les lieux, auraient été trop favorisés (1). Voilà pourquoi, pendant six mois, les ins-

---

(1) Les créanciers inscrits dans les six mois sont privilégiés, et
les créanciers inscrits après les six mois dégénèrent en simples créanciers hypothécaires (C. civ., art. 2111, 2113).

criptions de priviléges sont reçues au profit de tous les créanciers de la succession qui veulent profiter des moyens de protection organisés par la loi. Pendant ce temps, qu'arrive-t-il au regard des héritiers dans leurs rapports avec les tiers ? C'est qu'aucune hypothèque ne peut être concédée par le représentant du défunt, sur les biens héréditaires au préjudice des créanciers de la succession (art. 2111, *in fine*). Or si, sur la chose qu'il détient à titre de succession, l'héritier ne peut pas concéder, au préjudice des créanciers du défunt, un simple droit réel tel que l'hypothèque, *a fortiori* ne pourra-t-il pas aliéner cette chose elle-même, c'est-à-dire, transporter à des tiers le plus grand de tous les droits réels, la propriété (1). A l'égard de ces créanciers, les immeubles demeurent donc, malgré la vente, entre les mains de l'héritier suivant l'art. 880 du Code civil, pendant les six mois, de même qu'en général, la propriété est réputée, au regard des créanciers hypothécaires ordinaires qui ne se sont pas inscrits avant la transcription, c'est-à-dire la mutation à l'égard des tiers, exister encore entre les mains du vendeur jusqu'à l'expiration de la quinzaine de cette transcription (C. proc., art. 834) ; de même que la propriété est réputée résider encore sur la tête du co-

____

(1) Cette idée est un trait de lumière. C'est à M. Blondeau que la science la doit comme tant d'autres.

partageant qui vend immédiatement après le partage,
tout ou partie des immeubles compris dans son lot,
pendant soixante jours, à partir du partage, au regard de ses copartageants privilégiés, afin de donner
le temps à ces derniers d'inscrire leur privilége
(C. civ., art. 2109).

Telle est la véritable théorie du Code civil, et il
faut avouer qu'il n'est pas possible de trouver un
système mieux organisé et qui concilie davantage
les intérêts opposés avec les besoins de la publicité.

590. — *Quid juris* si l'acquéreur d'un immeuble héréditaire a transcrit son contrat, et si la
quinzaine de la transcription s'est écoulée avant
l'expiration des six mois de l'art. 2111 ? le créancier
de la succession pourra-t-il encore s'inscrire utilement, après la quinzaine de la transcription, et
jusqu'à l'expiration de ces six mois?

Il faut décider cette question par l'affirmative. En
effet, le délai de 6 mois, fixé par l'art. 2111, appartient en entier aux créanciers de la succession.
Tant qu'il n'est pas écoulé, ils peuvent s'inscrire
utilement. L'art. 834 du Code de procédure n'a pas
eu pour objet de modifier l'art. 2111 du Code civil.
Le motif de l'art. 2111 existe toujours, malgré la
transcription précipitée que pourrait faire l'acheteur. Il ne faut pas, en effet, perdre de vue que ce
délai de six mois a été surtout accordé afin que les

créanciers éloignés du domicile du défunt, pussent réaliser leur privilége par l'inscription. Or, si la transcription, faite avant les six mois du décès, privait le créancier de la succession du droit de s'inscrire, la loi serait faussée, et dans son texte, et dans son esprit.

391. — *Quid juris* si les créanciers de la succession, au cas de la question précédente, ne se sont pas inscrits dans les six mois du décès ? Ils sont déchus du droit réel sur les immeubles de la succession. Leur droit, suivant l'art. 2113, est dégénéré, faute d'inscription dans les six mois du décès, en simple hypothèque, et il est certain que la transcription purge les hypothèques qui ne se révèlent pas dans la quinzaine suivante (C. pr., art. 834). On ne peut dire ici, comme au cas de l'art. 2111, qu'il y a un délai de faveur pour les retardataires. L'article 2113 n'en fixe aucun, et dès lors, il faut subir le principe de l'art. 834 précité. Il faut bien aussi que l'acquéreur puisse se libérer. C'est un des cas rares dans lesquels l'art. 2113 ne reçoit pas son application.

392. — Que décider dans le cas où l'acquéreur ayant acheté l'immeuble héréditaire, soit dans les six mois du décès, soit après les six mois, aurait ensuite (c'est-à-dire après les six mois) transcrit son contrat ? Le créancier de la succession qui n'a pas régularisé son privilége par l'inscription dans les six mois du décès, pourra-t-il encore s'inscrire dans la quinzaine de la transcription? Cela me paraît incontestable. En effet, le privilége est sans doute à jamais perdu pour lui, puisqu'il n'est attaché qu'à l'inscription faite dans les six mois du décès; mais le privilége qui ne s'est pas produit en temps utile, a dégénéré en simple hypothèque. Le créancier de la succession pouvait être, au cas de l'art. 2111, un créancier privilégié, il n'est plus privilégié faute d'inscription dans les six mois du décès, *mais il ne cesse pas d'être hypothécaire*, suivant l'art. 2113. Toute la question aboutit donc à savoir, si le créancier qui renferme en sa personne une hypothèque à laquelle il ne manque que l'inscription pour produire effet, peut s'inscrire utilement dans la quinzaine de la transcription, ce qui ne peut faire doute en présence de l'art. 834 du Code de procédure, suivant lequel l'immeuble reste dans les mains de l'héritier jusqu'à l'expiration des six mois, ou jusqu'à la quinzaine de la transcription faite après les six mois, au moins en ce qui touche les créanciers hypothécaires non encore inscrits au moment de la vente (1).

______

(1) Nos 147-225. On a vu que nous ne faisons pas la distinction généralement admise en ce qui touche les hypothèques constituées avant ou après la vente, parce que nous pensons que la

393. — Mais si le créancier héréditaire ne s'est pas inscrit, soit pendant les six mois du décès, soit pendant la quinzaine de la transcription faite après les six mois, ne peut-il pas encore, par une saisie-arrêt ou autre acte équivalent, tel qu'une intervention à l'ordre, réclamer un droit de préférence sur le prix non encore payé.

Non. Il ne s'agit pas ici du mobilier du défunt ; la loi ne lui accorde un privilége, suivant l'article 2111, ou une hypothèque suivant l'art. 2113, qu'autant qu'il s'est inscrit, soit dans les six mois du décès, soit au plus tard dans la quinzaine de la transcription faite après ces six mois par l'acquéreur de l'immeuble de la succession. S'il ne s'est pas inscrit, il n'a pas acquis et ne peut désormais acquérir un droit réel sur l'immeuble héréditaire. Le droit réel n'existant pas, n'a pas pu se transformer sur le prix en droit de préférence (art. 2106). Il est absolument dans la même position qu'un créancier privilégié ou hypothécaire qui, renfermant dans sa personne le germe d'un privilége ou d'une hypothèque, n'a pas satisfait aux règles de la publicité. Il est devenu, à l'égard de l'immeuble purgé du droit réel qui ne s'est pas produit en temps utile, et par conséquent à l'égard du prix qui le représente, un

---

transcription est encore nécessaire pour transmettre le domaine à l'égard des tiers.

simple créancier chirographaire de l'héritier. Je sais que cette solution est contraire à l'opinion assez généralement admise, mais je ne la crois pas moins déduite logiquement du principe de la publicité. Il faut bien une sanction à la loi, et le système suivi n'en a aucune. Le privilége (art. 2106), et l'hypothèque qui en dérive (art. 2113) ne produisent d'effet qu'autant qu'ils sont inscrits. Qu'est-ce qu'un droit de préférence sans droit réel qui le précède !...

394. — Que décider pour le cas où l'héritier aurait vendu un immeuble héréditaire avec réserve et sous faculté de rachat pendant un temps déterminé ?

En suivant la chaîne des principes précédemment établis, on arrive au résultat suivant.

1° Si la vente à réméré a eu lieu dans les six mois du décès, l'acquéreur ne peut payer le prix de son acquisition au vendeur, sans s'exposer à payer deux fois, puisque l'inscription des créanciers de la succession peut se révéler pendant ces six mois (*Voy.* ci-dessus n°ˢ 387 et suiv.).

2° Si la vente a eu lieu après les six mois, les créanciers du défunt ont encore le droit d'inscrire l'hypothèque de l'art. 2113, dans la quinzaine de la transcription. Si donc, dans cette quinzaine, il survient quelque inscription de la part des créanciers héréditaires, l'acquéreur ne pourra pas davantage se libérer à leur préjudice (*Voy.* ci-dessus n° 392).

3° Si les créanciers de la succession ne se sont pas inscrits dans la quinzaine de la transcription, l'acquéreur pourra valablement payer son prix entre les mains de l'héritier. Il est alors à l'abri du droit de suite.

395. — Mais *quid juris* si l'acquéreur ayant valablement payé son prix d'acquisition, le délai du réméré n'était pas encore expiré, les créanciers de la succession ne pourraient-ils pas encore prendre inscription pour conserver l'hypothèque de l'art. 2113, en expectative de ce qui pourrait arriver par la suite ?

Je le pense. L'acquéreur sera sans doute à l'abri du droit de suite ; ces inscriptions ne peuvent plus le concerner. Mais comme l'exercice du réméré peut encore faire rentrer l'immeuble dans les mains de l'héritier, je ne vois pas pourquoi les créanciers ne pourraient pas prendre inscription, en attendant, sur un immeuble qui, la condition résolutoire arrivant, sera censé avoir toujours été possédé par l'héritier à titre de succession. Seulement dans ce cas, leur droit est subordonné aux éventualités qui affectent la propriété elle-même (*Voy.* art. 2125).

Appliquez ici ce que nous avons dit de la somme

déboursée par l'héritier dans le cas de l'exercice du retrait (*Voy.* ci–dessus n° 328).

DEUXIÈME SECTION.

Des effets du privilége des créanciers de la succession régularisé par l'inscription.

396. — Cette matière doit s'envisager au regard :

1° Des héritiers,

2° Des tiers-détenteurs,

3° Des créanciers des héritiers,

4° Et des créanciers du défunt entre eux.

§ Ier. — EN CE QUI CONCERNE LES HÉRITIERS.

397. — J'ai dit que le créancier héréditaire qui avait rendu public, aux termes de la loi, le droit résultant en sa faveur des articles 2111 et 2113, se trouvait absolument dans la même position que tout autre créancier privilégié ou hypothécaire. Si cette idée est fondée, rien ne sera plus simple que d'en tirer les conséquences ; mais on est loin d'être d'accord à cet égard. Nous reviendrons spécialement sur la démonstration du principe fondamental, sur cette question capitale de savoir si les rédacteurs du Code civil, ont réellement assuré le sort des créanciers de la succession par le régime hypothécaire.

398. — Lorsque l'héritier est unique, il ne peut

s'élever de difficulté. Il continue seul la personne du défunt, et il est, en cette qualité, tenu personnellement de la totalité des dettes héréditaires. L'hypothèque étant inutile de créancier à débiteur, l'inscription de l'article 2111 est par cela même inutile, en ce qui touche les rapports des créanciers de la succession avec la personne de l'héritier. Toutefois, ils feront toujours bien de s'inscrire, afin d'acquérir un droit réel qui les mettra à l'abri de la mauvaise administration de leur débiteur ainsi que des aliénations que l'héritier pourrait consentir par la suite. L'inscription les protégera aussi contre les démembrements de la propriété, tels que usufruits, servitudes, hypothèques que le même héritier pourrait distraire des immeubles de la succession, en conférant ces droits réels à des tiers.

399. — Mais que décider s'il existe plusieurs héritiers?

Le créancier de la succession doit nécessairement s'inscrire ; car les héritiers ne sont héritiers que pour leurs parts et portions héréditaires; pour le surplus, ils sont de véritables tiers détenteurs. Cela est si vrai, qu'ils peuvent délaisser l'immeuble hypothéqué pour se débarrasser des poursuites, en payant leurs parts dans la dette.

Maintenant, les créanciers de la succession inscrits suivant les articles 2111 ou 2113, peuvent-ils poursuivre l'héritier détenteur hypothécairement pour le tout ?

Je pense que chacun des héritiers, en vertu du principe de la division, est tenu sur ses biens propres personnellement pour sa part et portion héréditaire, et qu'en vertu de l'hypothèque privilégiée régularisée par l'inscription, chacun est également tenu, sur les biens de l'hérédité dont il est détenteur, hypothécairement pour le tout, sauf son recours contre ses cohéritiers pour la partie de la dette qui n'est pas à sa charge personnelle. C'est sur ce dernier point que s'élève l'une des plus grandes difficultés du Code civil.

400. — Parmi les nombreux auteurs qui soutiennent, en se fondant sur l'esprit général du Code, que la séparation des patrimoines, telle que la loi l'entend, n'a pas modifié le principe de la division dans ses conséquences, se trouve M. Delvincourt (1). Comme je ne puis souscrire à cette doctrine que je considère comme étant de nature à fausser la base de l'institution de la séparation des patrimoines, je vais prendre pour le combattre l'espèce posée par lui-même. Elle me servira de texte de raisonnement pour réfuter M. Blondeau qui, comme nous le verrons plus tard, arrive en définitive à un résultat analogue à celui de M. Delvincourt.

(1) *Voy.* t. II, p. 173, n° 8, notes sur la page 57, édition de 1834.

401. — Il a été reconnu (1) que les immeubles rapportés à la masse du partage n'étaient pas biens de succession au regard des créanciers héréditaires, et que par conséquent, le bénéfice de séparation ne pouvait s'exercer sur ces biens. Nous avons ajouté que les dispositions du Code civil rendaient en cette matière, la tâche de l'interprète fort difficile. Voyons donc cette difficulté et abordons-la de front.

Un père de famille a donné à l'un de ses fils par acte entre-vifs et sans dispense de rapport une maison valant 30,000 francs. Il meurt laissant trois enfants, et une succession grevée de dettes. Les enfants ne sont pas non plus dans une position rassurante et les créanciers de la succession ont intérêt à user de leur privilége.

La succession vaut 150,000 francs en immeubles, abstraction faite de la maison donnée entre-vifs. L'héritier donataire fait le rapport à la masse de l'immeuble qu'il détient à titre de donation, et on procède au partage.

Alors, de deux choses l'une : ou l'immeuble rapporté devient, par le partage, la propriété définitive de l'héritier qui en a fait le rapport, ou bien, il est attribué à l'un de ses cohéritiers.

Qu'arrive-t-il au regard des créanciers héréditaires?

(1) *Vide supra*, n° 332.

Je prétends que le rapport de l'immeuble donné ne pouvant profiter ni nuire aux créanciers de la succession, est pour eux chose entièrement étrangère, et que le partage ne peut modifier leur privilége sur les biens du défunt dans l'un ni dans l'autre cas.

M. Delvincourt, dans la première hypothèse, arrive en définitive à décider que le rapport peut préjudicier aux créanciers héréditaires. Et dans la seconde, sans les faire positivement profiter du rapport, au moins dans son intention, il comprend cependant l'immeuble rapporté dans la masse des biens du défunt sur lesquels les créanciers héréditaires peuvent exercer leur bénéfice jusqu'à une certaine concurrence.

C'est là, suivant nous, une fausse théorie, qui n'est que le résultat d'une confusion de principes.

Examinons les deux hypothèses.

A. — PREMIÈRE HYPOTHÈSE.

402. — L'immeuble rapporté est tombé dans le lot du successible donataire. La liquidation se fait ainsi :

Montant de la succession	150,000 fr.
Immeuble rapporté	30,000
Total à partager	180,000

Il revient à chacun des enfants le tiers, 60,000 fr.

Il est attribué à l'héritier donataire pour le remplir de ses droits :

1° L'immeuble rapporté, ci . . . . .   30,000 fr.

2° Et d'autres biens de l'hérédité pour   30,000

Somme égale.   60,000

Et à chacun des deux autres cohéritiers le reste des biens de la succession, pour l'importance respective de ce qui leur revient, c'est-à-dire pour chacun 60,000 fr. également.

Cela posé, il est certain que les créanciers de la succession ne pourront mettre leur privilége en exercice que sur les biens provenant du défunt tombés dans le lot de l'héritier donataire, *autres* que l'immeuble rapporté. Car, ainsi que nous l'avons dit ci-dessus (n° 332), cet immeuble n'est pas leur gage comme bien de succession. La propriété en a été transférée à l'héritier à partir de la perfection de la donation. A la vérité, cette propriété était résoluble entre ses mains, au regard de ses cohéritiers, suivant l'événement du partage ; mais le partage le lui ayant attribué, la condition résolutoire, indifférente du reste aux créanciers de la succession, ne s'est pas accomplie : d'où la conséquence que l'héritier donataire est devenu propriétaire incommutable à partir de la donation, et que les hypothèques

et autres charges dont il a pu grever l'immeuble,
doivent être maintenues au préjudice des créanciers
du défunt. Jusque-là je suis d'accord avec M. Delvincourt. Mais cet auteur ajoute, qu'à l'égard des
autres cohéritiers, le privilége des créanciers héréditaires ne pourra s'exercer que jusqu'à concurrence
de 50,000 francs sur chacun , c'est-à-dire jusqu'à
concurrence des valeurs immobilières qu'ils auraient
eues, s'il n'y eût pas eu de rapport, et non pas jusqu'à
concurrence de 60,000 francs, quand cependant, ils
sont, chacun, détenteurs de biens de l'hérédité valant
cette dernière somme.

La pensée même de ce jurisconsulte , d'ordinaire
si net, n'apparaît pas ici dans toute sa vérité : car
il est évident qu'il est préoccupé de la division des
dettes. Il aurait dû dire, pour exposer son système,
que les dettes se divisant par tiers par la seule force
de la loi, les créanciers de la succession ne pourraient
exercer leur privilége sur les biens attribués aux héritiers autres que le donataire, que jusqu'à concurrence de leurs parts héréditaires , abstraction faite
du rapport.

403.—Quoi qu'il en soit, je dis que cette manière
d'envisager les choses n'est pas admissible. L'opinion
de M. Delvincourt et des nombreux auteurs qui la
partagent, ne tend à rien moins qu'à soustraire, au
préjudice des créanciers de la succession , 20,000

francs de biens héréditaires qui doivent cependant être leur gage, tant qu'ils sont entre les mains, ou réputés exister encore entre les mains des héritiers, suivant les articles 880, 2111, 2113 du Code civil, et 834 du Code de procédure.

Pour prouver cette vérité, appliquons sa théorie. Le privilége s'exercera ainsi :

1° Sur les biens provenant du défunt, autres que l'immeuble rapporté, attribués à l'héritier donataire pour parfaire sa part dans la masse et valant. . . . .   30,000 fr.

2° Et sur la part que chacun des autres héritiers aurait eue, si le rapport n'eût pas été effectué, c'est-à-dire, sur 50,000 francs de biens héréditaires, qui eussent été attribués à chacun en l'absence du rapport, ensemble   100,000

Total   130,000

Et cependant! les biens de la succession, sans y faire entrer l'immeuble rapporté, valent 150,000 f. La différence de 130,000 à 150,000 fr. échappe donc au privilége des créanciers héréditaires, au mépris de la règle qui leur accorde un droit réel et un droit de préférence sur tous les biens de la succession, tant qu'ils ne sont pas sortis des mains des héritiers.

404 — Continuons :

Le rapport ne doit pas profiter aux créanciers de la succession, cela est certain ; mais aussi, il ne doit pas leur nuire, cela n'est pas moins certain. Eh bien ! dans l'opinion que je combats, le rapport nuit évidemment aux créanciers héréditaires. S'il n'eut pas été effectué, chacun des cohéritiers aurait pris des biens de la succession pour 50,000 fr., qui, réunis eussent donné 150,000 fr., montant intégral de l'hérédité, sur lesquels les créanciers auraient pu exercer leur cause de préférence ; tandis que le rapport effectué, leur droit ne peut plus s'exercer que sur 130,000 fr. Et cependant, le rapport est, à l'égard des créanciers, un événement tout à fait indifférent, et qui ne devrait leur porter aucun préjudice.

Cette théorie est donc inadmissible.

B. — DEUXIÈME HYPOTHÈSE.

405. — L'immeuble rapporté est tombé dans le lot d'un copartageant autre que l'héritier donataire, dans le lot de l'aîné, par exemple.

Suivant M. Delvincourt, il faut, à l'égard de l'aîné non donataire dans le lot duquel est tombé l'immeuble rapporté, ne regarder comme provenant du rapport que la part qu'il aurait prise dans ledit immeuble, s'il eût été divisé par tiers, ou, ce qui est la même chose, dire que les créanciers de la succession peuvent faire comprendre dans le patrimoine du défunt, par conséquent appréhender par l'inscription, tout ce que l'aîné des enfants aurait eu, si le rapport n'eut pas été effectué.

Ainsi dans l'espèce, la part de chacun des enfants est de 60,000 fr., la succession, y compris l'importance du rapport, étant de 180,000 fr. Il est attribué à l'aîné pour le remplir de ses droits :

1° L'immeuble rapporté pour. . . .	30,000 fr.
2° Et d'autres biens pour.	30,000
Somme égale à ses droits. . .	60,000 fr.

Maintenant, d'après l'idée de notre auteur, l'immeuble rapporté doit être considéré, jusqu'à concurrence des deux tiers de sa valeur, c'est-à-dire de 20,000 fr., comme bien de succession, sur lequel par conséquent, les créanciers héréditaires peuvent exercer leur privilége jusqu'à ladite concurrence. Alors M. Delvincourt, croit avoir tout concilié. En effet, il est vrai de dire d'une part, que le rapport ne nuit pas aux créanciers de la succession, puisqu'ils retrouvent entre les mains de l'aîné des enfants :

1° Les biens qui lui sont attribués pour parfaire
sa part héréditaire . . . . 30,000 fr.

2° Et l'immeuble rapporté, considéré
comme bien de succession jusqu'à concurrence de. . . . . 20,000 fr.

TOTAL. . . 50,000 fr.

Somme égale à celle que cet héritier aurait eue,
si le rapport n'eut pas été effectué. Et d'autre
part, il est vrai de dire encore que le rapport ne profite pas aux créanciers de la succession puisque,
d'après le principe de la division des dettes, ils semblent ne pouvoir exercer leur privilége à l'égard de
chaque cohéritier, que jusqu'à concurrence de la part
afférente à chacun, sans compter la valeur du rapport, c'est-à-dire jusqu'à concurrence de 50,000 f.
De sorte qu'en procédant ainsi, on retrouve entre
les mains de chaque héritier, la différence existant
entre les 50,000 fr. que chacun aurait reçus en l'absence du rapport et les 60,000 fr. que chacun a réelle-
lement reçus par suite du même rapport, c'est-à-
dire 10,000 fr., qui, multipliés par le nombre des
enfants, représentent les 30,000 fr., montant du
rapport, sur lesquels la séparation ne peut s'exercer.
D'où suit, qu'en résultat, les créanciers n'ont ni
profité ni souffert du rapport, comme cela doit
être.

406. — C'est là un procédé très-ingénieux et qui peut faire honneur à la pénétration d'esprit de son auteur. Mais en voulant tout concilier, il est arrivé à l'obscurité, à la confusion, et enfin à ce que je crois être une erreur.

En effet, revenons au principe des rapports si bien analysé par Pothier (*Voy.* ci-dessus, n° 332).

L'immeuble donné par le père de famille à l'un de ses enfants est sorti de ses mains par suite de la donation. Il ne peut plus rentrer dans le domaine de la succession au profit des créanciers. S'il est considéré, au moment du partage comme bien héréditaire, ce n'est pas à leur égard, mais seulement à l'égard des cohéritiers, et cela par une fiction introduite uniquement en faveur de ces derniers pour l'égalité du partage. L'immeuble rapporté reste donc étranger aux créanciers du défunt. Qu'importe alors, en ce qui les concerne, qu'il soit tombé dans le lot d'un héritier autre que le donataire ? Mais si l'immeuble rapporté est étranger aux créanciers de la succession , est-ce que leur privilége, qui ne peut exister que sur les biens héréditaires à leur égard, ne manque pas par sa base ?... Comment dès lors décider que le bénéfice de séparation peut s'exercer sur cet immeuble par la prise d'inscription jusqu'à concurrence des deux tiers de sa valeur! Puis, quelle est cette théorie qui enlève à l'action des créanciers de la succession 20,000 fr. de biens héréditaires, dont les autres cohéritiers se trouvent en possession, pour attribuer à ces créanciers un droit de préférence sur un immeuble qui leur est étranger à tous égards ? Il faut avouer que la compensation n'est pas heureuse. C'est intervertir l'ordre naturel des choses, et substituer ce qui ne doit sous aucun rapport être leur gage exclusif, à ce qui précisément devrait être leur gage légitime. Évidemment, cette manière de voir ne soutient pas l'examen.

M. Blondeau, qui est le père de la science dans la matière que nous traitons (1), pense que les héritiers sont tenus hypothécairement à la vérité, mais seulement jusqu'à concurrence de leurs parts et portions dans la dette.

D'après son système, il se forme au décès autant de créances distinctes qu'il y a d'héritiers, et cha-

(1) Il est bien fâcheux que les travaux de M. Blondeau ne soient pas plus connus dans les tribunaux. Le caractère distinctif de cette grande intelligence est la synthèse poussée au plus haut degré. Lorsqu'il se met à l'œuvre, c'est pour faire marcher la science. L'introduction et la nomenclature de sa *Chrestomathie* sont certainement des œuvres de premier ordre. Mais comment trouver des arrêts ou des plaidoyers tout faits dans des travaux de cette nature?... Le temps de ses ouvrages viendra pourtant... et le temps de bien d'autres que je connais s'en ira. Il y a toujours quelque chose de nouveau à apprendre chez M. Blondeau. Son traité *de la Séparation du patrimoine,* est rempli d'idées nouvelles.

cune de ces fractions de la créance primitive est
garantie par un privilége sur les biens attribués à
chaque copartageant. Il a été sans doute arrêté par
le principe de la division, et c'est pour concilier
des éléments divers qu'il organise une théorie
mixte.

Je ne puis me ranger à son opinion, l'art. 1017
est introductif d'un droit nouveau. La constitution
de Justinien (l. 1, Cod. *in fine communia de Legat.
et fideicom*), n'a pas été reproduite par le Code civil.
Or, si les héritiers sont tenus hypothécairement
pour le tout du payement des legs, quelle apparence peut-il y avoir qu'ils ne le soient pas pour le
payement des dettes, quand surtout l'art. 2113
relie les deux théories par une disposition commune, dès qu'on le rapproche de l'art. 2111?..

A la vérité, M. Blondeau cherche à justifier sa
doctrine en établissant que l'art. 2111 a modifié
l'art. 1017. C'est aussi mon avis; mais dans un sens
tout opposé à celui de M. Blondeau. Suivant lui,
l'art. 1017 aurait été modifié *en moins,* en ce que
les héritiers ne seraient plus tenus hypothécairement pour le tout du payement des legs ; suivant
nous, au contraire, il a été modifié *en plus ,* en ce
que l'hypothèque de l'art. 1017 a été, par l'art. 2111,
transformée en une hypothèque privilégiée. Mais
de ce que une hypothèque est devenue un privilége,

il n'en résulte pas que le caractère de l'indivisibilité disparaisse pour cela. Le moyen mis en avant
par lui, au sujet de l'art. 1017, ne me paraît donc
pas fondé (1).

(1) Dans l'ancienne jurisprudence française, les opinions étaient
très-partagées sur la question de savoir si l'hypothèque du légataire
était indivisible.

Les uns prétendaient que l'hypothèque n'était indivisible que
pour certains cas favorables : les legs d'aliments, les legs pieux.
« La demande des legs est dividue, aussi est l'hypothèque d'iceux,
« ce qui n'a lieu en cause pieuse » (Chopin, *Sur Paris*, liv. II,
tit. 4, n° 19). — Carondas (l. VI de ses *Réponses*, rép. 55) décide
que le legs fait en faveur du mariage doit être payé *solidaire-
ment* par les héritiers. — *Voy.* aussi Maynard, l. VIII, chap. LXIII,
n°s 3 et 4; Henrys, t. II, l. VI, quest. 57.

D'autres conservaient dans toute sa pureté la constitution de
Justinien (l. I au Cod. *Communia de legat. et fid.*). L'hypothèque
était, par conséquent, divisible entre tous les héritiers; ce serait le
système de M. Blondeau aujourd'hui (*Voy.* à cet égard Dumoulin,
Extricatio labyrinthi de dividuo et individuo, part. II, n° 90).
Il cite à l'appui de sa thèse plusieurs docteurs. *Voy.* surtout Ri-
card (*Donations*, part. II, n°s 25 et suiv.); la question y est
traitée avec soin. — *Voy.* aussi Lebrun (*Successions*, liv. IV,
chap. II, sect. 4, n°s 3 et 4). Une note du président Espiard y rend
compte de l'état de la jurisprudence. L'opinion générale était favorable à cette manière de voir ; mais elle n'était pas suivie dans
le parlement de Paris.

Loyseau émettait une troisième opinion, qui consistait à faire
une distinction entre les legs résultant des testaments olographes
et des testaments authentiques (Voy. *De la distinction des rentes*,
liv. Ier, ch. VII, n° 15).

Enfin la jurisprudence, au moins à Paris, admettait que les héritiers étaient tenus des legs hypothécairement pour le tout. Rousseau de Lacombe cite à cet égard plusieurs arrêts (v° *Hypothèque*,
sect. 4).

C'est cette dernière opinion que le Code civil a consacré dans
l'art. 1017.

Les raisons que nous avons déjà fait valoir pour repousser la doctrine de Delvincourt, s'appliquent également à celle de M. Blondeau.

Quant au remède qu'il voit aux inconvénients de son système, dans l'intervention au partage, il est loin d'être efficace. Cette intervention dans la pratique des affaires est la plupart du temps un non-sens.

Lorsque les héritiers veulent partager au détriment des créanciers, ils trouvent toujours le moyen de le faire. Que, malgré toutes les oppositions au partage, les communistes y procèdent cependant, et que celui ou ceux des héritiers auxquels les immeubles sont attribués, les vendent incontinent à des acquéreurs de bonne foi. Que deviendront les créanciers de la succession dans le système de M. Blondeau ? Ira-t-il jusqu'à dépouiller les acquéreurs de bonne foi, afin de procéder à un nouveau partage dans lequel les immeubles seront répartis également entre tous les cohéritiers ? Et pourtant, s'il n'arrive pas à cette extrémité, les créanciers du défunt se trouveront exposés à perdre la plus grande

Tout cela me paraît avoir son origine dans cette circonstance, que l'Église trouvant très-avantageux pour elle d'obtenir une action solidaire contre chacun des débiteurs de legs pieux, ce qu'on décidait pour ces espèces de legs a fini par devenir la règle générale. Il y avait en effet des raisons plausibles pour arriver au système consacré en définitive par le Code civil.

partie de leurs créances. Son privilége divisé se réduira à peu près à néant !...

Il est dans les partages des nécessités qu'on ne peut pas vaincre et il faut en tenir compte. La théorie de M. Blondeau ne concilierait tous les intérêts qu'autant que les immeubles seraient divisés également entre tous les lots.

Je comprendrais à la rigueur son système, si la loi eut fixé un délai à partir du décès pendant lequel il eut été défendu aux héritiers de procéder au partage ; mais la loi n'en fixe aucun, d'où la conséquence que le droit d'opposition accordé aux créanciers, est la plupart du temps un moyen qui n'atteint pas son but.

Maintenant, je me demande pourquoi la loi n'a fixé aucun délai, et je réponds que l'art. 2111 le rendait inutile. En effet, pendant les six mois qui suivent le décès, le droit d'appréhender, par l'inscription, les immeubles provenant du défunt appartenant aux créanciers de la succession, soit que les héritiers partageassent ou vendissent, il était sans objet d'interdire le partage pendant un temps plus ou moins long. Les créanciers avaient leur moyen de protection particulier dans l'art. 2111 qui regarde le patrimoine immobilier de la succession, comme entier pendant les six mois accordés aux créanciers pour s'inscrire.

408. — Mais, si la doctrine de M. Delvincourt, et même celle de M. Blondeau, doivent être rejetées, comment faudra-t-il procéder dans l'espèce que nous avons examinée plus haut?

A cet égard, il me paraît que les créanciers de la succession ne doivent ni profiter ni souffrir du rapport, mais aussi qu'ils doivent pouvoir exercer leur privilége sur tous les biens provenant du défunt, et pour la totalité de leurs créances. Ainsi, dans les deux hypothèses précédentes, les créanciers héréditaires seront privilégiés :

1° Sur les 30,000 fr. de biens provenant du défunt attribués à l'héritier donataire, autre que l'immeuble rapporté, ci . . . .   30,000 fr.

2° Et sur tous les autres biens de la succession attribués pour 120,000 fr. aux deux autres cohéritiers, ci   120,000

Total . . . .   150,000 fr.

Somme égale à l'importance de la succession au moment du décès, sans y comprendre l'immeuble rapporté. De cette manière, les droits des créanciers de la succession sont conservés dans toute leur intégrité ; car leur privilége frappe alors la totalité des biens du défunt, sans qu'ils retirent aucun profit, et aussi sans qu'ils souffrent aucun préjudice à raison du rapport. Telle est notre manière de voir.

409. — Mais si cette solution est conforme aux règles qui régissent la séparation des patrimoines, en ce qui concerne les créanciers du défunt, elle va heurter de front le principe de la division des dettes entre les héritiers, et la position des uns ne s'est régularisée qu'au détriment de celle des autres. C'est là qu'est la difficulté, et elle n'est pas ailleurs.

Pour mon compte je suis intimement convaincu que les art. 2111 et 2113 ont apporté une profonde modification au principe de la division. Les efforts, évidemment infructueux de M. Delvincourt, pour concilier ce qui est inconciliable, m'affermissent encore dans ma manière de voir.

Examinons donc ce point, l'un des plus importants et l'un des plus délicats de la matière que nous traitons.

410. — La question doit se poser ainsi : le bénéfice de séparation tel que le Code civil l'a entendu, n'a-t-il pas modifié les conséquences du principe de la division?

Quelques auteurs, dont la doctrine a été adoptée par plusieurs arrêts, ont cherché, pour arriver en définitive au même résultat que le nôtre, à élever une théorie abstraite fondée sur une indivisibilité de la demande en séparation des patrimoines que, suivant eux, doivent intenter les créanciers de la succession, tout en leur refusant le droit hypothécaire qui leur appartient suivant les art. 2111 et 2113. C'est là un effort d'imagination que ma raison ne peut comprendre.

Le Code civil n'a déjà que trop compliqué la matière de la divisibilité et de l'indivisibilité, en organisant deux théories distinctes là où il ne fallait que consacrer le principe de la division, et procéder ensuite par voie d'exceptions, et il n'est pas nécessaire de la compliquer davantage encore par des indivisibilités de demandes en séparation de patrimoines qui dans tous les cas seraient ou devraient être divisibles. Ne cherchons donc pas dans les nuages d'une demande qui n'a pas de sens sous le Code, la solution de notre difficulté, c'est dans le caractère du privilége et de l'hypothèque qu'il faut la trouver, elle ne peut exister que là.

411. — Cela posé résumons la règle de la division. La théorie du Code civil sur cette matière peut se réduire à ce qui suit.

Tant que le débiteur et le créancier sont vivants, il est inutile de rechercher si l'obligation est, ou non, divisible. Il suffit de savoir que le créancier ne peut être contraint de recevoir un payement partiel (art. 1244). L'obligation, quoique susceptible de division doit donc s'exécuter entre le créancier et le débiteur comme si elle était indivisible (art. 1220). Mais l'utilité de cette recherche se fait sentir à la mort de l'un des contractants. C'est surtout alors que les dispositions de la loi reçoivent leur application. Le principe général peut se formuler de la manière suivante :

Si le créancier et le débiteur viennent à mourir laissant plusieurs héritiers, le droit du premier et l'obligation du second se divisent entre les héritiers de l'un et de l'autre par la seule force de la loi, pourvu que la matière soit susceptible de division. En sorte que d'une créance ou d'une dette unique dans l'origine, cette division légale forme autant de créances et de dettes distinctes qu'il y a d'héritiers (art. 724-870-873, 1220 combinés et analysés).

De là il faut conclure :

1° Que chaque héritier pourra se libérer envers le créancier de la succession en lui offrant sa part et portion dans la dette.

2° Que si l'un des héritiers devient insolvable, cette insolvabilité rejaillit sur le créancier et non pas sur les cohéritiers solvables.

Quant aux autres déductions du principe, il est inutile de nous y arrêter ; ce serait sortir de notre sujet.

412.—Revenons à la séparation des patrimoines

Voici le langage que M. Delvincourt ne manquerait pas de nous tenir, s'il vivait encore ; car quoique non exprimée, c'était bien là sa pensée.

« La créance du défunt s'est divisée dans notre
« espèce en trois autres créances distinctes qui ne
« peuvent s'exercer contre chacun des cohéritiers
« que pour sa part et portion héréditaire. Chaque
« héritier peut donc se libérer en offrant et payant
« au créancier cette part et portion dans la dette.
« Or, si les deux cohéritiers, autres que celui dans
« le lot duquel est tombé l'immeuble rapporté,
« peuvent se libérer envers le créancier en lui
« payant leurs parts et portions dans la dette, on
« ne comprend pas comment le créancier pourrait
« encore venir exercer son droit de séparation et
« prendre inscription pour la totalité de la dette
« contractée par le défunt sur les biens héréditaires
« que leur a attribué le partage. Dans quel but en
« effet cette inscription? Est-ce pour obtenir de l'hé-
« ritier détenteur le payement de ce que le créan-
« cier n'a pu récupérer contre l'héritier au lot duquel
« est tombé l'immeuble rapporté et qui est devenu
« insolvable? Mais, d'après le principe de la division,
« les cohéritiers ne doivent pas souffrir de l'insolva-
« bilité de l'un d'eux. C'est le créancier qui supporte
« cette perte. Par conséquent, accorder, comme
« vous le faites, un droit hypothécaire au créancier

« cédulaire de la succession, avec tous les effets de
« l'indivisibilité de l'hypothèque, c'est rejeter sur
« des héritiers qui n'en devraient jamais souffrir,
« les conséquences de l'insolvabilité de quelques
« uns d'entre eux ; c'est déclarer chacun des héri-
« tiers tenus *in solidum* des dettes du défunt, en pré-
« sence de l'art. 1220 qui proclame le contraire ;
« en d'autres termes, c'est mettre à néant le grand
« principe de la division !... Car, ne vous y trompez
« pas, il ne s'agit pas ici d'une simple exception au
« principe, mais bien d'une modification qui va de-
« venir plus étendue que la règle, puisque vous
« décidez que le bénéfice de séparation a lieu de
« plein droit et n'est assujetti à aucune autre forme
« que la prise d'inscription. Or, peut-on admettre
« qu'il dépendra d'un simple créancier chirogra-
« phaire qui, pendant l'existence de son débiteur
« n'aura pas eu le soin de stipuler ou d'acquérir par
« jugement un droit réel sur les immeubles, d'em-
« pêcher l'application d'un principe fondamental et
« d'une théorie organisée depuis des siècles dans
« l'intérêt de la famille, alors que le Code civil l'a
« reproduite dans des dispositions formelles ?...

« Voyez d'ailleurs les conséquences de votre doc-
« trine. Elle va nécessiter des recours entre les héri-
« tiers, des évictions à n'en pas finir. Vous aurez
« beau répartir les insolvabilités et appliquer l'ar-

« ticle 875, le principe de la division n'en subira
« pas moins les atteintes les plus graves ! »

Tout cela porte...

Tâchons pourtant de rétorquer l'argument.

413. — La réponse est que les créanciers du défunt ont deux droits différents : le premier sur le
patrimoine du défunt qui est leur gage, et le second sur la personne des héritiers ; que le droit sur
le patrimoine, sur les biens, est un droit réel à la
différence du droit personnel ; que le principe de la
division ne peut s'appliquer qu'à l'action personnelle ; que cette action personnelle se divise sans
doute entre les héritiers qui ne sont tenus sur leurs
biens propres personnellement, que jusqu'à concurrence de leurs parts héréditaires, mais que cela
n'empêche pas qu'ils ne puissent être tenus hypothécairement pour le tout, comme détenteurs des
immeubles provenant du défunt, sauf leur recours
suivant l'article 875 du Code civil.

414. — On sent que, pour que cette solution
soit fondée, il faut démontrer que la loi a assuré le
sort des créanciers du défunt par le régime hypothécaire , en les considérant comme hypothécaires-
privilégiés, ou, suivant les cas, simplement hypothécaires sur tous les immeubles du défunt, à charge
par eux de se conformer aux mesures de publicité.
C'est ce que je crois avoir démontré déjà par l'his-

toire, et ce que je dois ici démontrer spécialement d'après les textes du Code civil.

415.—Les rédacteurs de la loi, acculés dans une impasse par les erreurs de l'ancienne jurisprudence sur le bénéfice de séparation, n'ont pu faire autrement, sous peine de ne pas protéger les créanciers du défunt. Si, sous l'empire de la loi du 11 brumaire an VII, les créanciers héréditaires n'étaient pas réputés hypothécaires par le seul fait du décès, c'est que la doctrine de Papinien était encore en vigueur, quoiqu'on la justifiât par de mauvaises raisons.

Alors on pouvait, à la rigueur, comprendre un système bâtard de séparation, quoique bien dégénéré de ce qu'il avait été à Rome; mais les auteurs du Code ne voulant pas reproduire l'idée de Papinien, et ayant de bonnes raisons pour ne pas organiser des mesures d'administration collective, sont forcément arrivés au privilége et à l'hypothèque, seul moyen de protection qui puisse s'harmoniser avec la saisine. De là les art. 2111, 2113, et aussi l'art. 2146.

416.—Cette doctrine, à laquelle j'ai été conduit par l'étude des textes anciens, et en mettant de côté tous les interprètes avec la plus entière indépendance, M. Blondeau l'a établie *a priori*. Sa tête puissante a systématisé la matière, en l'étreignant par la méthode dogmatique. Il faut le laisser parler; car, si on doit mépriser cette science facile qui consiste à grossir les volumes par des citations, il ne faut pas craindre de transcrire des passages qui contiennent autant de choses que de mots, et qui resteront, quoi qu'on fasse, comme des monuments éternels de profondeur et de raisonnement.

« Il y avait, dit M. Blondeau (1), deux moyens « de venir au secours des créanciers du débiteur « décédé.

« Le premier, que j'appellerai la séparation col-« lective ou par masse, consiste à ordonner que le « patrimoine du défunt ne pourra être atteint en « aucune de ses parties par les créanciers de l'hé-« ritier, tant que les créanciers héréditaires n'auront « pas reçu, ou été mis en demeure de recevoir ce « qui leur est dû. Cette séparation semble entraî-« ner la nomination d'un administrateur autre que « l'héritier puisqu'elle a pour cause la défiance « qu'il inspire : ou du moins, si l'on croit pouvoir « conserver à l'héritier l'administration de la suc-« cession, elle conduit à exiger de lui une caution « capable de rassurer les créanciers héréditaires. « Dans tous les cas, elle emporte un mode d'admi-« nistration semblable à peu près à celui qui a lieu

(1) *Traité de la Séparation des patrimoines*, p. 476.

« lorsque l'héritier réclame le bénéfice d'inventaire,
« ou lorsque la succession est vacante.

« Le second, qu'on peut appeler la séparation in-
« dividuelle, consiste :

« 1° Quant aux immeubles, à autoriser les créan-
« ciers du défunt à acquérir, même avant que leurs
« créances soient devenues exigibles, chacun de son
« côté, et sur tous ou seulement sur quelques-uns
« des immeubles du défunt, un droit de préférence,
« soit privilége, soit hypothèque, afin d'être à l'a-
« bri de l'insolvabilité actuelle de l'héritier, ou de
« sa mauvaise gestion future;

2° « Quant aux meubles, à accorder aussi le
« droit de préférence aux créanciers du défunt, en
« les autorisant à prendre des mesures conserva-
« toires, telle que la saisie-arrêt. »

Ecoutons bien ceci : « Le premier de ces moyens,
« la séparation collective, offrirait des inconvé-
« nients bien graves, non-seulement pour l'héri-
« tier qu'il dessaisirait de la possession des biens
« héréditaires, mais encore pour les créanciers qui
« auraient à supporter les frais d'une administra-
« tion salariée que l'administrateur pourrait souvent
« faire traîner en longueur, afin de prolonger ses
« salaires.

« Le deuxième moyen (la séparation individuelle),
« moins rigoureux, a paru devoir suffire.

« En conséquence, chaque créancier du défunt
« peut, s'il le juge convenable, acquérir une sûreté
« hypothécaire sur chacun ou sur une partie des
« immeubles héréditaires. Il peut même faire en
« sorte (en s'inscrivant dans les six mois du décès,
« art. 2111) que cette sûreté hypothécaire ait un
« caractère que le consentement du débiteur ne
« peut jamais donner, c'est-à-dire, soit privilégiée.
« Ce privilége est même nécessaire pour que le
« créancier héréditaire puisse primer sur les biens
« de la succession, tous les créanciers de l'héritier,
« qui, ayant des hypothèques légales ou judiciai-
« res, grèvent les immeubles du défunt, aussitôt
« qu'ils entrent dans la fortune de leur débiteur. »

417. — Ces idées, mises en regard des art. 2111,
2113 et 2146 du Code civil, sont d'une vérité sai-
sissante. En effet, que décide l'art. 2111? Il auto-
rise les créanciers de la succession à s'inscrire pendant six mois à compter du décès, pour conserver
ce qu'il appelle leur privilége. Dans quel but?
N'est-ce pas évidemment pour leur faire acquérir
une sûreté hypothécaire sur les biens qui doivent
être leur gage exclusif jusqu'à ce qu'ils soient désintéressés? Les héritiers ne succèdent au défunt
qu'à la charge de payer les dettes de leur auteur.
Il n'y a de biens que dettes déduites. Il fallait donc
assurer le sort des créanciers héréditaires, et ne pas

permettre que les biens du défunt pussent, contre leur gré, être soustraits à leur action légitime. Pour cela, la loi leur a accordé, à charge par eux de se conformer aux besoins de la publicité, un droit qu'elle qualifie elle-même de privilége dans l'article 2111. Puis, quand on voit, par l'histoire, qu'il y a eu nécessité pour les auteurs du Code d'assurer le payement des créanciers de la succession par le régime hypothécaire, le doute n'est plus possible. Il s'agit dans l'art. 2111 d'une véritable hypothèque privilégiée. Il ne peut s'agir que de cela.

Maintenant, l'inscription une fois réalisée confèrera-t-elle uniquement un simple droit de préférence contre les créanciers de l'héritier sans droit réel qui le précède? Cette idée bizarre, mise en avant par des jurisconsultes éminents, ressemble singulièrement aux théories douteuses du Bas-Empire. Sans doute, le droit de préférence est le résultat auquel aboutit en définitive le privilége; mais, à côté du droit de préférence, il en existe un autre qui le précède, qui lui donne naissance, et sans lequel le droit de préférence, s'il pouvait se concevoir isolé, serait presque toujours illusoire. C'est le *jus in re*, le démembrement de la propriété qui, assis sur la chose, se transforme plus tard en une action sur le prix qui la représente, et réalise ainsi le droit de préférence lui-même.

Au décès de leur débiteur, les créanciers du défunt, en venant grossir le passif de l'héritier, apportent en même temps dans son actif les biens du défunt. Il était donc raisonnable de grever la partie de l'actif provenant du *de cujus* de la portion du passif provenant de lui également, et le Code civil se mettait en parfaite concordance avec sa théorie, si peu comprise, des priviléges du vendeur, de l'ouvrier et du copartageant, en permettant, sous certaines conditions, aux créanciers du défunt de *retenir*, sur les immeubles par eux apportés du chef de leur débiteur, une portion du domaine, c'est-à-dire le droit réel appelé privilége nécessaire, pour assurer leur sort contre les inconvénients pouvant résulter pour eux de la transmission.

La loi, qui se sert à chaque instant indistinctement des expressions *droit de préférence, droit réel,* a donc, en accordant un droit de préférence aux créanciers de la succession, concédé à ces mêmes créanciers un droit réel dans la chose, opposable à tous, et par conséquent aux héritiers détenteurs des immeubles héréditaires.

Sous le Code civil, le droit de préférence peut survivre au droit réel; mais il n'y a jamais de droit de préférence sans qu'au préalable le droit réel ne se soit constitué sur l'immeuble.

418. — Passons à l'art. 2113.

Les créanciers de la succession ne se sont pas inscrits dans les six mois du décès. Leur privilége est à tout jamais perdu, parce qu'il faut, dans l'intérêt de la publicité, s'écarter le moins possible de la règle générale de l'art. 2106, d'après laquelle le privilége doit se produire au moment même de la mutation de la propriété ; mais comme le privilége renferme toujours une hypothèque, et comme l'hypothèque, qui ne s'estime que par le temps, ne peut blesser le principe de la publicité, puisque les inscriptions prennent rang à leurs dates respectives, on peut sans inconvénient se montrer indulgent envers le créancier du défunt qui, soit par négligence, soit peut-être par suite d'événements de force majeure, n'a pas régularisé sa position en prenant inscription dans les six mois du décès. Alors la loi ne le fait pas déchoir entièrement de tous les avantages attachés à son origine. Il aurait pu être créancier privilégié hypothécaire, il n'est plus privilégié, *mais il ne cesse pas d'être hypothécaire,* dit l'article 2113. Donc, il était au cas de l'art. 2111 un véritable créancier privilégié hypothécaire !

Qui ne voit combien est puissante une théorie appuyée sur des textes aussi précis, lorsque surtout ces textes renferment les bases fondamentales du régime des priviléges ; car les art. 2106 et 2113 sont le pivot de tout le système ? Aussi dans les doctrines contraires, a-t-on cherché à écarter cet art. 2113 qui, comme complément de l'art. 2111, vient donner à notre manière de voir le caractère de l'évidence. Mais il faut l'avouer, c'est là un effort bien infructueux!...

419.—Après avoir posé ces bases fondamentales de la décision, jetons un coup d'œil sur quelques autres dispositions législatives qui viennent encore appuyer notre manière de voir.

Ne résulte-t-il pas de l'art. 1017, conféré avec les art. 2111 et 2113, que le législateur a voulu imprimer le caractère hypothécaire au droit des créanciers du défunt sur les biens héréditaires? Comment concevoir que les légataires pourront s'adresser à chacun des héritiers hypothécairement pour le tout, et que les créanciers ne pourront avoir le même droit pour le payement de leurs créances? L'argument *a fortiori* n'a-t-il pas ici une valeur décisive.

420. — L'art. 873 vient encore corroborer notre doctrine. S'il était isolé, on pourrait, en le conférant avec l'ancienne jurisprudence, décider que les héritiers ne sont tenus hypothécairement pour le tout, que lorsque le défunt a réellement constitué des hypothèques sur ses biens; mais si on le rapproche de l'art. 1017, introductif d'un droit nouveau, et des art. 2111 et 2113, ne doit-il pas prendre un sens plus étendu et plus conforme à son texte qui ne fait pas la distinction que l'interprétation y a vue?

421. — Si nous examinons attentivement l'article 880, nous pouvons encore en tirer un argument en faveur de notre théorie. En effet, le droit des créanciers de la succession peut s'exercer sur les biens du défunt, tant qu'ils se trouvent ou qu'ils sont réputés se trouver encore dans les mains des héritiers. Il est à remarquer que la loi ne fait pas de distinction, pour le cas où le partage, à raison d'une circonstance de rapport par exemple, aurait attribué à l'un des héritiers une plus grande part de biens que celle qu'il aurait eue sans cette circonstance. Il suffit donc, pour fonder le privilége des créanciers héréditaires et les autoriser à prendre inscription, qu'il soit constant que les biens proviennent du défunt, quel que soit le détenteur, pourvu qu'au moment de l'appréhension de l'immeuble par l'inscription le détenteur soit un co-héritier.

Qu'importe, en effet, le partage aux créanciers héréditaires? Est-ce que leur droit prend naissance dans les conventions que peuvent faire les héritiers entre eux? est-ce qu'il n'a pas une cause préexistante? Le partage est donc à leur égard chose entièrement étrangère. Comment dès lors pourrait-il leur porter préjudice?

« Les créanciers du défunt (dit Lebrun, n° **28**
« *in fine*) n'ont point d'intérêt au partage de ses
« biens qui leur sont tous également affectés, et
« cette inspection n'appartient qu'aux créanciers
« particuliers de l'héritier, qui ont droit de voir ce
« qui doit appartenir à leur débiteur et d'interve-
« nir à cet effet au partage. Ainsi, le rapport qui
« se fait dans le partage ne concerne point les
« créanciers du défunt, mais les seuls héritiers et
« leurs créanciers particuliers. Les créanciers du
« défunt ont toujours la même action personnelle
« hypothécaire contre les héritiers détenteurs d'im-
« meubles, quelque partage et quelque rapport qui
« se soit fait entre eux. Le rapport n'est point fait
« pour eux, puisque l'égalité des héritiers est in-
« différente à ceux qui ont tous les héritiers et tous
« les biens de la succession pour obligés. » (*Comp.*,
art. 882, C. civ.)

422. — Il résulte donc de l'ensemble des textes
du Code civil que les héritiers sont tenus hypothécairement pour le tout, envers ceux des créanciers
qui usent du bénéfice des art. 2111 et 2113. Maintenant, pour compléter notre démonstration, examinons les raisons que l'on fait valoir pour repousser
notre système.

423. — On objecte que l'art. 873, dont nous ti-
rons argument, est contraire à notre théorie. En

effet, dit-on, il ne peut s'appliquer qu'aux seuls créanciers du défunt qui, du vivant de leur débiteur, ont eu le soin de stipuler des hypothèques et de les acquérir ensuite, au regard des détenteurs, par l'inscription. Mais cet article n'a jamais voulu attribuer aux créanciers cédulaires de la succession un droit hypothécaire sur les biens héréditaires, par le seul fait du décès de leur débiteur. Entendu comme vous l'entendez, il serait contraire à la disposition de l'art. 1221, n° 1, puisque la loi, après avoir consacré le principe de la division, y fait une exception pour le cas où la dette est hypothécaire, c'est-à-dire pour le cas où le défunt a réellement constitué des hypothèques sur ses biens. Cela est si vrai, qu'on lit dans le paragraphe final de l'art. 1221, que l'héritier détenteur *du fonds hypothéqué à la dette* est tenu *in solidum,* sauf son recours. Or, ces mots *fonds hypothéqué* au singulier, ne peuvent s'entendre que d'un fonds hypothéqué par le défunt; car autrement il y aurait un vice de rédaction dans la loi, puisque, si votre système était fondé, c'est-à-dire si, par le fait seul du décès, toutes les dettes du défunt devenaient de plein droit hypothécaires, tel fonds de la succession ne se trouverait pas hypothéqué spécialement plutôt que tel autre, mais tous le seraient indistinctement.

J'ai déjà répondu que si l'art. 873 était isolé, il ne

suffirait pas à lui seul pour déclarer les créanciers de la succession hypothécaires par le seul fait du décès (1).

Quant à l'argument tiré de l'art. 1221, n° 1, la réponse est qu'il roule sur une pétition de principes. En effet, la question est précisément de savoir si la séparation des patrimoines, entendue comme l'entend le Code dans les art. 2111 et 2113, ne rentre pas dans l'exception de cet art. 1221, n° 1.

Enfin, en ce qui touche l'argument tiré du paragraphe final du même article, je réponds que c'est là une misérable argutie de texte, et je lui oppose immédiatement cette réplique qui le rétorquera sans trancher le litige, parce que la nature des subtilités n'est jamais de convaincre. En effet, ces mots : *fonds hypothéqué* à la dette, au *singulier,* se concilient très-bien avec l'art. 2111 , puisque le privilége des créanciers de la succession est individuel par rapport à eux, et spécial par rapport aux choses : l'inscription devant être prise, aux termes de cet article, sur *chacun* des immeubles héréditaires. On voit donc que l'art. 1221 n'a rien d'inconciliable avec notre théorie.

424. — En ce qui concerne l'art. 1017 relatif au légataire, on objecte qu'il n'y a pas d'argument à

____

(1) *Voy.* ci-dessus, n° 420.

en tirer en faveur de notre opinion ; car, dit-on, si
cet article répute les héritiers tenus envers les légataires hypothécairement pour le tout, c'est parce
que les légataires, à la différence des créanciers,
n'ont pu, du vivant du testateur, acquérir des sûretés
hypothécaires sur les biens du défunt, et que la loi
a dû veiller à ce que leur droit ne devînt pas illusoire par quelque collusion de la part des héritiers.
Au surplus, ajoute-t-on, cet article sort des règles
du droit commun, et comme tel il doit être rigou-
reusement restreint.

Dans les discussions de droit, comme partout
ailleurs, il vaudrait beaucoup mieux aborder de
front les difficultés, que de chercher à les tourner
par des raisons douteuses et évasives. Que résulte-
t-il de cette explication ? *quid sonat ad aures ?* On
veut nous démontrer que le légataire, placé dans
une position évidemment moins favorable aux yeux
de la loi que le créancier, puisqu'il ne sera même
légataire en fait qu'après le payement de ce dernier,
parce que le défunt n'aura pas pu être libéral avant
d'être libéré, on veut, dis-je, nous démontrer que
le légataire aura été protégé par le Code civil de la
manière la plus utile, et que le créancier ne l'aura
pas été !... S'il est des intelligences qui peuvent
comprendre une pareille doctrine, ce n'est pas assurément la mienne. Mais s'il est une circonstance

dans nos lois où l'argument *a fortiori* a de la valeur, c'est certainement ici!...

L'art. 1017 est exorbitant du droit commun..... Qu'est-ce que cela veut dire? Cela veut dire qu'il est inexplicable dans la théorie contraire, et voilà tout. Mais c'est vous qui dites qu'il est exorbitant du droit commun. Quoi de plus naturel que de protéger les créanciers du défunt et les légataires au décès du débiteur et du testateur? Il faut bien venir au secours de ceux auxquels un nouveau débiteur est imposé par la force majeure, à la place du débiteur de leur choix, et de ceux qui peuvent souvent avoir à essuyer les conséquences du mauvais vouloir d'héritiers toujours mécontents de l'existence d'un testament qui les frustre de leurs espérances. La loi a été éminemment sage, lorsqu'elle a organisé une protection utile en faveur des légataires, et *a fortiori* en faveur des créanciers de la succession. Il n'y a rien là d'exorbitant du droit commun.

425. — Enfin, on prétend que les art. 2111 et 2113 peuvent s'expliquer dans la théorie contraire à la nôtre, et alors on morcelle les textes ou on les supprime.

« L'art. 2111, dit-on, n'a pas eu pour objet d'é- « tablir des droits nouveaux, mais seulement de « prendre des mesures pour la *conservation* d'un

« bénéfice , dont l'étendue est réglée par des prin-
« cipes précédemment posés au titre *des Succes-*
« *sions.* »

Sur ce mot *conservation ,* on établit une théorie à
perte de vue, comme si, lorsque la loi se sert de ces
expressions , *conserver un privilége ,* elle ne voulait
pas indiquer que celui qui conserve son privilége
est un créancier privilégié ! comme si le mot *conserver* n'était pas complexe , et ne supposait pas
tout à la fois et la création d'un privilége et les
moyens de le rendre utile !...

« Or, d'après les principes précédemment posés
« au titre *des Successions,* ajoute-t·on, le bénéfice de
« séparation *ne* doit se produire *qu'à* l'encontre des
« créanciers de l'héritier (art. 878-881), et non pas
« contre les héritiers eux-mêmes. »

A cela une réponse bien simple. La loi n'est nullement conçue d'une manière restrictive. Les causes
de préférence ne s'exercent qu'entre créanciers, sans
doute ; mais cela n'empêche pas qu'elles ne sont et
ne peuvent être que la conséquence de droits réels
opposables aux détenteurs des immeubles grevés,
sans quoi les causes de préférence seraient des non-
sens.

« En un mot, l'unique but de la séparation des
« patrimoines est d'assurer aux créanciers du dé-
« funt le droit et le moyen d'être payés sur les biens

« de la succession, par préférence aux créanciers
« personnels de l'héritier. »

Eh bien, je ne dis pas autre chose en ce qui touche les rapports des créanciers de l'héritier avec les
créanciers de la succession. Mais, dans votre système,
quels sont vos moyens de protection? Sous quelle
égide placez-vous les créanciers du défunt, avec un
héritier qui, suivant votre doctrine, peut aliéner les
immeubles héréditaires, transporter le prix à des
tiers de bonne foi, le recevoir, le confondre avec
ses biens personnels, et anéantir, suivant son
caprice votre prétendu bénéfice de séparation,
puisque vous décidez que le détenteur des immeubles héréditaires est à l'abri du droit de suite qui
suivant vous n'existe pas? Puis, qu'est-ce qu'une
séparation des patrimoines que vous croyez établir
dans le sens de la séparation romaine, sans mesures
collectives, sans administrations séparées? Qu'est-ce
qu'une séparation accolée à la saisine conservée?
La disjonction et la conjonction marchant ensemble,
voilà votre système! cela peut-il se comprendre?

« C'est un droit de préférence que la loi leur ac-
« corde, mais non pas un droit réel dans la chose;
« leur bénéfice n'est pas un véritable privilége et
« cette expression employée dans l'art. 2111 est
« une mauvaise expression. »

Vous allez voir qu'on va nous prouver que, dans

un titre spécial aux priviléges, la loi n'aura pas eu le sens commun d'employer le mot *privilége* pour caractériser le droit des créanciers de la succession, et cela, en présence de la fin de l'art. 2111 qui interdit toute *inscription hypothécaire* à leur préjudice, de la part des créanciers de l'héritier, pendant la durée des six mois accordés aux créanciers du défunt pour inscrire *leur privilége*.

« En effet, l'art. 2103 du Code civil ne range « pas le droit de séparation parmi les véritables pri- « viléges. »

Eh bien, l'art. 2111 a réparé à cet égard l'omission de l'art. 2103. Dans tous les cas, il n'y avait plus rien à dire sous ce rapport après l'art. 878. Et puis enfin, les rédacteurs du Code ne se sont décidés qu'en dernier lieu à faire une hypothèque privilégiée de la séparation des patrimoines; ils ont, dès-lors bien pu ne pas revenir sur leurs pas, pour la comprendre dans l'art. 2103 qu'ils avaient adopté tel qu'il se trouvait dans le projet de l'an VIII.

« Pourquoi cela? c'est parce que c'est la faveur « attachée à une créance qui la rend privilégiée. « Les créanciers cédulaires du défunt qui ne sont « pas privilégiés, à raison d'une circonstance par- « ticulière, ne peuvent donc prétendre à un véritable « privilége. »

Sans doute les créanciers privilégiés à un autre

titre seront dans une position préférable à celle des créanciers non privilégiés à raison d'une circonstance particulière ; mais cela empêchera-t-il ces derniers d'avoir un privilége d'un rang inférieur (art. 2096)?...

Est-ce que la loi n'a pas pu retenir, au profit de ceux qui apportent du chef de leur ancien débiteur des valeurs actives dans la fortune de leur nouveau débiteur, un droit réel, une hypothèque privilégiée pour assurer le payement de la portion du passif dont ils grèvent son actif? Mais s'il est des créanciers dignes d'intérêt, ce sont assurément les créanciers du défunt. La séparation des patrimoines n'a précisément été introduite par le Préteur, malgré le droit commun, qu'à cause de la faveur qui s'attache à leur position.

426. — « Mais, dit M. Troplong (*Traité des priviléges, sur l'art.* 2111, n° **323**), le privilége ne « s'exerce qu'entre créanciers d'un même débiteur, « et il s'agit ici de créanciers de débiteurs différents... » D'où suit que le privilége de l'art. **2111** n'est pas un véritable privilége.

Dans le droit romain, il était vrai de dire que le régime en séparation faisait considérer les créanciers du défunt et ceux de l'héritier, comme créanciers de deux débiteurs différents ; mais cette doctrine a cessé d'exister dès que, dans notre législa-

tion, on a conservé la saisine malgré le bénéfice.
Elle ne peut plus être admise sous le Code, puisque
les créanciers du défunt peuvent, d'après l'opinion
à peu près unanime, être colloqués tout à la fois par
privilége sur les biens du défunt, et au marc le franc
sur les biens de l'héritier. Tous sont créanciers de
l'héritier. Seulement, si les créanciers qui ont commencé par être créanciers du défunt, sont qualifiés
par la loi de créanciers de la succession, c'est pour
les distinguer des créanciers qui ont commencé par
être créanciers de l'héritier et qui ne jouissent pas
comme les premiers d'un privilége sur certains biens
appartenant au débiteur commun : privilége qui
était nécessaire à raison de la position particulière
de ceux qui ont commencé par être les créanciers
du défunt.

Loin de critiquer la loi, comme le fait M. Troplong
qui la déclare inexcusable d'avoir employé pour
qualifier le bénéfice de séparation, le mot *privilége,*
il faut au contraire lui en savoir gré ; car, avec la
saisine, c'était le seul moyen de venir au secours
des créanciers héréditaires. Et puis, comment
M. Troplong comprend-il sa théorie ? Au cas de
l'art. 2111, les créanciers de la succession ne sont
pas privilégiés hypothécaires ; et, au cas de l'article 2113, ils ont dégénéré probablement en moins,
quoique cela paraisse difficile dans sa doctrine ?.....

Pas du tout, ils ont dégénéré en plus!... ils sont devenus hypothécaires!... tant il est vrai que les théories contraires à la loi sont à la fin forcées de rendre hommage à la vérité! Ce résultat, qui heurte le bon sens, et auquel M. Troplong a été contraint d'arriver en commentant l'art. 2113 qu'il regarde à peine en passant, prouve de la manière la plus évidente le bien-fondé de notre théorie, et en même temps le peu de fondement de la sienne, puisqu'elle est condamnée par lui-même (1).

427. — Mais les puritains du système généralement suivi ne veulent pas de la doctrine entière de M. Troplong, ils la divisent. Ils acceptent ce qu'il a dit sur l'art. 2111, et ils repoussent ses commentaires de l'art. 2113. Nous alors, de leur crier de toutes nos forces : et l'art. 2113, Messieurs, qu'en faites-vous? que faites-vous de cet article, qui dit que *tous* les créanciers privilégiés, compris depuis l'art. 2106 jusqu'à l'art. 2113 lui-même et qui n'ont pas satisfait aux mesures de publicité prescrites par la loi, NE CESSENT PAS *néanmoins d'être hypothécaires?* — « Eh bien,... eh bien,... ce texte-là?... nous « le repoussons de notre théorie. C'est le résultat « d'une distraction des auteurs du Code... nous le

____

(1) Voy. *Traité des priviléges*, n⁰ 583. Ce n'est pas le meilleur ouvrage de M. Troplong.

« considérons comme non avenu. En effet, com-
« ment admettre que la séparation des patrimoines,
« qui n'est pas un privilége hypothécaire, puisse
« dégénérer en simple hypothèque?... Cet article
« n'est pas applicable au cas de l'art. 2111. C'est
« M. Tarrible qui l'a dit. » — C'est à merveille :
je vois parfaitement votre embarras. Mais s'il vaut
mieux, suivant vous, supprimer l'un des deux textes
(2106-2113) fondamentaux de la théorie des priviléges, que d'abandonner votre doctrine, vous com-
prendrez facilement que je ne puis partager vos
idées à cet égard, et que je dois m'en tenir à la seule
théorie rationnelle qui protége utilement les créanciers du défunt, au lieu de suivre la vôtre qui renferme le plus grand vice qu'une théorie puisse
avoir, puisqu'elle se pose en protectrice pour ne
protéger personne, et que par conséquent elle manque à la base de son institution.

428. — Arrivés à ce point, notre tâche est rem-
plie. Il résulte évidemment de tout ce qui précède
que les créanciers chirographaires du défunt deviennent hypothécaires par le seul fait du décès,
sur tous les immeubles de la succession, à charge
par eux de notifier au public leur droit réel suivant
les art. 2111 et 2113 du Code civil. Si ce principe
est vrai, comme j'en suis intimement convaincu, il
faut dire que les conséquences de la division des

dettes ne peuvent atteindre les créanciers du défunt, ou du moins qu'il leur est ouvert un moyen d'échapper à ce que la division aurait de désastreux pour eux. L'hypothèque se divisera bien entre les héritiers, parce que le Code civil a rejeté avec raison les recours indivis, et que le principe de la subrogation légale (art. 1251) reçoit à cet égard une limitation raisonnable au moyen du système de répartition ; mais à l'égard du créancier, l'hypothèque ou l'hypothèque privilégiée ne se divise jamais au premier degré. En cela, la loi me paraît avoir été éminemment sage. La division des dettes est une nécessité qu'il faut subir, mais qu'il faut en même temps restreindre de manière à ne pas arriver à un résultat déraisonnable. Ne serait-il pas en effet déplorable de voir les héritiers jouir impudemment d'une partie des biens du défunt en face des créanciers de la succession non intégralement payés, alors cependant que l'argent de ces créanciers a servi à acquérir ces biens ?... Qu'on suppose une succession composée d'un seul immeuble adjugé sur licitation à l'un des héritiers, les créanciers ne pourraient pourtant, dans la doctrine de M. Blondeau et de bien d'autres, obtenir de privilége sur cet immeuble que jusqu'à concurrence du tiers, du quart, du huitième, du quarantième même de leurs créances, en sorte que le patrimoine du défunt ne payerait pas ses dettes !...

Il faut donc repousser ce système, parce qu'il manque à sa base fondamentale, qui est d'assurer sur tous les biens de la succession le payement des créanciers héréditaires, et décider que l'héritier, en offrant et payant à ces créanciers sa part et portion dans la dette, n'éteindra que l'action personnelle divisée, mais non le droit réel, l'action hypothécaire acquise par l'inscription des art. 2111 et 2113 du Code civil, laquelle action ne se divise pas (art. 1221, n° 1).

429. — Tel me paraît être le système de la loi actuelle. Je ne me dissimule pas qu'il entraîne avec lui des inconvénients très-graves. Il suppose que l'élément attributif domine dans le partage, ce qui est conforme aux idées que nous avons émises sur le privilége des copartageants. Il est vrai qu'il sacrifie les héritiers en faveur des créanciers de la succession ; mais sous son empire, la maxime *Bona non intelliguntur nisi deducto œre alieno* est une profonde vérité : voilà son grand avantage. Voici maintenant son défaut capital. Les créanciers héréditaires, quoique non inscrits dans les six mois, peuvent appréhender encore tous les immeubles provenant du défunt, en quelques mains des héritiers qu'ils aient passé par suite du partage ou par suite d'une licitation, de telle sorte que l'héritier propriétaire aura en vain payé le prix de cette licitation à ses cohéritiers, il pourra encore être évincé, sauf son recours, par l'action hypothécaire d'un créancier du défunt qui aura tenu son hypothèque secrète pendant trente ans (art. 2113) !... Ce défaut est énorme. Il faut le faire disparaître.

Le système de M. Blondeau présente des inconvénients non moins graves. Il sacrifie les créanciers en faveur des héritiers. Il favorise la famille au préjudice du public. Il n'est pas protecteur.

Que doit-on faire dans un pareil état de choses ? Je livre mes idées à la commission de révision du Code hypothécaire ; car c'est un point fondamental qu'il ne faut pas laisser dans le domaine de l'interprétation. Il faut prendre un juste milieu entre les deux systèmes. Si le législateur veut faire prédominer les intérêts de la famille sur ceux du public, il doit repousser notre doctrine et embrasser celle de M. Blondeau ; si, au contraire, il se préoccupe peu de la famille et ne voit que le crédit foncier, il doit adopter notre manière de voir. Voilà pour la logique. C'est l'un ou l'autre, et non pas l'un et l'autre. Mais s'il veut transiger, il peut établir le système suivant :

Que M. Blondeau m'abandonne l'art. 2111, et je lui abandonne l'art. 2113. Tous les créanciers du défunt, inscrits dans les 6 mois du décès, n'auront rien à redouter du principe de la division, quelques partages que puissent faire les héritiers entre eux. Le privilége subsistera alors sur tous les immeubles appréhendés par l'inscription avec tous les effets de l'indivisibilité de l'hypothèque. Les héritiers seront avertis. Ils ne partageront qu'après les 6 mois, si cela leur convient; ou s'ils partagent dans les délais de l'art. 2111, ils partageront à leurs risques et périls, pour le cas où avant l'expiration des 6 mois, il surviendra de nouvelles inscriptions. Il n'y a pas d'inconvénient à cela. Le partage est une opération compliquée qui demande toujours du temps, et il est rare qu'il soit consommé dans les 6 mois du décès.

Maintenant, les créanciers du défunt, non inscrits dans le délai de faveur, feront, en s'inscrivant suivant l'art. 2113, une acquisition nouvelle, qui se réduira, d'après le système de M. Blondeau, à la portion de la dette à la charge de chaque héritier détenteur. De cette manière, l'héritier adjudicataire sur licitation, ne se trouvera pas exposé à une éviction entraînant des recours, pour une dette qui ne lui est pas personnelle. Les partages seront stables, et le principe de la division sera sauvé, ou tout au moins il n'éprouvera pas un notable préjudice. En même temps, il sera pourvu au sort des créanciers du défunt par un régime vraiment protecteur. Tant pis pour ceux qui n'auront pas répondu à l'appel de l'art. 2111; ils auront le droit

d'intervenir au partage, et leurs inscriptions vau-
dront opposition à ce que les héritiers y procèdent
en leur absence (1).

C'est, je crois, le seul moyen qui existe de sortir
de cette difficulté délicate et pourtant capitale dans
le système. Famille, public! voilà deux idées
qui sont dans un antagonisme perpétuel en législation. Il faut tâcher de les concilier autant que cela
est possible.

§ II.—DE L'EFFET DE L'INSCRIPTION DU PRIVILÉGE A L'ÉGARD DES TIERS DÉTENTEURS.

430. — Du principe que l'inscription du privilége confère à ceux qui la requièrent en temps
utile, un droit réel sur les immeubles de la succession, il résulte que le tiers détenteur ne peut se
mettre à l'abri des poursuites hypothécaires que par
le délaissement ou par la purge, en offrant son prix
aux créanciers inscrits; que, par conséquent, il
doit notifier son contrat aux créanciers héréditaires
qui ont obéi aux prescriptions des art. 2111 et
2113; et que, par voie de conséquence encore, le
créancier de la succession frappé de la notification
peut formaliser une surenchère, comme tout autre
créancier hypothécaire.

____

(1) Voy. *Rapport de la Faculté de Paris*, documents du régime hypothécaire (art. 2111).

431. — Ces propositions, qui ne sont que la suite des principes précédemment posés, sont cependant vivement contestées dans la pratique des affaires, et dans les ouvrages des jurisconsultes. Mais la jurisprudence commence à les admettre. On peut consulter à cet égard un excellent arrêt de la cour royale d'Orléans, du 22 mai 1840. Cet arrêt est rapporté par M. Dufresne (1). Quelques points des considérants de cette décision judiciaire nous semblent pourtant susceptibles de critique. C'est, d'une part, le mot *demande* qu'on y lit; il faut mettre de côté cette expression mal sonnante. D'autre part, la cour, qui, du reste, n'avait rien à juger à cet égard, paraît consacrer la doctrine de M. Duranton et autres, vis-à-vis des créanciers du défunt entre eux : doctrine que nous réfuterons plus tard. Quoi qu'il en soit, cet arrêt est d'autant plus remarquable, que les magistrats d'Orléans sont arrivés, d'après le Code civil seul et sans renouer la chaîne des temps, au système que nous avons adopté. Cette circonstance n'est pas sans importance.

Pourquoi, en effet, refuserait-on au créancier de la succession, qui s'inscrit dans les termes de la

______

(1) *Traité de la séparation des patrimoines*, nº 94-1º. — *Voy.* aussi Dalloz, 1841, 150.

loi, le droit de faire une surenchère? Qui pourrait se plaindre? Ce n'est pas le vendeur, il y gagne; les créanciers y ont intérêt également. Quant au tiers détenteur que la surenchère dépossède, il n'était propriétaire que sous la condition que les offres par lui faites dans la notification de son contrat seraient acceptées. Il a dû notifier son titre à tous les créanciers privilégiés et hypothécaires inscrits, par conséquent aux créanciers de la succession qui se sont fait utilement connaître aux termes des art. 2111 et 2113. La loi l'avertit qu'il ne devient propriétaire incommutable, que s'il ne survient pas de surenchère dans les délais qu'elle détermine. Il ne peut donc prétexter aucune cause légitime d'ignorance.

D'ailleurs, que deviendrait le privilége accordé aux créanciers du défunt, s'ils n'avaient pas le droit sanctionnateur du privilége et de l'hypothèque, c'est-à-dire le droit de surenchérir? Il dépendrait donc de l'héritier de vendre à vil prix, à un prête-nom, peut-être, les immeubles sur lesquels inscription a été prise suivant les art. 2111 et 2113, et de rendre illusoires les sages précautions de la loi, destinées à assurer le payement des créanciers de la succession. Il ne peut en être ainsi. Les créanciers du défunt ayant acquis le *jus in re* par l'inscription, ont, comme tout autre créancier hypothécaire, le droit de surenchère.

432.—Il faut décider par suite des mêmes principes, que l'acquéreur ne peut valablement se libérer
entre les mains de l'héritier vendeur, au préjudice
des créanciers héréditaires qui ont régularisé en
temps utile leur hypothèque privilégiée ou leur simple hypothèque. Leur droit est réel ; il n'est pas relatif ; il existe *adversus omnes*. Ils peuvent donc s'a-
dresser au tiers détenteur et le forcer à payer deux
fois, comme pourrait le faire tout autre créancier
hypothécaire, s'il a eu l'imprudence de se libérer
avant l'expiration du délai de six mois fixé par l'article 2111, ou même, après l'expiration de ce délai,
s'il n'a pas fait appel aux créanciers non inscrits, par
la transcription de l'art. 834 du Code de procédure,
ou enfin, s'il a payé au mépris des inscriptions
grevant les immeubles faisant l'objet de son acquisition (1).

433. — Il est inutile de pousser plus loin l'examen des conséquences du privilége des créanciers
de la succession à l'égard des tiers détenteurs. Il
suffit d'ajouter que le régime hypothécaire les protége, comme il protége tout créancier privilégié ou
hypothécaire avec les distinctions de droit.

Avant de passer à un autre ordre d'idées, il n'est

____

(1) *Voy.* à cet égard, jugement d'Altkirch, du 4 mars 1833,
confirmé avec toute raison par la cour de Colmar, le 5 mars 1834
(*Journal du Palais*, à la date de l'arrêt).

pas sans utilité de nous expliquer sur ce qui concerne les fruits des immeubles de la succession.

454.—Quelles sont les conséquences du bénéfice de séparation individuelle, relativement aux fruits produits par les immeubles de la succession ?

Je vois encore dans les auteurs bien des opinions divergentes à cet égard. Les uns prétendent que tous les fruits produits depuis le décès jusqu'à la distribution, doivent se réunir à la masse héréditaire ; que par conséquent ils doivent être attribués aux créanciers de la succession, à l'exclusion des créanciers de l'héritier. *Fructus augent hœreditatem.* Ne croirait-on pas qu'il s'agit d'un régime collectif dans lequel la succession, envisagée en masse, serait administrée par l'héritier, qui devrait compte, comme un séquestre, de son administration aux créanciers du défunt ?... Puis, après avoir énoncé ces principes , qui ne reposent sur rien , on se hâte de les limiter de manière qu'ils ne s'appliqueront presque jamais. En effet, si les fruits ont été confondus avec les biens personnels de l'héritier, ce qui arrivera presque toujours, la confusion devient un obstacle au bénéfice de séparation (1).

D'autres, au contraire, prétendent que les créanciers du défunt ne doivent pas profiter exclusive-

___

(1) Zachariæ, § 618, n⁰ 3 ; — M. Dufresne, n⁰ 118.

ment des fruits naturels ou civils produits par les biens de la succession avant la *demande* en séparation (1). Cette manière de voir me paraît conforme à ce qui a dû se passer à Rome, où le gage prétorien ne commençait avec tous ses effets, qu'à compter de la prise de possession effective. Mais elle est évidemment inadmissible sous le Code, puisque la séparation des patrimoines n'est pas sujette à demande, et qu'il n'est organisé aucune mesure d'administration collective.

On sent bien que ni l'une ni l'autre de ces deux opinions ne peut être la nôtre. Comment, en effet, comprendre qu'il puisse en être ainsi dans la théorie du Code civil, quand la séparation prétendue ne sépare pas réellement les deux patrimoines, quand les créanciers de la succession ne sont pas envoyés en possession des immeubles de la succession, quand l'héritier seul propriétaire en a la jouissance, bien plus, la libre disposition, sauf l'effet des priviléges et hypothèques qui les grèvent?

Il faut donc réduire la question précédemment posée, à celle-ci : A partir de quelle époque les fruits des immeubles hypothéqués ou grevés de priviléges, sont-ils attribués aux créanciers privilégiés ou hypothécaires ?

(1) Grenier, *Hypothèques*, t. II, n° 456,

Je réponds. En principe, le propriétaire de la chose a seul le droit de s'en approprier les fruits, et ils lui sont acquis dès le moment qu'ils sont produits. L'héritier, seul propriétaire, est donc seul propriétaire des fruits. Par conséquent, ses créanciers personnels comprenant ceux du défunt, doivent tous venir en concurrence sur ces fruits.

435. — Cette règle, néanmoins, est susceptible de quelques exceptions.

Ainsi :

1° Dans le cas où les biens ont été affermés par le défunt à des tiers qui les exploitent, les créanciers de la succession me paraissent avoir droit, à l'exclusion des créanciers de l'héritier, aux fruits civils dus et courus jusqu'au décès. En effet, les fruits civils s'acquièrent jour par jour, et il est vrai de dire que la portion de loyer ou fermage échue au décès, forme une créance héréditaire, que les créanciers de la succession peuvent appréhender, à leur profit exclusif, par la saisie-arrêt qui empêche la confusion. Ce n'est pas comme créanciers privilégiés sur les immeubles qu'ils ont droit à ces fruits, mais comme privilégiés sur le mobilier du défunt. Concluons de là que la prescription de trois ans les ferait, à cet égard, déchoir de leur privilége.

Hors ce cas, je ne vois pas qu'ils puissent prétendre à un droit exclusif sur les fruits des biens héréditaires lorsque ces biens libres de toute saisie , se trouvent encore entre les mains de l'héritier.

2° Dans le cas où les immeubles provenant du défunt, sont sous le coup d'une saisie réelle, les fruits recueillis postérieurement à la transcription de la saisie sont immobilisés par la force seule de la loi (Code proc., art. 682). La masse à distribuer en est augmentée. Les créanciers de la succession , inscrits suivant les art. 2111 et 2113 viendront donc à leur rang profiter de ces fruits. La nouvelle loi sur la saisie immobilière a tracé avec soin la marche à suivre pour convertir les fruits immobilisés en argent, et en assurer le produit aux saisissants (Code de proc., art. 681, 682, 685).

3° Dans le cas où l'immeuble est devenu la propriété d'un étranger, le tiers détenteur , malgré l'existence des priviléges et hypothèques, fait les fruits siens, jusqu'à la sommation *de délaisser s'il n'aime mieux payer* (art. 2176 Code civ.); par conséquent les créanciers hypothécaires n'y ont aucun droit. Mais à partir de cette sommation, les fruits sont immobilisés , et le tiers détenteur en doit compte aux créanciers inscrits. Les créanciers de la succession profitent donc comme les autres du produit de ces fruits.

Voilà pour le cas de la saisie réelle poursuivie par les créanciers, soit sur le tiers détenteur qui ne paye ni ne délaisse (Code civ., art. 2169), soit sur le curateur au délaissement, lorsque le tiers détenteur se débarrasse des poursuites hypothécaires en abandonnant l'immeuble (Code civ., art. 2172, 2173).

4° Dans le cas où le tiers détenteur qui ne purge pas, conserve l'immeuble et paye toutes les dettes hypothécaires en principaux et intérêts, les créanciers sont désintéressés jusqu'à concurrence de leurs créances *en tant qu'elles sont hypothécaires*. L'immobilisation des fruits n'a plus d'objet.

456. — *Quid juris* si le tiers détenteur, soit sur la sommation qui lui est faite de délaisser ou de payer, soit même sans attendre cette sommation, remplit les formalités de la purge? A partir de quelle époque les intérêts de son prix sont-ils dus aux créanciers héréditaires inscrits suivant les articles 2111 et 2113 du Code civil ?

D'abord en ce qui touche les intérêts courus depuis la notification du contrat, il ne s'élève pas de difficultés. Le tiers détenteur, en offrant son prix, offre évidemment les intérêts à courir depuis cette époque.

457. — Mais *quid* à l'égard des intérêts courus avant la notification?

Voici comment nous procédons dans la pratique, On compose la masse à distribuer du prix principal des immeubles, on y réunit tous les intérêts dus par l'acquéreur. Il est fait un total sur lequel chaque créancier est colloqué à son rang. Cette manière de procéder est fondée sur cette idée simple que les créanciers hypothécaires ayant droit au prix , ont par cela même droit aux fruits qu'il a pu et peut produire.

438. — Mais *quid juris*, si l'acquéreur a payé au vendeur les intérêts courus avant la notification ?

Eh bien ! il payera deux fois. *Et sibi imputet...* Il est averti par les inscriptions ; il ne doit pas payer.

Il y a sans doute dans tout cela de grandes difficultés, au point de vue de l'interprétation de nos Codes. L'immobilisation des fruits ne me semble avoir aucune espèce de rapports avec les intérêts du prix, si ce n'est que, dès le moment où on immobilise les fruits, l'acquéreur ne devra plus d'intérêts, car on ne peut lui enlever les fruits et lui faire en même temps payer les intérêts de son acquisition.

M. Troplong raisonne dans toutes ces matières sur le fondement d'une délégation *imparfaite*, qui est en effet bien *imparfaite*, suivant lui-même. Il reconnaît au vendeur, malgré cette délégation *imparfaite*, le droit de quittancer valablement les intérêts du prix courus jusqu'à la notification (1). Puis, il ne veut pas que les créanciers cé-

(1) Voy. *Traité des hypothèques*, t. IV, nᵒ 930.

dulaires ou hypothécaires du vendeur, qui ne viennent pas en ordre utile, puissent les saisir-arrêter pour en opérer la distribution au marc le franc entre eux. Telle est au moins la conséquence forcée de sa conclusion d'après laquelle les créanciers hypothécaires *ont droit aux intérêts antérieurs à la notification, quand même ils n'auraient fait aucune sommation* (1).

Ce n'est pas sans doute ici le lieu d'examiner à fond toutes ces questions. Il serait bien important que, lors de la révision de la loi, on établit un système bien net pour le règlement des intérêts. On ne sait souvent comment agir dans la pratique sur toutes ces matières.

459. — Pour combien d'années d'intérêts doivent être colloqués les créanciers du défunt au même rang que leur capital ?

D'abord, tous les intérêts, courus avant le décès, se sont réunis à la créance, et en prenant des inscriptions dans lesquelles ils ont fait connaître les intérêts échus, les créanciers ont conservé leur privilége pour ces intérêts, sauf la question de prescription.

En ce qui touche les intérêts postérieurs, soit qu'ils aient conservé leur privilége, soit qu'ils l'aient laissé dégénérer en simple hypothèque, sui-

____

(1) Voy. *Traité des hypothèques*, t. IV, n° 929.

vant l'art. 2113, ils ne me semblent pouvoir réclamer, au rang de leur capital, que deux ans et l'année courante d'intérêts, suivant l'art. 2151 du Code
civil.

En effet, comme je l'ai déjà dit, le privilége
n'est qu'une hypothèque privilégiée, et la circonstance qu'il prime la simple hypothèque pour le
rang, ne peut pas lui donner un caractère autre
que celui de la simple hypothèque. Les besoins de
la publicité sont les mêmes, soit qu'il s'agisse de
simples hypothèques ou de priviléges. Je sais bien
qu'on procède autrement généralement; mais je
ne puis me rendre à l'opinion commune. Il est impossible que ce qui se passe dans la pratique ait été
la pensée des auteurs du Code. Les créanciers postérieurs, avec le système admis en matière de priviléges, ne peuvent jamais savoir à quoi s'en tenir
sur l'étendue de la créance privilégiée. Colloquer,
sous notre législation actuelle, les créanciers privilégiés pour plus de deux ans et l'année courante,
c'est anéantir le principe de la spécialité détermi-
native du quantum de la créance, et par suite la
publicité (1).

___

(1) Le juge-commissaire n'ayant pas qualité pour suppléer d'of-
fice une prescription qui n'est pas encore opposée, dresse son travail en y comprenant la créance privilégiée avec tous les intérêts
échus; puis les contredits arrivent, la prescription est opposée, et

440. — A partir de quelle époque, en remontant, doit-on calculer les deux ans et l'année courante?

Il y a plusieurs systèmes sur cette question. Voici comment nous agissons : longtemps on a calculé les deux ans et l'année courante, qui n'est pas une année pleine quoi qu'en dise M. Troplong, a partir, en remontant, de la dénonciation, aujourd'hui la transcription de la saisie, et au cas de vente volontaire à partir de la notification; mais nous avons changé notre jurisprudence. Depuis ce changement, nous calculons les deux ans et l'année courante à partir de l'adjudication ou de la vente, en remontant. En effet, à partir de cette époque, une nouvelle série d'intérêts est due par l'adjudicataire et se trouve augmenter la masse à distribuer, à laquelle ces intérêts sont réunis. La plupart du temps les créanciers ne souffrent pas de préjudice avec cette manière de procéder. Mais tout cela est loin d'être certain, et la publicité reçoit plus d'une atteinte avec ce système, notamment lorsque les in-

il faut refaire tous les chiffres : de là des embarras sans fin. Il ne faut pas croire qu'un ordre soit un acte commode à dresser; c'est souvent une opération très-compliquée, et pour laquelle le bon sens et le jugement le plus équitable ne suffisent pas toujours. Aussi est-ce l'écueil d'un bon nombre de juges. Le législateur doit donc chercher à rendre les ordres difficiles le moins possible. Les sommités de la science ne s'occupent pas de ces détails; mais il faut pourtant voir l'application.

térêts dus par l'acheteur ne sont pas payés au même taux que ceux dus aux créanciers hypothécaires, ou lorsque les liquidations des mutations traînant en longueur, il s'est écoulé un long espace de temps entre la vente et la notification. Dans ce dernier cas, si l'acquéreur oppose la prescription de cinq ans, comme je pense qu'il en a le droit, la masse à distribuer ne s'est accrue que de cinq ans d'intérêts, tandis que les intérêts des créanciers, qui ne peuvent plus s'inscrire à partir de la transcription ou de l'adjudication sur saisie réelle, se sont accumulés d'une manière effrayante pour les créanciers derniers colloqués, et viennent à leur rang hypothécaire, trompant les attentes conçues légitimement ainsi en présence de l'art. 2151 du Code civil !...

Ce qu'il y aurait de mieux à faire serait de ne colloquer les créanciers privilégiés et hypothécaires, au rang de leur capital, que pour deux ans et l'année courante, non pas à partir de l'adjudication ou de la vente, en remontant, mais à partir des demandes en collocation, ou, mieux encore, pour établir un système de publicité plus énergique, quoique peut-être moins équitable, à partir du règlement définitif, c'est-à-dire de la clôture de l'ordre.

441. — Si, lors de la révision du Code hypothécaire, on se décide pour cette dernière idée, qui est la seule qui concilie tous les intérêts opposés, il faudra allonger les deux ans et l'année courante, et décider que les créanciers hypothécaires auront droit, au rang de leur capital, à cinq ans d'intérêts. Peu importe aux tiers; ils auront fait leur calcul en conséquence.

Il y a deux raisons pour procéder ainsi : la première, c'est que les deux années et l'année courante sont insuffisantes. La loi, avec ce système, a placé les créanciers hypothécaires dans la nécessité d'être rigoureux envers leurs débiteurs. Bien des saisies immobilières n'auraient pas lieu, si les intérêts étaient hypothécaires, pendant cinq ans, au même rang que le capital.

La seconde, c'est que les procédures d'ordre traînent souvent en longueur, et que les incidents, les appels, les pourvois en cassation demandent quelquefois plusieurs années. Arrêter le règlement définitif avant la décision des contestations, c'est s'exposer à se trouver dans l'obligation de refaire tout le travail. Les créanciers non contestés ont le droit de se faire délivrer des bordereaux de collocation sans doute (C. procéd., art. 758), mais comment connaître les frais généraux d'ordre, avant que l'opération soit terminée? et pourtant, ces frais doivent se prélever sur tout le monde. En sorte qu'on se trouve exposé à délivrer des bordereaux à des créanciers qui, l'ordre terminé, n'auraient pu obtenir la totalité de leurs créances (1).

Arrêter le règlement définitif avant la décision des contestations, c'est s'exposer à consacrer des injustices et souvent à se trouver dans l'obligation de refaire tout le travail en appel, devant la cour.

442. — Si on adopte nos idées, voici le système qu'on aura. Il me semble pourvoir à tous les intérêts d'une manière convenable.

L'immobilisation des fruits n'ayant pas de rapports avec les intérêts, il faut créer deux théories distinctes.

(1) Dans la pratique, il faut estimer par à peu près. Voici un fait que je signale, parce qu'il se présente presque toujours. Lorsque la procédure est complète, on ne manque jamais de requérir la nomination du juge-commissaire, afin d'avoir la priorité de la poursuite; puis, une fois l'ordre ouvert, l'avoué ne somme pas les créanciers de produire. Il en est souvent de même pour la dénonciation du règlement provisoire. Il y a à cet égard une lacune dans la loi. Le juge-commissaire paraît avoir été négligent, quand pourtant il n'y a aucune négligence à lui imputer; car il n'a pas de moyens entre les mains pour forcer l'avoué poursuivant à faire les sommations et dénonciations. On dira : Mais un autre avoué peut demander la subrogation dans la poursuite pour cause de négligence? D'abord, il faut un jugement, et par conséquent des frais; ensuite c'est un mauvais moyen. Les avoués entre eux n'agissent pas ainsi. Il faut donc que le juge-commissaire porte plainte au parquet, à fins de poursuites disciplinaires contre l'avoué qui ne marche pas. Évidemment, cette extrémité est d'une violence que repoussent les convenances. Aussi, cela ne se fait-il jamais, et les ordres traînent démesurément en longueur. Il y a bien des choses à revoir dans tout cela !...

A. — IMMOBILISATION DES FRUITS.

443. — Les fruits sont immobilisés à partir de la transcription de la saisie. Cela est rationnel. Le débiteur est privé de l'administration de ses biens saisis. Le séquestre perçoit les fruits ou ne les perçoit pas. Lorsque c'est le débiteur qui est en possession de sa maison, on ne lui fait pas payer de loyers à partir de la transcription de la saisie. Dans ce cas, il n'y a pas de fruits immobilisés. Dans le cas où le séquestre les perçoit, on s'oppose à ce que le débiteur les perçoive, les fruits sont immobilisés. Ils font par conséquent partie de la masse à distribuer. Les créanciers colloqués obtiennent ensuite des bordereaux en conséquence.

Il en est de même au cas de l'art. 2176 du Code civil, parce que cet article ne statue que pour le cas d'expropriation sur délaissement, ou sur le tiers détenteur qui ne paye ni ne délaisse (C. civil, art. 2169) (1).

Seulement, les fruits, au lieu d'être immobilisés à partir de la transcription de la saisie, le sont à partir de la sommation de *délaisser*.

---

(1) L'art. 2173 dit que le tiers détenteur peut délaisser, encore qu'il ait reconnu l'OBLIGATION. Traduisez reconnu l'*hypothèque*, et vous serez dans le vrai (*Voy.* art. 2180).

B.—THÉORIE DES INTÉRÊTS.

444. — Tous les créanciers privilégiés et hypothécaires ont droit pour cinq ans d'intérêts, au rang de leur capital. Ces cinq ans se calculent à partir, en remontant, du jour du règlement définitif. Il ne faut pas perdre de vue que le règlement provisoire n'est qu'un exposé de principes, une simple proposition, dont l'exécution ne se fait que dans le règlement définitif. Les créances ne sont irrévocablement fixées avec tous leurs accessoires qu'au moment de la clôture de l'ordre. Dès lors, les cinq ans d'intérêts doivent être calculés, en remontant, à partir de cette époque. Quant aux intérêts postérieurs, le créancier les reçoit avec son bordereau sur les tiers détenteurs.

En agissant ainsi, la masse à distribuer se compose :

1° Du principal de la vente volontaire ou forcée ;

2° Des fruits immobilisés, fruits civils et fruits naturels perçus et convertis en argent ;

Quant à ceux non perçus au moment de l'adjudication, ils sont compris dans la vente elle-même, dont le prix a été fixé en conséquence par l'acheteur qui en profite. Faisant partie du prix, leur valeur revient nécessairement aux créanciers ;

3° Des intérêts du prix dus par l'acheteur, calculés depuis son contrat ou son entrée en jouissance, en un mot depuis qu'il les doit, jusqu'au jour du règlement définitif;

4° Des intérêts dus par le tiers détenteur qui a délaissé l'immeuble vendu ensuite sur le curateur, à partir du jour de son contrat jusqu'au jour de la sommation de délaisser (art. 2174) (1).

445. — Sur le total de cette masse à distribuer, les créanciers dont les droits sont liquidés par le juge-commissaire, reçoivent suivant les imputations de droit :

1° Cinq ans d'intérêts s'ils leur sont dus (2);

2° Leur capital ou une portion de leur capital suivant l'importance de la somme à distribuer.

Le tout, bien entendu, distraction faite des frais généraux d'ordre et des priviléges dans lesquels doit

---

(1) En effet, il est débiteur de quelque chose envers les créanciers hypothécaires que nous considérons comme ayant droit à tous les intérêts dus par l'acheteur. Il ne peut évidemment avoir la chose et le prix. S'il a perçu des fruits depuis son contrat jusqu'à la sommation de délaisser, il les a faits siens; soit. Mais puisqu'il se débarrasse des poursuites en abandonnant l'immeuble, il doit au moins le loyer du temps de sa jouissance, loyer que je traduis par l'intérêt du prix de son acquisition, calculé depuis la vente jusqu'à la sommation de délaisser, époque à partir de laquelle les fruits sont immobilisés.

(2) Les intérêts dus aux créanciers hypothécaires au rang de leur capital, seront ainsi mis en harmonie avec la prescription de cinq ans, et ils ne seront pas obligés de prendre des inscriptions tous les deux ans; ce qui amène dans les ordres des complications à raison des collocations multiples d'une même créance.

être comprise la créance du tiers détenteur qui a délaissé et qui doit recevoir, par voie de distraction, ou de prélèvement sur la masse, les indemnités et impenses qui ont donné une plus-value à l'immeuble : impenses dont les créanciers profitent en définitive.

446. — De cette manière, la publicité sera sauvée, et personne ne pourra se plaindre (1). Tandis que le système qui s'est, je ne sais comment, implanté dans la pratique, est vraiment mauvais. Il n'avertit personne, et les créanciers derniers inscrits qui ont dû compter sur le gage immobilier par eux estimé à une valeur convenable, se voient tout à coup dépouillés par l'accumulation des intérêts dont se trouvent augmentées les créances antérieure-

(1) Il ne faut pas s'effrayer de ce que, les ordres pouvant traîner en longueur, les créanciers dans notre système n'auront pas de moyens pour conserver plus de cinq ans d'intérêts après la transcription de la vente. Ce sera une raison pour les forcer à opérer la liquidation des différentes mutations le plus tôt possible. Au surplus, si notre théorie paraît rigoureuse, celle qui ferait partir les cinq ans, de la demande en collocation, peut être admise. On appliquera alors la règle *semel inclusæ judicio salvæ permanent*, mais la publicité sera moins éclatante et moins énergique. Il y a des procédures qui peuvent durer dix ans!... L'acquéreur dans ce cas consigne... La caisse ne paie pas 5 p. cent d'intérêts, et alors les derniers créanciers sont perdus!... Leur gage, sur lequel ils devaient compter d'après toutes les apparences, diminue tous les ans par l'accumulation des intérêts dus aux créanciers qui les précèdent. Quand on veut un crédit fondé sur des bases solides, il faut trancher dans le vif : pas de demi-mesures; elles sont déplorables. Vous n'enrichissez les uns que pour ruiner les autres.

ment inscrites. Cela est impossible dans un régime public. Aussi, suis-je convaincu que la jurisprudence et les auteurs en général ont mal interprété la loi. Le législateur n'a jamais pu vouloir donner aux créanciers privilégiés et hypothécaires plus de deux ans, et l'année courante dans aucun cas ; mais comme le système conduisait à la rigueur dans une foule de circonstances, on l'a abandonné pour une prétendue équité qui ruine les créanciers derniers colloqués.

Toute cette théorie des intérêts est évidemment à refaire, ou plutôt à créer, dans le Code civil et le Code de procédure.

§ III. — EFFETS DU PRIVILÉGE DE LA SÉPARATION DES PATRIMOINES EN CE QUI CONCERNE LES CRÉANCIERS DE L'HÉRITIER.

447. — Comme nous l'avons déjà dit, l'effet du privilége de la séparation des patrimoines envisagé sous le rapport du concours des créanciers du défunt avec les créanciers de l'*héritier,* est de donner la préférence aux créanciers héréditaires sur toute espèce de créanciers de l'héritier (art. 878).

Il n'y a que les frais de justice qui ont pour objet la conservation du gage et la distribution du prix qui puissent être prélevés. Par là, nous entendons seulement les fraits fais dans l'intérêt des créanciers du défunt eux-mêmes (*Voy.* ci-après n° 452 à la note).

§ IV. — DE L'EFFET DU BÉNÉFICE DE SÉPARATION ENTRE LES CRÉANCIERS DE LA SUCCESSION.

448. — La théorie, presque généralement suivie sur cette matière, aboutit à cette idée, que le bénéfice de séparation des patrimoines ne produit aucun effet vis-à-vis des créanciers de la succession entre eux.

Et de là on conclut :

1° Que tous les créanciers de la succession restent dans leur position respective, c'est-à-dire avec leur qualité de privilégiés, de créanciers hypothécaires ou de simples créanciers cédulaires suivant les distinctions de droit ;

2° Que par suite tous les créanciers inscrits dans les six mois du décès viennent en concurrence ;

3° Que le créancier qui a stipulé une hypothèque du défunt, et qui ne l'a inscrite qu'après le décès, soit dans les six mois, soit après les six mois, doit primer les créanciers chirographaires inscrits soit dans les six mois du décès en vertu de l'art. 2111, soit après les six mois en vertu de l'art. 2113 du Code civil ;

4° Que la concurrence doit avoir lieu entre deux créanciers chirographaires de la succession, dont l'un s'est inscrit dans les six mois du décès suivant l'article 2111, et l'autre, après les six mois, suivant l'article 2113 ;

5° Que la même concurrence a lieu également entre deux créanciers dont l'un s'est inscrit dans les six mois du décès, tandis que l'autre n'a pris aucune inscription, même après les six mois, pourvu que ce dernier vienne en temps utile, c'est-à-dire tant que le prix n'est pas payé, opposer le bénéfice de séparation ;

6° Que cependant, dans le cas où le créancier qui se serait inscrit après les six mois, ou qui n'aurait pris aucune inscription, serait primé par des créanciers hypothécaires de l'héritier (art. **2111** *in fine* et **2113**), le dividende appartenant aux créanciers du défunt devrait se distribuer entre les deux créanciers héréditaires, de manière que le créancier inscrit dans les six mois du décès aurait la part qu'il aurait eue, si son cocréancier retardataire s'était inscrit, comme lui, dans le même délai.

Et on fonde ce procédé ingénieux sur cette idée, que le créancier qui s'est inscrit dans les six mois, ne peut pas profiter de la négligence de son concurrent inscrit après les six mois, ou qui n'a pris aucune inscription ! ! !

Du reste, on est loin encore d'être d'accord sur cet expédient.

449. — Il existe sur toutes ces matières une confusion épouvantable, et dans les interprètes et dans la jurisprudence. La cour suprême n'a pas encore eu occasion de s'expliquer à cet égard. Abordera-t-elle enfin franchement le régime des priviléges et hypothèques? en attendant les systèmes se croisent. Ainsi dans le camp de nos adversaires l'anarchie est complète. Je pourrais signaler au moins quatre ramifications de systèmes appuyées chacune sur de graves autorités. Chose remarquable! ces doctrines diverses partent d'un point commun, et puis on les voit tantôt se heurter dans leur route, tantôt se confondre, puis se séparer ensuite et se combattre de nouveau; c'est à n'y rien comprendre!

450. — Pour exposer avec méthode la théorie que nous regardons comme la seule admissible, il faut nous placer dans les différentes hypothèses que peuvent faire naître les art. 2111 et 2113 du Code civil. Mais comme l'examen de ces hypothèses ne peut se faire utilement qu'avec le secours de l'art. 2113, il est indispensable de bien se rappeler le sens et la portée de cet article.

Pour cela, il faut se reporter à notre théorie des priviléges sur les immeubles, telle que nous l'avons exposée, d'après les textes du Code civil conférés avec la législation antérieure.

On y a vu l'utilité de cet article **2113** que les interprètes ont à peine regardé en passant, et que la plupart n'appliquent qu'au privilége du copartageant, tandis que cet article est l'une des deux bases fondamentales de la théorie du Code civil, et se réfère à tous les articles qui le précèdent.

Cela posé, examinons les différents cas d'application des art. 2111 et 2113.

A. — PREMIÈRE HYPOTHÈSE.

451. — Tous les créanciers chirographaires du défunt se sont inscrits dans les six mois du décès, quoiqu'à des dates différentes. *Quid juris?* viennent-ils en concurrence sur le prix des immeubles ou de l'immeuble héréditaire, mis en distribution?

Oui, cela n'est pas douteux, tout le monde est d'accord à cet égard. Seulement les motifs de solution ne sont pas les mêmes dans les différents systèmes. La raison de décider est, suivant presque tous les auteurs, que le bénéfice de séparation ne produit pas d'effet à l'égard des créanciers du défunt entre eux. Nous démontrerons bientôt dans d'autres espèces le vice de cette théorie. Cela n'est vrai qu'au cas où tous les créanciers se sont inscrits dans les six mois du décès.

Quant à nous, pour motiver notre opinion, nous disons que la loi retient au profit des créanciers de la succession, sur les immeubles héréditaires qu'ils apportent du chef de leur débiteur décédé dans le domaine de l'héritier, un privilége, à charge de l'inscrire dans les six mois du décès (art. 2111). Comme d'une part, ils ont tous satisfait aux prescriptions de la loi, comme d'autre part, l'art. 2096 du Code civil détermine le rang des priviléges suivant leurs différentes qualités, et comme enfin, tous sont ici privilégiés au même titre, puisqu'il s'agit de la transmission d'un même patrimoine dont ils sont tous considérés comme des copropriétaires vendeurs, tous doivent venir en concurrence et au marc le franc sur le prix à distribuer. Lorsque la loi, qui ne veut pas dépouiller les créanciers éloignés du domicile du défunt, accorde à tous un délai de six mois pour régulariser leur privilége par la prise d'inscription sur les biens héréditaires, il va de soi que tous ceux qui s'inscrivent dans ce délai, ne peuvent être primés par ceux qui se hâteraient, incontinent après le décès, de prendre inscription. Autrement c'eût été faire, du privilége de l'art. 2111, le prix de la course, et manquer le but qu'on voulait atteindre.

Ainsi, jusque-là, tous les systèmes sont d'accord; seulement les motifs de décider sont différents.

452. — Ces principes souffriront néanmoins exception pour le cas, où parmi les créanciers du défunt, se trouveront des créanciers privilégiés à titre particulier.

Ainsi :

1° Les créanciers privilégiés de l'art. 2101 primeront incontestablement ceux qui ne seraient pas privilégiés d'une manière particulière (art. 2104, 2105), et cela, bien qu'ils n'aient pris aucune inscription ; la raison en est qu'ils ne sont pas obligés de s'inscrire (art. 2107). Ils se trouvent dans la position des créanciers privilégiés d'un vendeur, qui doivent primer les créanciers cédulaires de ce même vendeur.

Ils ont ici deux qualités, l'une qui leur est propre et à raison de laquelle ils sont privilégiés, abstraction faite de leur autre qualité de créanciers du défunt qui leur est commune avec tous (1).

---

(1) Les créanciers de *l'héritier*, privilégiés suivant l'art. 2101 , priment-ils les créanciers de la succession inscrits dans les six mois du décès ?

Les créanciers de l'acheteur, privilégiés, suivant l'art. 2101, priment le vendeur lui-même, et les autres privilégiés énumérés dans l'art. 2103 (C. civ. , art. 2104, 2105). Il semble, dès lors , que primant le vendeur (celui qui a transmis l'immeuble au *de cujus*) qui prime les créanciers du défunt, ils doivent *a fortiori* primer ces derniers. Telle est , en effet, la conséquence logique des art. 2104 et 2105. Mais la réponse est que la loi a décidé textuellement le contraire. Car l'art. 878, par ces expressions, *contre tout créancier de l'héritier,* donne évidemment la préférence aux créanciers de la succession inscrits dans les six mois de l'art. 2111. En cela, la loi a consacré les véritables principes. Pour mon compte, je considère l'art. 2105 comme devant être modifié lors de la révision du Code hypothécaire. Quand je vends ma maison, ce n'est pas pour que le boulanger de l'acheteur vienne en toucher le prix.

2° Il en sera de même du vendeur d'un immeuble non payé.

3° Il en sera de même encore, des ouvriers privilégiés jusqu'à concurrence de la plus-value.

Je pense que les ouvriers de l'héritier lui-même, qui auront conservé leur privilége pour les travaux effectués sur les biens héréditaires après le décès, doivent aussi primer les créanciers du défunt inscrits suivant l'art. 2111. Ils doivent même primer tous les créanciers hypothécaires antérieurs, et bien plus, le vendeur lui-même ; le tout bien entendu jusqu'à concurrence de la plus-value. En effet, la plus-value résultant des travaux, est considérée par le Code, comme une véritable vente. Cette plus-value n'est pas un actif de la succession ; ce qui écarte les créanciers de l'art. 2111. Elle n'est pas non plus une chose transmise par le vendeur non payé ; elle n'est dans le domaine de l'héritier que moins le privilége des ouvriers. C'est une chose détachée de l'immeuble, sur laquelle il n'y a pas à proprement parler concours des créanciers. Il n'y aura concours que quand les ouvriers seront payés jusqu'à concurrence du privilége que la loi leur accorde (art. 2110).

453. — Que décider dans le cas où le défunt aurait constitué une hypothèque sur ses immeubles et serait mort avant l'apparition de l'inscription sur les registres du conservateur? Les créanciers chirographaires de la succession primeront-ils, en s'inscrivant aux termes de l'art. 2111, le créancier du défunt qui n'a rendu son hypothèque publique qu'après le décès?

Cette question, au premier coup d'œil, peut paraître délicate dans notre système d'après lequel tous les créanciers du défunt sont privilégiés à charge de s'inscrire dans les six mois du décès.

Dans la doctrine généralement suivie, le créancier hypothécaire du défunt qui ne s'inscrit qu'après le décès, a toujours la préférence sur les créanciers chirographaires de l'art. 2111 du Code civil. Ce résultat est équitable, et je n'hésite pas à penser qu'il doit être suivi dans le régime individuel de la séparation des patrimoines, à charge cependant par le créancier hypothécaire d'inscrire, dans les six mois du décès, l'hypothèque conventionnelle ou judiciaire qu'il a obtenue contre le défunt.

Cependant on veut à toute force que notre système exige une solution contraire, et on tire de là un argument pour repousser notre principe fondamental.

« Attendu, dit la cour de Grenoble (dans un arrêt
« du 21 juin 1841 (1), très-remarquablement mo-
« tivé, quoique nous considérions les doctrines de

____

(1) *Palais*, t. Ier, 1843, p. 40.

« cet arrêt comme entièrement fausses), que si on
« admettait qu'à partir du décès, tous les créanciers
« chirographaires du défunt deviennent créanciers
« privilégiés les uns vis-à-vis des autres, à charge
« d'inscription dans les six mois, l'on arriverait à
« cette conséquence que le créancier du défunt qui
« aurait obtenu sur ses biens, quelques jours avant
« sa mort, une hypothèque judiciaire ou conven-
« tionnelle qu'il n'aurait fait inscrire que le lende-
« main du décès, et qui aurait omis de faire inscrire
« son droit de séparation en temps utile, serait pri-
« mé par le créancier chirographaire du défunt qui
« se serait conformé à l'art. 2111, et que lors même
« qu'il aurait fait inscrire tout à la fois son hypo-
« thèque et son privilége, il ne viendrait néan-
« moins qu'en concours avec le créancier cédulaire
« inscrit dans les six mois : ce qui serait contraire à
« toutes les règles du droit et de l'équité, et consti-
« tuerait une violation flagrante des conventions des
« parties et de la foi due aux contrats. »

454. — Raisonnons un instant dans cette hypothèse, et voyons si d'autres raisons ne nous condui-
raient pas au résultat que repousse la cour de Grenoble, et que nous repoussons également, ainsi
qu'on le verra plus bas. Les partisans de ce système
pourraient ajouter :

« Mettons l'équité de côté, elle n'a rien à faire ici

« où tout le monde combat pour éviter de perdre, et
« où personne ne combat pour faire un gain. Le droit
« commun? C'est que tous les créanciers doivent
« venir en concurrence. L'exception ? C'est le droit
« réel. Mais, pour jouir d'un droit réel, il faut avoir
« rempli les formalités nécessaires pour lui donner
« une existence utile. Maintenant, quelle est la po-
« sition du créancier qui a stipulé une hypothèque
« du vivant de son débiteur, et qui ne l'a inscrite
« qu'après la transmission par décès? C'est, peut-
« on dire, celle d'un créancier qui, au moment de la
« transmission, n'avait encore, au regard des tiers,
« aucun droit hypothécaire ; car la constitution d'hy-
« pothèque sans le complément de l'inscription n'est
« rien. Le droit sur la chose ne se réalise que par
« l'inscription, sauf les cas où l'inscription n'est pas
« nécessaire. Cela est incontestable dans un régime
« de publicité comme le nôtre. Or, tant que le droit
« concédé par l'acte constitutif n'est pas rendu pu-
« blic, un autre créancier pourrait primer le retar-
« dataire en s'inscrivant avant lui, même en vertu
« d'une convention postérieure à la sienne. Eh
« bien, s'il en est ainsi, pourquoi donc la loi,
« à une époque où aucun droit réel n'est encore
« acquis au créancier de notre espèce, ne pourrait-
« elle pas faire, par la création d'un privilége à cer-
« taines conditions, ce que le débiteur lui-même au-

« rait pu faire de son vivant avec le concours d'un
« créancier diligent? Mais il existe une foule de cas
« où les choses se passent ainsi, c'est ce qui a lieu
« toutes les fois qu'il s'agit d'hypothèques légales,
« sans, pour cela, que l'on s'exclame sur la violation
« de la foi due aux contrats!... En effet, Paul con-
« stitue une hypothèque à Pierre pour sûreté d'un
« prêt, le 1er janvier. Pierre s'inscrit le **3** du
« même mois ; mais, dans le temps intermédiaire
« Paul s'est marié. Il est bien évident que l'hypo-
« thèque légale de la femme datant du jour du ma-
« riage primera l'hypothèque de Pierre. Pourquoi
« cela? C'est parce que la loi, qui trouve au moment
« du mariage les biens de Paul encore libres de
« toute hypothèque réalisée sur les registres du con-
« servateur, peut, sans froisser les droits acquis,
« puisqu'il n'y en a encore aucuns, les grever d'un
« droit réel au profit de la femme, et lui donner la
« préférence sur le créancier retardataire. Eh bien,
« il en est de même en matière de séparation des
« patrimoines. Au moment du décès, les biens du
« défunt ne sont encore grevés d'aucun droit réel,
« au profit du créancier de notre espèce. La loi s'en
« empare et dit : *tous seront privilégiés à condition*
« *de s'inscrire dans les six mois du décès* (art. **2111**).
« Et par là, elle établit que le privilége remontera
« au jour de la transmission, c'est-à-dire, au jour

« même du décès, par conséquent à une époque où
« le créancier non inscrit n'avait encore aucun droit
« acquis au regard des tiers.

« Si de l'hypothèque de la femme on passe à
« l'hypothèque du mineur, on arrive aux mêmes
« conséquences. Or, ce que la loi a fait pour les hy-
« pothèquès légales, *a fortiori* a-t-elle dû le faire
« pour les priviléges qu'elle a créés (art. **2111**),
« puisque le privilége n'est en définitive, qu'une
« hypothèque légale privilégiée. »

On peut ajouter : « Il y a ici une lacune dans la
« loi. Il aurait fallu fixer un délai de **15** jours, par
« exemple, à partir du décès, comme au cas de la
« transcription de l'art. **834** du Code de procédure,
« afin de donner au créancier de notre espèce le
« temps d'inscrire son hypothèque. Cette hypo-
« thèque, par une fiction, aurait été censée rendue
« publique avant la transmission par décès, et, de
« cette manière, aurait primé les créanciers cédu-
« laires inscrits suivant l'art. **2111**. Sans doute les
« idées ne se sont pas portées sur cette espèce fort
« rare. Le Code civil ne contenait même aucune dis-
« position pour le cas où le débiteur vendait incon-
« tinent après la constitution d'hypothèque, l'im-
« meuble susceptible d'être appréhendé par l'in-
« scription du créancier encore non inscrit : en sorte
« que la simple vente purgeait le droit réel, non

« révélé sur les registres du conservateur (1). Le
« législateur avait pensé que le créancier avait à
« s'imputer d'avoir contracté avec un débiteur
« d'aussi mauvaise foi.

« C'est pour remédier à cet inconvénient que l'ar-
« ticle 834 du Code de procédure a permis la prise
« d'inscription jusqu'à la transcription de l'acheteur
« et 15 jours au delà. Notre législateur aurait dû en
« faire autant pour la transmission par décès, dès
« qu'il assurait le payement des créanciers du dé-
« funt par le régime hypothécaire ; cela n'aurait pas
« empêché de conserver le délai de 6 mois fixé par
« l'art. 2111. Mais én l'absence de textes, on reste
« dans la règle générale d'après laquelle tous
« les créanciers deviennent privilégiés à charge
« d'inscriptions dans les six mois du décès. Par con-
« séquent le créancier du défunt qui a stipulé une
« hypothèque, et qui n'a pas inscrit cette hy-
« pothèque avant le décès, doit subir le sort com-
« mun. Il lui reste la séparation des patrimoines ;
« mais alors il viendra en concurrence avec tous les
« créanciers inscrits dans les six mois de l'art. 2111.

---

(1) Je raisonne ici, suivant une opinion qui n'est pas la mienne ;
car, d'après ma manière de voir, la transcription étant nécessaire
pour transporter la propriété à l'égard des tiers, les créanciers du
vendeur pouvaient s'inscrire jusqu'à la transcription : l'immeuble,
malgré la convention, étant réputé rester toujours dans les mains
de leur débiteur, jusqu'à l'accomplissement de cette formalité.

« S'il y a quelque inconvénient dans cette manière de
« voir, il est facile de suppléer à l'imprévoyance du
« législateur. Le créancier peut stipuler que les
« fonds seront remis à l'emprunteur après la prise
« d'inscription, ou après les six mois de l'art. 2111,
« en cas de décès avant cette prise d'inscription.
« Le contrat serait alors subordonné à une condi-
« tion négative, *s'il ne survient pas d'inscription.* De
« cette manière, le créancier de notre espèce au-
« rait toujours la faculté de rompre un contrat dont
« l'exécution ne lui paraîtrait pas suffisamment
« assurée, dans le cas où les garanties promises ne
« pourraient se réaliser. »

Dans ce système, les droits des créanciers du défunt seraient fixés au moment même du décès, et
pendant les six mois suivants. Aucun de ceux qui
sont tenus de s'inscrire, ne pourrait acquérir une
cause de préférence au préjudice des autres (*Voyez*
cassation, 19 février 1818).

455. — Cette manière de raisonner peut séduire
au premier coup d'œil, mais elle n'est que spécieuse,
et la cour de Grenoble s'est donné le plaisir de supposer dans notre théorie une solution que notre
théorie repousse.

En effet, le créancier qui a stipulé avant le décès
une hypothèque du défunt, et qui ne l'a inscrite
qu'après le décès, doit primer les créanciers chiro-

graphaires inscrits dans les six mois suivant l'article 2111. Ce créancier se trouve dans la position d'un créancier hypothécaire du vendeur qui ne s'inscrit qu'après la vente consommée (1), c'est-à-dire transcrite suivant la loi, et dans la quinzaine de la transcription. Il est bien évident que ce créancier prime tous les créanciers de l'acheteur, même ceux inscrits avant lui, et par conséquent le vendeur lui-même, qui est un créancier de l'acheteur, quoique le vendeur soit un créancier privilégié, et qu'il ne soit, lui, qu'un créancier hypothécaire. C'est que le créancier hypothécaire d'un vendeur a plus qu'un privilége en ce qui touche le vendeur lui-même et les créanciers de l'acheteur. La propriété a été démembrée à son profit par la constitution d'hypothèque, à charge d'inscription en temps utile. Or, cette propriété n'a pu passer à l'acheteur que moins ce démembrement. Si ensuite cette hypothèque se complète par l'inscription à une époque où il est encore permis de la prendre, le créancier hypothécaire inscrit, même après la transmission, sera considéré comme un créancier hypothécaire du précédent propriétaire. En cette qualité, il primera : 1° le vendeur, son débiteur, qui lui a constitué son hypothèque ; 2° les créanciers chirographaires de ce vendeur qui ne

____

(1) Par la simple convention, d'après le système généralement suivi.

peuvent avoir plus de droits que le vendeur lui-même, et 3° tous les créanciers hypothécaires de l'acheteur, fussent-ils même inscrits avant lui.

Ainsi, dans la séparation des patrimoines, qu'est-ce qui est le vendeur? C'est le défunt représenté par la réunion de ses créanciers personnels (1). Ces créanciers, par une fiction, vendent à l'héritier, moyennant la somme de leurs créances contre le *de cujus*, le patrimoine de leur débiteur. Ils retiennent, à charge d'inscription dans les six mois sur la propriété transmise, le démembrement appelé privilége pour assurer leur payement. Voilà la condition commune. Mais si parmi eux se trouvent des créanciers qui ont des causes de préférence particulières, ces créanciers ont deux qualités : l'une commune à tous et l'autre qui leur est propre. Leur qualité commune n'exclut pas leur qualité propre ; et si cette qualité propre se révèle à une époque où la loi permet qu'elle se révèle, ils ont plus que leurs cocréanciers, puisqu'ils ont : 1° une hypothèque particulière, et 2° le privilége commun. Or, cette hypothèque émane du précédent propriétaire, et nous savons que le créancier hypothécaire du précédent propriétaire prime toujours ce propriétaire, s'il vient

____

(1) Les créanciers hypothécaires en font partie, abstraction faite de leur hypothèque ; mais peu importe, ils ont deux qualités qui ne s'excluent pas.

à vendre sa propriété, encore bien que cette qualité de vendeur lui donne un privilége, et cela à quelque époque que s'inscrive le créancier hypothécaire, pourvu que ce soit en temps utile (1). En un mot, il se passe ici ce qui a lieu sous l'art. 834 du Code de procédure, lorsque les créanciers hypothécaires du vendeur ne s'inscrivent qu'à une époque postérieure à la transmission résultant de la transcription (2), et lorsque leurs inscriptions sont faites avant l'expiration de la quinzaine de cette transcription.

456. — Mais si cette solution est juridique, comme je le pense (car je ne comprendrais pas que le créancier hypothécaire, même inscrit après le décès, et qui n'aurait pas fait l'inscription du privilége de l'art. 2111, ne l'emportât pas sur les créanciers chirographaires et surtout sur les légataires qui s'inscriraient au vœu de cet article), nous arrivons à une complication bien extraordinaire au regard des créanciers de l'héritier. Je m'explique par un exemple : Primus prête à Pierre 10,000 francs le 1er janvier, et pour sûreté de sa créance, il stipule

----

(1) Je ne veux pas dire par là que les créanciers cédulaires ne peuvent pas exercer le privilége de leur débiteur-vendeur, en vertu de l'art. 1166. Ce n'est pas alors leur propre droit réel qu'ils mettent en exercice, ils n'en ont pas. Ils font valoir les droits d'un autre, et ils se partagent sa collocation par un sous-ordre : ce qui est différent du cas que j'examine.

(2) Suivant l'opinion commune, de la convention.

une hypothèque de son débiteur sur les immeubles lui appartenant. Pierre meurt le même jour, laissant pour héritier Paul, lequel a des créanciers hypothécaires par suite de jugements antérieurs au décès, et qui ont pris inscription sur les biens présents et à venir de leur débiteur. Les immeubles du défunt, tombant au décès dans le domaine de Paul, ont été atteints par l'hypothèque judiciaire à l'instant même de ce décès. Primus fait toutes les diligences possibles, et il s'inscrit le lendemain du décès en vertu du contrat de prêt souscrit par le défunt. Mais se croyant suffisamment en sûreté, il laisse passer les six mois de l'art. 2111, sans revendiquer par une inscription particulière le privilége que cet article lui donne comme à tout autre créancier de la succession. *Quid juris?* Les créanciers de l'héritier inscrits avant lui le primeront-ils ?

La raison de douter est, que Primus n'a pas revendiqué le privilége qu'il eût pu acquérir en se conformant à l'art. 2111, d'où suit qu'on peut dire qu'il n'est qu'un créancier hypothécaire devenu créancier de l'héritier continuant le défunt, et qu'il ne doit venir, par conséquent, qu'à la date de son inscription (art. 2134), laquelle est nécessairement primée par les créanciers de l'héritier, inscrits ou censés inscrits le jour même de la transmission...

Mais la réponse est que Primus est un créancier hypothécaire du précédent propriétaire, que par conséquent il doit l'emporter sur tous les créanciers de celui auquel la propriété est transmise, encore que ces créanciers soient inscrits avant lui. Cette solution est la conséquence de la fiction d'après laquelle la réunion des créanciers du défunt, considérée comme propriétaire du patrimoine du *de cujus,* vend ce patrimoine à l'héritier dans l'état où il se trouve, c'est-à-dire avec tous les démembrements qui l'affectent. Les immeubles ne se trouvant au moment du décès dans le domaine du défunt, que moins le droit réel concédé au créancier hypothécaire, la réunion des créanciers, en les transmettant à l'héritier, n'a pu les transmettre qu'avec ce démembrement; et par conséquent les créanciers de l'acheteur, c'est-à-dire ceux de l'héritier, n'ont pu les appréhender que moins le droit réel qui les affectait du chef du défunt.

C'est ainsi que le créancier hypothécaire du vendeur, qui s'inscrit dans la quinzaine de la transcription, prime les créanciers de l'acheteur, lors même qu'ils seraient inscrits avant lui. Tout cela peut se résumer ainsi : Pendant les six mois qui suivent le décès, les immeubles de la succession sont en quelque sorte séquestrés au profit des créanciers chirographaires du défunt et *a fortiori* au profit de ses créanciers hypothécaires, afin que tous ces créanciers aient le temps de régulariser leurs positions respectives, les uns par l'inscription de leurs hypothèques, et les autres par l'inscription du privilége de l'article 2111 : de même que la propriété réside encore sur la tête du vendeur, au regard de ses créanciers hypothécaires non inscrits avant la transmission, jusqu'après la quinzaine de la transcription, afin que ces créanciers puissent utilement s'inscrire sur l'immeuble vendu.

Veut-on une preuve du bien-fondé de cette décision ? introduisons dans notre espèce un légataire qui s'est inscrit dans les six mois du décès en vertu de l'art. 2111.

Ce légataire l'emportera-t-il sur les créanciers de l'héritier, quoique inscrits avant lui ? cela ne fait pas question. L'art. 2111 lui donne un privilége qui le protége contre tous les créanciers de l'héritier, quels qu'ils soient.

Maintenant Primus, créancier hypothécaire du défunt, inscrit après le décès, l'emportera-t-il sur le légataire ? D'après ce que nous avons dit plus haut, il doit l'emporter sur lui, le défunt n'ayant pu d'ailleurs être libéral avant d'être libéré.

Eh bien , si le légataire l'emporte sur les créanciers de l'héritier, et si le même légataire est primé par le créancier hypothécaire du défunt, *a fortiori* le créancier hypothécaire du défunt l'emportera-t-il sur les créanciers de l'héritier, quoique inscrits avant lui.

Cela me conduit à dire que l'inscription faite après le décès par un créancier hypothécaire du défunt, vaut tout à la fois inscription du droit hypothécaire résultant de son titre, et inscription du privilége de l'art. 2111, en ce qui touche, bien entendu, l'immeuble grevé par l'inscription. A quoi bon, en effet, exiger une double inscription du créancier hypothécaire du défunt, quand les inscriptions renferment les mêmes éléments ? A quoi bon exiger une inscription de privilége de la part de celui qui a plus qu'un privilége, de celui qui, par un droit qui lui est propre, l'emporte sur les créanciers et les légataires privilégiés de l'art. 2111 ? Pour repousser les créanciers de l'héritier inscrits avant lui, dira-t-on? Mais puisqu'il l'emporte sur des créanciers ou légataires du défunt qui l'emportent sur les créanciers de l'héritier, *a fortiori* doit-il l'emporter sur ces derniers. Quand la loi ne permet pas aux créanciers de l'héritier, pendant six mois à compter du décès, de grever utilement les biens du défunt, au préjudice des créanciers même chirographaires de la succession, à plus forte raison ne le permet-elle pas au préjudice d'un créancier hypothécaire, qui prime les créanciers cédulaires et les légataires.

Maintenant, retranchez le légataire, dont la présence ne peut pas donner au créancier hypothécaire du défunt un droit qui ne lui appartiendrait pas, et il vous reste le créancier hypothécaire du défunt, qui prime les créanciers de l'héritier quoique inscrits avant lui.

457. — Mais quelle sera l'époque à laquelle le créancier hypothécaire du défunt devra être inscrit, pour jouir des avantages attachés à son hypothèque privilégiée ?

Je dis hypothèque privilégiée ; car cette hypothèque est un véritable privilége, au regard des créanciers chirographaires du défunt, inscrits dans les six mois, et au regard des créanciers hypothécaires de l'héritier.

La loi est muette sur ce point. Il y a ici une lacune à combler. Il faudrait généraliser l'art. **2111**, et imposer aux créanciers hypothécaires du défunt non inscrits avant le décès, l'obligation de s'inscrire, dans les six mois, comme les créanciers cédulaires.

Toutefois, je pense que si la loi ne s'est pas expliquée formellement à cet égard, l'esprit du système conduit à dire que, pour que le créancier hypothécaire du défunt conserve son hypothèque qui est sous certains rapports un véritable privilége, il doit l'inscrire dans les six mois du décès, et que s'il ne l'inscrit qu'après ces six mois, il dégénérera en simple créancier hypothécaire, désormais assimilé aux créanciers hypothécaires de l'héritier (art. **2113**).

En effet, si pendant les six mois qui suivent le décès, les biens immeubles provenant du défunt, sont réputés être sous la main des créanciers héréditaires qui peuvent les appréhender par des inscriptions suivant leurs qualités respectives, cela n'est plus vrai après l'expiration des six mois. La propriété transmise au décès, moins le droit de libre disposition au préjudice des créanciers de la succession pendant six mois, réside après ces six mois sur la tête de l'héritier avec toutes ses conséquences. L'héritier alors est le maître souverain de la chose ; ses créanciers personnels ont pu l'appréhender avec effet, au préjudice des créanciers du défunt non inscrits dans les six mois ; et par suite les créanciers de l'héritier qui ont inscrit leurs hypothèques judiciaires et même conventionnelles, avant les créanciers du défunt, doivent l'emporter sur ceux des créanciers de la succession, qui n'ont pas profité du délai de faveur pendant lequel la propriété était séquestrée à leur profit. Les créanciers du défunt deviennent alors de véritables créanciers hypothécaires de l'héritier, désormais régis par la règle, *prior tempore potior jure* (art. **2111** *in fine,* et **2113**).

458. — Je ne me dissimule pas les objections de textes qu'on peut faire à cette manière de voir. Je sais bien que l'art. 2111 semble ne s'appliquer qu'aux créanciers qui inscrivent le bénéfice de séparation individuelle, et qu'en l'appliquant aux créanciers hypothécaires non inscrits avant le décès, et qui s'inscrivent ensuite sans revendiquer le privilége commun, notre interprétation peut paraître hasardée.

Mais si, comme il n'y a pas à en douter, la loi est incomplète, il faut bien y suppléer par une analogie. Or, les motifs tirés des besoins de la publicité , pour imposer aux créanciers hypothécaires du défunt non inscrits au moment du décès, l'obligation de faire apparaître leurs inscriptions dans le délai de l'art. 2111, sont les mêmes que ceux qui imposent cette obligation aux créanciers cédulaires et aux légataires du défunt. Il faut donc leur appliquer le même article, et décider qu'ils seront tenus de s'inscrire dans les six mois du décès, sous peine de voir leur hypothèque privilégiée émanant du défunt, dégénérer en simple hypothèque assimilée aux autres hypothèques consenties par l'héritier.

459.—Si on n'adopte pas cette manière de voir, qu'arrivera-t-il? on se trouvera entre deux systèmes, dont l'un conduit à une véritable absurdité, et dont l'autre anéantit le principe de la publicité.

En effet, ou le créancier hypothécaire du défunt, inscrit le lendemain du décès, et qui ne revendique pas le privilége de l'art. 2111, en prenant une inscription particulière pour lui assurer le privilége de cet article, est un simple créancier hypothécaire régi par la règle *prior tempore potior jure*, et alors il est primé par les créanciers hypothécaires de l'héritier, inscrits avant lui, tels que les créanciers judiciaires dont les inscriptions, sur les biens présents et à venir de l'héritier sont antérieures au décès. Cela est évident. Mais s'il est primé par les créanciers de l'héritier inscrits avant lui, *a fortiori* sera-t-il primé par les créanciers chirographaires et les légataires du défunt, inscrits même après lui, pourvu que ce soit dans les six mois du décès, puisque ces créanciers et légataires l'emportent, aux termes de l'art. 2111, sur les créanciers de l'héritier quels qu'ils soient, lesquels l'emportent sur lui : *si vinco vincentem te, a fortiori te vincam*. En sorte que le légataire du défunt, inscrit dans les six mois du décès, l'emporterait sur un créancier hypothécaire du défunt inscrit avant lui !...

Il est impossible que la loi ait voulu un résultat aussi déraisonnable. Dans ce système, la maxime *nemo liberalis nisi liberatus* devrait se traduire par celle-ci : *nemo liberatus nisi liberalis, liberalis sed non liberatus ! !...* L'absurdité d'une pareille doctrine est donc démontrée.

Ou bien, l'hypothèque du créancier de notre espèce, comme émanant du précédent propriétaire fictivement considéré comme vendeur, est, ainsi que

je le pense, une hypothèque privilégiée, au regard
des créanciers cédulaires du défunt, inscrits dans les
six mois, et *a fortiori* au regard des créanciers de
l'acheteur, c'est-à-dire des créanciers de l'héritier,
inscrits même avant le créancier hypothécaire du
défunt ; et alors il faut nécessairement fixer un délai dans lequel doit se produire cette inscription
d'hypothèque privilégiée émanée du précédent propriétaire. Car, si l'on ne fixe aucun délai pour que
cette inscription apparaisse, elle pourra se produire
utilement encore et avec toutes ses prérogatives spéciales, jusqu'à la transcription de la vente consentie
par l'héritier, et quinze jours au delà, suivant l'article 834 du Code de procédure.

Rendue publique, à cette époque, cette hypothèque privilégiée aura pour effet de primer les créanciers cédulaires du défunt, et les légataires inscrits
dans les six mois suivant l'art. 2111, par conséquent, et à plus forte raison, les créanciers de l'héritier inscrits peut-être le jour même du décès : en
sorte que les créanciers de l'héritier seraient primés
par l'hypothèque d'un créancier du défunt qu'ils
n'auraient pu connaître, et qui surgirait trente ans
après la transmission par décès !... Un système
comme celui-là fait évidemment tomber le principe
de la publicité. Les créanciers de l'héritier, en contractant avec leur débiteur, ont bien su, par l'ar-

ticle **2111**, qu'ils seraient primés sur les biens de
la succession, par les créanciers du défunt précédent propriétaire qui s'inscriraient dans les six mois
du décès : c'était là un résultat connu à l'avance,
et ils ont dû prendre leurs précautions en conséquence ; mais permettre au créancier hypothécaire
du défunt, non inscrit au moment du décès, de se
faire connaître avec toutes les prérogatives attachées
à son origine, trente ans après le décès, c'est dire
aux créanciers cédulaires du défunt inscrits dans les
six mois :

« Vous avez acquis un privilége sur les biens de
« la succession ; cela est vrai, mais ce privilége n'as-
« surera pas le payement de vos créances. Un créan-
« cier hypothécaire du défunt aura eu le droit de tenir
« son hypothèque *secrète* pendant trente ans, et s'il
« s'inscrit un jour, il rendra votre privilége sans
« valeur. »

C'est dire aux créanciers de l'héritier :

« Toutes vos précautions sont inutiles. En vain
« vous aurez pris inscription sur les biens du défunt
« tombés dans le domaine de votre débiteur ; en
« vain vous aurez vu le délai de six mois s'écouler
« sans l'apparition d'inscriptions du chef du défunt ;
« ou si quelques inscriptions se sont révélées, en vain
« vous en aurez fait le total pour apprécier votre
« position, et rassurés par vos calculs, vous vous

« serez crus en sûreté et n'aurez pas demandé à
« l'héritier des garanties qui paraissaient en effet
« inutiles..... Eh bien, tout cela n'était qu'une il-
« lusion : il pourra surgir, jusqu'à la quinzaine de
« la transcription de la vente consentie par l'héri-
« tier, des créanciers hypothécaires du défunt qui
« l'emporteront sur vous ! sur vous dont les inscrip-
« tions sont antérieures de trente ans à celles de vos
« adversaires !... »

Évidemment, une pareille doctrine anéantit complétement le principe fondamental des priviléges et
hypothèques, c'est-à-dire le principe de la publicité.
Il faut donc avant tout le sauver. Eh bien, pour le
sauver, il n'y a qu'un moyen : c'est de rendre l'article 2111 applicable aux créanciers hypothécaires
du défunt, et de les obliger à s'inscrire dans les six
mois du décès, sous peine de dégénérer en simples
créanciers hypothécaires de l'héritier, suivant la fin
de l'art. 2111 combinée avec l'art. 2113.

Et si telle n'est pas la lettre de la loi, tel est
assurément son esprit, d'après lequel le délai de
six mois de l'art. 2111 est un appel fait à tous les
créanciers du défunt qui veulent primer les créanciers de l'héritier quels qu'ils soient.

460. — Avant de quitter cette question dont la
solution a de graves conséquences, examinons les
objections qu'on peut faire à notre manière de

voir. Et d'abord , on peut dire que l'inconvénient que nous venons de signaler au numéro précédent, se rencontre dans les transmissions à titre onéreux, puisque, aux termes de l'art. 834 du Code de procédure, les créanciers hypothécaires du vendeur peuvent toujours s'inscrire dans la quinzaine de la transcription et primer ainsi les inscriptions même antérieures des créanciers de l'acheteur ; que, par conséquent, l'inconvénient signalé subsistant dans la loi aux cas de mutations successives à titre onéreux, il faut également le subir dans la transmission par décès : le législateur, par les art. 2111 et 2113, ayant réglé les droits des créanciers du défunt et des créanciers de l'héritier, comme ceux des créanciers d'un vendeur et d'un acheteur.

Mais la réponse est que les créanciers de l'acheteur ont, pour parer à l'inconvénient des hypothèques qui les priment en se révélant dans la quinzaine de la transcription du chef du vendeur, un moyen que n'ont pas les créanciers de l'héritier, au regard des créanciers hypothécaires du défunt qu'on autoriserait à s'inscrire, après les six mois du décès, avec toutes les prérogatives attachées à leur origine.

Je m'explique.

Les créanciers hypothécaires du vendeur l'emportent toujours sur les créanciers de l'acheteur, quoique inscrits avant eux, pourvu, bien entendu ,

que les inscriptions du chef du vendeur se révèlen
en temps utile, c'est-à-dire dans la quinzaine de la
transcription (1).

Pourquoi cela ? C'est parce que, jusqu'à la quinzaine de la transcription, la propriété de l'immeuble vendu est réputée exister encore dans les mains
du vendeur au regard de ses créanciers hypothécaires antérieurs à la transmission résultant de la
transcription ou de la convention, suivant les différents systèmes ; c'est parce que la propriété n'a pas
été transportée par la convention seule *erga omnes :*
elle n'est dans le domaine de l'acheteur que moins
le droit réservé aux créanciers hypothécaires du
vendeur de l'appréhender par l'inscription dans un
délai déterminé, et cet acheteur ne peut pas trans-
férer à ses ayants cause, à ses propres créanciers, un
droit qui ne lui appartient pas, c'est-à-dire le droit de
mettre à néant la réserve faite par le premier vendeur
ou par la loi au profit des créanciers hypothécaires
non encore inscrits au moment de la convention.

De là cette conséquence que dans un ordre qui
embrasse plusieurs mutations, il y a autant d'ordres distincts et de classes diverses de créanciers

----

(1) Cette proposition, contestée par M. Troplong (*Hypothèques,*
n° 883), me paraît à l'abri de toute controverse, même dans le système de la transmission par la convention, en présence de l'article 834 du Code de procédure.

qu'il y a eu de mutations. Chaque mutation a sa liquidation particulière avec ses créanciers particuliers qui ont exclusivement le droit d'y prendre part jusqu'à ce qu'ils soient désintéressés.

Mais pour venir prendre part à chacune des liquidations qui les concernent, il faut que les créanciers hypothécaires des vendeurs successifs s'inscrivent dans un certain délai qui est la quinzaine de la transcription. La transcription de quoi? la transcription de chacune des mutations qui les concernent, cela est évident, au moins en principe. Qu'on décide que la transcription du dernier acheteur, qui relate les contrats antérieurs, suffit pour faire courir le délai de quinzaine à l'égard non-seulement des créanciers hypothécaires de son vendeur immédiat non inscrits avant la vente, mais encore à l'égard des créanciers hypothécaires des précédents propriétaires qui se trouvent dans la même position, c'est là une dérogation aux principes du système hypothécaire que la jurisprudence peut sanctionner pour éviter des frais, et que la science peut jusqu'à un certain point accepter en grondant (1); mais alors la transcription du dernier acheteur est nécessairement *complexe*, et elle conserve les droits et le rang de ceux qui s'inscrivent dans la quinzaine sui-

______

(1) Pour mon propre compte, je ne l'admets pas (*Voy.* ci-dessus, nᵒˢ 158 et suiv.).

vante, tout aussi bien que si chaque mutation avait été transcrite.

Cela posé, il est évident que dans le cas de trois mutations successives, dont la dernière seule a été transcrite, le créancier hypothécaire du premier vendeur qui s'inscrit dans la quinzaine de cette transcription, l'emporte sur les créanciers des deux acheteurs, quoique inscrits avant lui. Il est évident également, par les mêmes raisons, que les créanciers hypothécaires du second vendeur l'emporteront sur les créanciers de son acheteur quoique inscrits avant eux, et cela se continuera ainsi de mutations en mutations, pourvu que les créanciers des différents vendeurs s'inscrivent au plus tard dans la quinzaine des différentes transcriptions, ou de la transcription complexe d'un dernier acheteur, laquelle vaut transcription de tous les contrats précédents, suivant la cour suprême.

Ce système est certainement celui de l'art. **834** du Code de procédure.

Mais alors, si les créanciers des derniers acheteurs se trouvent primés par les créanciers du premier vendeur quoique inscrits après eux, le principe de la publicité reçoit du système de la loi une atteinte des plus graves, et l'inconvénient que nous avons signalé plus haut dans le cas où l'on permettrait au créancier hypothécaire du défunt de s'in-

scrire comme créancier hypothécaire d'un précédent
propriétaire après les six mois du décès et jusqu'à
la transcription de la vente faite par l'héritier, se
rencontre aussi dans les mutations à titre onéreux :
d'où suit qu'il faut subir cet inconvénient et décider
que le créancier hypothécaire du défunt, qui s'inscrit dans la quinzaine de la transcription, doit l'emporter sur les créanciers cédulaires inscrits dans
les six mois, et *a fortiori,* sur tous les créanciers
de l'héritier même inscrits avant lui : le défunt
étant assimilé à un vendeur et l'héritier étant assimilé à un acheteur pour le règlement des droits respectifs de leurs créanciers particuliers.

La réponse est que les créanciers des acheteurs
successifs ont un moyen de faire apparaître forcément les inscriptions des hypothèques véritablement
privilégiées à leur égard qui émanent des précédents
propriétaires, tandis que les créanciers de l'héritier
n'ont aucun moyen de provoquer la mise au jour
des hypothèques consenties par le défunt. En effet,
les créanciers des acheteurs successifs ont dû, en
contractant avec leurs débiteurs, n'accepter en
gage de leurs créances, que des immeubles dont les
mutations successives ont été transcrites. S'ils sont
primés par les créanciers hypothécaires des précédents propriétaires, qui peuvent se faire connaître
jusqu'à la transcription de la dernière aliénation,

dans le cas où les ventes précédentes n'ont pas été transcrites (1), c'est qu'ils n'ont pas pris toutes les précautions que la loi mettait à leur disposition. Ils ont une faute à se reprocher : ils ont dû exiger la représentation des transcriptions successives, ou faire transcrire tous les contrats avant de prêter leurs fonds ; s'ils ne l'ont pas fait, tant pis pour eux. Dès lors la plus rigoureuse équité ne peut s'alarmer d'un résultat qu'ils auraient pu prévenir. Tandis que, si l'on permet au créancier hypothécaire du défunt non inscrit au moment du décès, de s'inscrire utilement après les six mois de l'art. 2111, et de primer les créanciers de l'héritier inscrits avant lui, la publicité est perdue sans retour, et cela, sans que les créanciers de l'héritier puissent parer le coup qui les menace, par l'accomplissement d'une formalité équivalant à une transcription, ou à tout autre moyen public qui provoquerait nécessairement la mise au jour des hypothèques consenties par le défunt. Il faut donc en revenir à notre décision, et voir dans le délai de six mois de l'art. 2111, une mise en demeure de s'inscrire, suivant leurs qualités respectives, notifiée par la loi à tous les

____

(1) Je raisonne ici dans le sens des idées généralement admises, car avec notre système, qui exige comme condition des aliénations la transcription de tous les contrats, toutes ces difficultés ne peuvent pas se présenter.

créanciers hypothécaires et chirographaires, et aux
légataires dont les droits ont pris naissance dans la
personne et par le fait du défunt. L'art. 2111 est
pour la transmission par décès, en ce qui concerne
ceux des créanciers du défunt qui sont obligés de
s'inscrire, ce qu'est aujourd'hui l'art. 834 du Code
de procédure pour les transmissions à titre onéreux.
Une différence est toutefois à signaler : c'est que,
si les créanciers hypothécaires des précédents vendeurs ne peuvent plus, après la quinzaine de cette
transcription, s'inscrire sur des immeubles appartenant désormais à des étrangers pour eux, il n'en
peut être de même à l'égard des créanciers du défunt, qui ont l'héritier pour obligé. En conséquence,
la loi, en mémoire de leur origine, leur réserve,
sur les biens provenant du défunt, une hypothèque
désormais régie par la règle *prior tempore potior
jure* (art. 2113 et 2111 *in fine*).

Au surplus, qu'on adopte ou qu'on rejette notre
opinion sur cette question délicate, on ne pourra
s'empêcher de reconnaître qu'il serait bien utile,
lors de la révision de la loi, d'étendre l'application de
l'art. 2111 à tous les créanciers hypothécaires du défunt non inscrits avant l'ouverture de la succession,
ou mieux encore, leur donner un délai particulier de
quinzaine, par exemple, parce qu'ici les six mois
sont inutiles, pour faire apparaître leurs inscriptions

qui seront alors censées prises avant le décès. De cette manière, le créancier du défunt qui a stipulé une hypothèque de son débiteur qui meurt subitement, ne sera pas exposé à se voir primé par des créanciers de l'héritier inscrits avant lui, comme quelques interprètes le décident, ou à avoir un procès avec les créanciers cédulaires de la succession inscrits suivant l'art. 2111. Lorsque je contracte avec un homme solvable, qui vient à mourir le jour même du contrat, la loi doit me donner un moyen particulier, distinct du moyen général (art. 2111), pour réaliser utilement l'hypothèque qui m'est concédée, et je ne dois pas avoir à redouter les créanciers judiciaires ou ayant hypothèque légale du chef de l'héritier. En un mot, il faut appliquer aux transmissions par décès les principes des transmissions entre-vifs. Les raisons sont en effet les mêmes, il y a lacune dans la loi, et voilà tout (1).

B. — DEUXIÈME HYPOTHÈSE.

461. — Deux créanciers du défunt ont laissé les six mois du décès s'écouler sans avoir pris inscrip-

______

(1) Que le lecteur réfléchisse profondément sur ces matières, et il arrivera à notre système. Il est le seul qui concilie tous les intérêts. Je n'ai pas sans doute l'outrecuidance de vouloir mettre la lumière à la place du chaos; mais l'avenir m'apprendra si j'ai mis le doigt sur la véritable difficulté de la matière que je viens de traiter. *Voy.* M. Blondeau (Traité de la séparation des patrimoines, p. 491, *in nota*).

tion suivant l'art. 2111, mais après ces six mois, et alors que les immeubles héréditaires existaient ou étaient réputés exister encore dans les mains de l'héritier, ils se sont inscrits, aux termes de l'art. 2113, à des dates différentes. *Quid juris?* Viendront-ils en concurrence, ou bien chacun ne viendra-t-il qu'à la date de son inscription ?

Dans le système de la cour de Grenoble, et de presque tous les auteurs, les deux créanciers sont maintenus sur le pied de l'égalité. On comprend que si le bénéfice de séparation ne doit pas produire d'effet à l'égard des créanciers du défunt entre eux, la conséquence est que la date des inscriptions est chose tout à fait indifférente. Nous pensons au contraire que le premier inscrit doit avoir la préférence sur le dernier inscrit.

La solution de cette question est écrite en toutes lettres dans l'art. 2113 rapproché de l'art. 2146, et il faut véritablement fermer les yeux à la lumière pour ne pas l'y voir.

En effet, nos créanciers ne sont tous deux que des créanciers hypothécaires régis par la maxime *prior tempore potior jure* (1) : la loi leur fait réserve, en mémoire de leur origine, d'une hypothèque à charge par eux de l'inscrire ; et elle décide que cette hypo-

______

(1) *Voy.* sur ce principe fondamental, l. 10, ff. *qui potior;* l. 2, Cod.; l. 6, 8, 12, § 1, *eod. tit.*

thèque, comme toutes les autres, ne prend rang à l'égard des tiers que par l'inscription. Or, nos deux créanciers ne sont pas apparemment des ayants cause l'un de l'autre. Ils sont au contraire, à l'égard l'un de l'autre, de véritables tiers auxquels les expressions de la loi et son esprit s'appliquent de la manière la plus parfaite. Donc, le premier inscrit l'emporte sur son concurrent inscrit après lui. Ajoutez à cela que l'art. 2146 permet, dans le cas où la succession est acceptée purement et simplement, l'acquisition de droits de préférence entre les créanciers du défunt entre eux (argument *a contrario*).

C. — TROISIÈME HYPOTHÈSE.

462. — De deux créanciers du défunt, l'un s'est inscrit dans les six mois du décès suivant l'article 2111, et l'autre ne s'est inscrit suivant l'article 2113 qu'après l'expiration de ces six mois : *quid juris?* lequel des deux sera préféré? Qu'arriverait-il si un ou plusieurs des créanciers de l'héritier s'inscrivaient aussi sur les biens de la succession, soit pendant les six mois à partir du décès, soit après les six mois, mais avant le créancier du défunt dernier inscrit ?

On pourrait écrire au bas de cette question : *controversio controversionum controversiosissima;* et pourtant rien n'est plus simple dans notre théorie.

En effet, le créancier inscrit dans les six mois a acquis un privilége suivant l'art. 2111. Il n'a pas laissé dégénérer son droit en simple hypothèque suivant l'art. 2113, puisqu'il a répondu à l'appel de la loi. Par conséquent, il doit l'emporter sur son concurrent qui, n'ayant pas eu la même diligence, est descendu au simple rang de créancier hypothécaire; et cela, par la raison que le privilége, c'est-à-dire l'hypothèque privilégiée l'emporte sur la simple hypothèque.

463. — Outre ce motif décisif, veut-on une preuve de la vérité de cette doctrine? prenons l'espèce suivante :

Primus et Secundus sont créanciers de la succession. Primus s'est inscrit dans les six mois du décès, Secundus ne s'est inscrit qu'après ces six mois ; mais avant ce dernier, soit pendant les six mois, soit après les six mois, Tertius, créancier de l'héritier, a également pris inscription sur l'immeuble héréditaire détenté par l'héritier...

Il est bien certain que Primus, créancier de la succession inscrit dans les six mois du décès, l'emportera sur Tertius, créancier de l'héritier (art. 2111 *in fine*). Il n'est pas moins certain que Tertius, inscrit avant Secundus, l'emportera sur lui aux termes de l'art. 2113 combiné avec la fin de l'art. 2111. En sorte que, si le système que nous combattons était vrai, Primus primerait Tertius qui prime Secundus, et Primus ne primerait pas Secundus !... Maintenant, pour revenir à notre système, retranchez de cette espèce Tertius, créancier de l'héritier, dont la présence ne peut évidemment modifier les droits de Primus à l'égard de Secundus; et il vous reste Primus, créancier privilégié, qui doit l'emporter sur Secundus, créancier hypothécaire. Si cela n'est pas évident, il faut renoncer à démontrer quoi que ce soit. Il est donc faux de dire que l'inscription du bénéfice de séparation ne produit pas d'effet vis-à-vis des créanciers héréditaires entre eux.

464. — M. Duranton, qui est l'auteur du procédé ingénieux dont nous avons déjà parlé, maintient néanmoins les deux créanciers sur le pied de l'égalité, sinon en chiffres, au moins dans la pensée. Il objecte que la règle, *si vinco vincentem te a fortiori te vincam*, n'est pas applicable, parce que, dit-il, cette règle ne reçoit d'application que lorsque la cause de préférence d'un premier créancier sur un second, est la même que celle qui fait préférer celui-ci à un troisième. Telle est en effet la doctrine des bons interprètes sur cette règle (1).

Mais la réponse est, que c'est là une pure subti-

____

(1) *Voy.* notamment Vinnius, *ad paragr.* 3, *de senatusconsulto Tertylliano.* — *Inst. Just.*, liv. III, tit. III, 2e édit., Elzévirs, p. 529.

lité scolastique , et que, dans tous les cas, la cause qui fait préférer Primus à Tertius, est précisément la même que celle qui doit le faire préférer à Secundus.

En effet, pourquoi Primus l'emporte-t-il sur Tertius, créancier hypothécaire de l'héritier? C'est parce qu'il est lui-même un créancier privilégié de l'*héritier*, à raison de cette circonstance qu'il a commencé par être créancier du défunt, et que Tertius n'est qu'un simple créancier hypothécaire de l'héritier, le débiteur commun. Maintenant, pourquoi Primus l'emporte-t-il sur Secundus? C'est parce qu'il est créancier privilégié, et que Secundus n'est plus qu'un simple créancier hypothécaire, et que tous deux sont créanciers du même individu, de l'héritier, par suite de la saisine. Donc la raison qui donne à Primus la préférence sur l'un, est la même que celle qui lui donne la préférence sur l'autre.

465. — Si l'on admettait cette idée fort simple, qui est la véritable pensée du Code, à savoir : que par les effets de la saisine, tous les créanciers du défunt deviennent des créanciers de l'héritier et se confondent avec ses propres créanciers ; que la seule différence qui existe entre les créanciers est, que les uns peuvent acquérir, en se conformant aux dispositions de la loi (art. **2111**), un privilége sur les

immeubles héréditaires, à cause de leur origine ,
tandis que les autres (les propres créanciers de l'héritier) n'ont pas cette faculté (Code civ., art. 881);
que parmi les créanciers qui ont commencé par
être les créanciers du défunt, une distinction a été
faite, suivant les besoins de la publicité, entre ceux
inscrits dans les six mois, qui se trouvent privilégiés
(art. 2111), et ceux inscrits après les six mois, lesquels, suivant l'art. 2113, sont tombés au simple
rang de créanciers hypothécaires... tout s'explique-
rait de la manière la plus rationnelle et la plus raisonnable. Mais on veut absolument conserver à
la fois l'antique distinction des créanciers du défunt et des créanciers de l'héritier, comme créanciers de deux débiteurs différents, et la saisine !!...
De là, cette confusion épouvantable, et cette multitude de systèmes qui se croisent sur la matière.

466. Car avec ces idées, voici ce qu'on dira pour
repousser la règle, *si vinco vincentem te a fortiori
te vincam* : « Primus et Secundus sont deux créan-
« ciers de la succession. Pourquoi Primus l'emporte-
« t-il sur Tertius ? C'est parce que Tertius est créan-
« cier de l'héritier; donc Primus ne peut pas
« l'emporter sur Secundus, qui comme lui est un
« créancier du défunt, par la même raison qui fait
« qu'il l'emporte sur Tertius : donc la règle n'est
« pas applicable. »

Tandis qu'il faut dire : « Primus, Secundus et Ter-
« tius, sont tous trois créanciers de l'héritier. Pri-
« mus est un créancier privilégié, Secundus, est un
« créancier hypothécaire, Tertius est aussi un créan-
« cier hypothécaire, mais inscrit avant Secundus ;
« donc Primus, créancier privilégié, doit l'emporter
« sur Tertius créancier hypothécaire qui l'emporte
« sur Secundus également créancier hypothécaire ;
« donc Primus *a fortiori* doit l'emporter sur Se-
« cundus. »

467. Voulons-nous raisonner sur cette question
vraiment capitale, suivant un autre ordre d'idées
dans lequel on peut encore se placer pour résoudre
la difficulté? eh bien, soit : et je dirai que l'effort de
M. Duranton et autres qui admettent sa doctrine,
est encore un effort infructueux, parce que, à l'expiration des six mois de l'art. 2111, il s'opère nécessairement un changement dans la position des
créanciers du défunt : changement dont les auteurs
que nous combattons ne tiennent aucun compte.

En effet, à supposer que la distinction des créanciers du défunt et des créanciers de l'héritier existe
encore comme autrefois, pourquoi Primus l'emporte-t-il sur Tertius? c'est parce qu'il a conservé
dans toute son étendue sa qualité de créancier du
défunt en la notifiant au public par sa main-mise
sur les biens héréditaires, c'est-à-dire en s'inscri-

vant dans les délais de la loi, et qu'à cette qualité ainsi notifiée, est attaché un privilége suivant l'article 2111.

Maintenant, comment se fait-il que Tertius, créancier de l'héritier, l'emporte sur Secundus, dont la créance a pris naissance dans la personne du défunt ? Il faut nécessairement qu'il se soit opéré un changement dans la personne de Secundus; car s'il ne s'était opéré aucun changement, s'il était resté ce qu'il était au décès du débiteur, ce qu'il aurait pu continuer d'être en s'inscrivant dans les six mois de l'art. 2111, c'est-à-dire un véritable créancier du défunt, il primerait incontestablement Tertius qui n'est qu'un créancier de l'héritier; et cela, malgré l'inscription antérieure de ce dernier, puisqu'aux termes de l'art. 880, il peut user du bénéfice de séparation, et par conséquent, l'emporter sur tous les créanciers de l'héritier, tant que les biens sont entre les mains du représentant du défunt. Il est donc incontestable qu'il s'est opéré un changement quelconque dans la position de Secundus, qui n'a pas profité du bénéfice de l'art. 2111. Quel peut être ce changement? Avec un peu de réflexion, il est facile de suivre la pensée de la loi. Secundus ne s'est pas inscrit dans les six mois du décès, comme l'art. 2111 lui en faisait un devoir. Il a une négligence à se reprocher ; il n'a pas répondu à l'appel du législateur. Il faut donc le punir. Eh bien! cette punition consistera en ce qu'il ne sera plus un véritable créancier du défunt. Il sera donc désormais assimilé à un créancier de l'héritier. Mais alors il va tomber dans la classe des créanciers cédulaires, si l'on ne vient à son secours. La loi se souvient avec raison de ce qu'il aurait pu être; elle ne veut pas user d'une rigueur excessive à l'égard d'un créancier privilégié qui, peut-être à raison de circonstances indépendantes de sa volonté, n'a pu réaliser à son profit le bénéfice de l'art. 2111. Elle lui offre un dernier refuge dans l'art. 2113. Il ne sera donc pas entièrement déchu des avantages résultant de son premier titre. Seulement, le temps des faveurs n'existe plus; car, d'une part, il faut mettre un terme à tous ces priviléges qui rétroagissent dans le passé (1), et qui, par conséquent, blessent toujours, quelque limitée que soit cette rétroactivité, le principe de la publicité, lequel, de sa nature, ne peut se référer qu'à l'avenir; d'autre part, il faut se hâter, après avoir pourvu aux intérêts des créanciers héréditaires par un délai de faveur, qui n'est qu'une exception à la règle (art. 2106), d'après laquelle les priviléges se produisent au moment même de la mutation, de

____

(1) Art. 2109, 2111.

rentrer dans cette autre règle générale, qui dit que l'héritier qui accepte l'hérédité, prend à son compte toutes les dettes du défunt, et confond, par conséquent, les créanciers de son auteur avec ses créanciers personnels.

468. — Alors la loi concilie tous les intérêts par une conception profonde. Le créancier qui eût pu acquérir un privilége en s'inscrivant dans les six mois du décès (art. 2111), a fait supposer par son silence qu'il ne tenait pas à être rangé dans la classe des créanciers purs du défunt ; mais quoique assimilé désormais aux autres créanciers de l'héritier, il ne tombera pas au dernier rang, il se ressentira encore de son origine. Son privilége est sans doute à tout jamais perdu ; mais ce privilége contenait une hypothèque. Eh bien ! cette hypothèque continuera d'exister renfermée dans sa personne, et s'il veut encore la produire par le signe public de l'inscription, *il n'aura pas cessé d'être créancier hypothécaire* (art. 2113) sur les biens héréditaires, les seuls que son privilége eût pu grever, s'il eût été réalisé en temps utile. Alors, il sera primé, et par les créanciers purs du défunt qui, s'étant fait connaître dans le cours du délai de faveur, forment la seule classe des véritables créanciers de la succession, et par les créanciers privilégiés de l'héritier, bien plus, par les simples créanciers hypothécaires de ce dernier inscrits avant lui (art. **2111** *in fine*, et **2113**). De cette manière, l'équité est satisfaite, la loi a pourvu à tous les intérêts ; elle rentre dans tous les effets de la théorie de la saisine, et la publicité est sauvée !...

Je ne sais si je m'abuse, mais il me semble que sur cette matière, le législateur est admirable de conception, et qu'il est bien supérieur à ses critiques. Son idée fondamentale a été celle-ci : *assurer le payement des créanciers et des légataires du défunt par le régime hypothécaire.* La tâche n'était pas facile, car il fallait organiser un système de publicité tel que les intérêts de tous fussent conservés.

La loi de brumaire n'avait rien osé à cet égard ; mais le Code civil, plus radical sur ce point que le législateur de l'an VII lui-même, a résolu le problème de la manière la plus ingénieuse et en même temps la plus heureuse.

469. — Maintenant, pour en revenir à M. Duranton, s'il n'accepte pas notre première manière de raisonner, nous lui dirons : Primus l'emporte sur Secundus et Tertius, parce que Primus est créancier du défunt, et que ses concurrents ne sont, l'un, qu'un créancier personnel de l'héritier, et l'autre, qu'un créancier dégénéré du défunt assimilé désormais à un créancier de l'héritier. Par conséquent, la règle *si vinco vincentem te a fortiori te vincam* est applicable au cas qui nous occupe, puisque la raison qui fait que Primus l'emporte sur Tertius est la même que celle qui lui donne la préférence sur Secundus.

470. — Continuons. Des deux créanciers du défunt, l'un s'est inscrit dans les six mois du décès, délai de faveur accordé par l'art. 2111, et l'autre n'a pris inscription qu'après ce délai. Quelle sera la récompense de celui qui aura suivi les prescriptions de la loi ? Quelle sera la punition de celui qui n'aura pas répondu à son appel ?

471. — Dans le système de nos adversaires, point de sanction rémunératoire, point de sanction pénale. Ainsi, l'un aura pris inscription dans les six mois du décès et l'autre se sera inscrit vingt-neuf ans après, et ils viendront en concurrence !... Est-ce qu'une pareille décision peut se comprendre dans un régime hypothécaire soumis à la publicité ? Est-ce que l'art. 880 n'a pas été nécessairement modifié par les art. 2111 et 2113 qui lui sont postérieurs, en ce sens que tous les créanciers de la succession peuvent sans doute, en vertu de l'art. 880, s'inscrire tant que durent leurs créances, et tant que les biens sont réellement ou sont réputés être réellement entre les mains de l'héritier, mais à charge de se conformer, en ce qui concerne le rang de ces inscriptions, aux règles du titre *des Priviléges?*

Une décision contraire à la nôtre n'aurait-elle pas pour résultat de tromper l'attente légitime du créancier qui, s'étant inscrit dans les six mois du décès et ayant vu ce délai s'écouler sans l'apparition de nouvelles inscriptions, a pu et dû penser que désormais ses droits étaient en sûreté? Est-il possible d'admettre que la loi ait voulu lui tendre un piége et lui imposer des formalités coûteuses pour n'y attacher qu'une fausse sécurité? Et pourquoi donc traiter avec la même faveur deux créanciers qui n'ont pas eu une diligence égale? La règle *Jura vigilantibus subveniunt* ne vient-elle pas repousser une pareille doctrine (1)?

472.—Enfin, ce qui prouve jusqu'à l'évidence la vérité du système que nous défendons contre la presque unanimité des auteurs, c'est que leur opinion conduit à la séparation collective, tandis qu'il est évident que le privilége des créanciers de la succession est individuel et ne peut être qu'individuel avec un héritier pur et simple.

M. Duranton le reconnaît lui-même.

Il se donne donc le plaisir de poser une abstraction, pour ensuite n'en pas suivre les conséquences. En effet, si l'inscription, comme il n'y a pas à en douter dans le système du Code, ne doit profiter

(1) *Voy.* M. Blondeau, p. 487.

qu'à celui qui la requiert, comment peut-il se faire que d'autres créanciers viennent, après l'expiration du délai de faveur accordé à tous, lui en enlever le bénéfice et concourir avec lui au marc le franc sur le prix des immeubles qu'il a appréhendés à son profit par son inscription faite en temps utile? Est-ce que le créancier qui s'inscrit dans les six mois du décès est le mandataire ou le gérant d'affaires de tous les autres créanciers de la succession? Mais alors, si telle était la pensée de la loi, il eût été bien plus simple de charger le conservateur auquel l'acte de décès aurait été représenté, de prendre inscription pour tous les créanciers du défunt, sans les désigner nominativement, comme cela a lieu au cas de faillite, et de décider, comme en matière de bénéfice d'inventaire, qu'aucun créancier ne pourrait acquérir une cause de préférence au préjudice de ses co-créanciers (art. 2146). Il n'en a pas été ainsi; la loi n'a pas voulu renverser la théorie des effets de l'acceptation pure et simple de la succession. C'est précisément par opposition au régime collectif du bénéfice d'inventaire, dans lequel aucun créancier ne peut acquérir des causes de préférence au préjudice des autres, de peur de gêner l'administration de l'héritier bénéficiaire qui gère pour la masse, que le régime individuel du bénéfice de séparation a été organisé par la loi, pour le cas seulement où la succession est acceptée purement et simplement. L'argument *a contrario* tiré de l'art. 2146 viendrait encore démontrer cette vérité, si elle ne ressortait jusqu'à l'évidence des art. 2111 et 2113 du Code civil.

473.—M. Duranton a parfaitement compris que le système généralement suivi, en ce qui concerne les effets du bénéfice de séparation à l'égard des créanciers du défunt entre eux, se soutenait difficilement en présence des art. 2111 et 2113 du Code civil. Alors, ne voulant pas abandonner sa doctrine, il a cherché un expédient capable de tout concilier. La cour de Grenoble paraît également admettre ce procédé.

Le voici. Mais avant tout, il faut se rappeler que M. Duranton pense que le sort des créanciers du défunt a été assuré par le régime hypothécaire. Il déclare donc les créanciers de la succession privilégiés et hypothécaires suivant les cas (art. 2111-2113) : ce en quoi nous sommes parfaitement de son avis. — Puis, abandonnant tout à coup la route dans laquelle il s'était engagé, il retourne au camp de nos adversaires, en disant : « Mais les in-« scriptions des créanciers de la succession ne pro-« duisent aucun effet à l'égard des créanciers de « la succession entre eux. — Tous les auteurs sont « d'accord sur ce point. » C'est là que le dissentiment commence entre nous. Car je pense que l'hypothèque privilégiée de l'art. 2111 l'emporte sur la simple hypothèque de l'art. 2113, et que le système contraire, quoique professé par un grand nombre de bouches, n'en est pas moins une erreur.

474. — Cela posé, M. Duranton propose l'espèce suivante :

Un immeuble du défunt se trouve entre les mains de l'héritier. Il vaut 30,000 fr. Primus, créancier de la succession pour 20,000 fr., s'inscrit sur l'immeuble dans les six mois du décès (art. 2111). Secundus, également créancier de la succession pour pareille somme de 20,000 fr., s'inscrit après les six mois en vertu de l'art. 2113, ou, dans le système de M. Duranton, ne prend aucune inscription, mais produit à l'ordre pour 20,000 fr., en demandant collocation comme créancier opposant la séparation des patrimoines. Entre l'inscription de Primus et celle de Secundus, est venu se placer Tertius, créancier hypothécaire de l'héritier qui a pris aussi inscription pour 20,000 fr. *Quid juris?* Voici comment M. Duranton raisonne : si Secundus s'était inscrit dans les six mois du décès comme Primus, ils auraient tous deux primé Tertius, créancier de l'héritier, et Tertius n'aurait rien reçu, à l'ordre, puisque l'immeuble ne vaut que 30,000 fr., et que les créances réunies de Primus et de Secundus se montent à 40,000 fr. La valeur de l'immeuble se serait partagée entre les deux créanciers du défunt par égales portions. Ils auraient donc eu, chacun, 15,000 fr. Ainsi Primus, inscrit dans les six mois, aura 15,000 fr.; car il importe peu, en ce qui touche Primus, que Secundus se soit ou ne se soit pas inscrit dans les six mois du décès, puisque le bénéfice de séparation ne produit aucun effet entre les créanciers du défunt. Maintenant, au regard de Tertius, Primus a pris inscription pour 20,000 fr. Tertius, averti par la publicité de l'hypothèque de 20,000 fr. inscrite dans les six mois, n'a pu compter que sur les 10,000 fr. restants; par conséquent il aura ces 10,000 fr. En sorte que Primus obtiendra

collocation pour. . . . . 15,000 f.

  Tertius, pour. 10,000

  Et Secundus , pour. 5,000

Somme égale à la somme à distribuer. 30,000 f.

475. — Il n'est pas possible d'être plus ingénieux pour concilier des éléments hétérogènes. Mais il faut l'avouer, c'est là un effort d'imagination bien inutile.

En effet, le bénéfice de séparation est individuel, comme M. Duranton le reconnaît lui-même.

Par conséquent l'inscription de l'art. 2111 ne peut profiter qu'à celui qui la requiert. Donc Primus, qui s'est inscrit pour 20,000 fr., et qui n'a pas à concourir avec d'autres créanciers du défunt inscrits dans le délai de faveur, doit recevoir les 20,000 fr. qui lui sont dus.

Si Secundus, qui ne s'est pas inscrit en temps utile, pouvait venir lui enlever ainsi une portion de sa créance, il profiterait incontestablement, en partie au moins, de ce que Primus a conservé par sa vigilance : c'est-à-dire que Primus n'aurait été que le gérant d'affaires de Secundus, ce qui ne se comprendrait pas dans un régime individuel.

476. — M. Blondeau , dans son ouvrage (page 482), a mis cet expédient de M. Duranton, au néant, par une suite de raisonnements sans réplique. La doctrine de l'auteur que nous combattons se réfute par l'absurdité des conséquences. En effet, si un pareil système pouvait prospérer, il arriverait qu'un créancier de la succession, pour une somme de 100 fr. par exemple, serait obligé de prendre in-scription sur la totalité des immeubles héréditaires, et encore ces 100 fr. ne seraient pas garantis suf-fisamment même par une inscription qui grèverait 100,000 fr. d'immeubles du défunt ; puisque les autres créanciers, non inscrits dans les six mois du décès, pourraient, pendant 30 ans, venir enlever au créancier diligent une partie au moins de sa créance ; tandis que la loi a offert au créancier de la succession le moyen, par la spécialité, de ne grever les biens du défunt que de manière à obtenir une sûreté suffisante, et l'a protégé par un privilége contre ceux qui, moins soigneux de leurs intérêts, ont laissé passer le délai de faveur sans s'inscrire (art. 2111).

477. — La cour de Grenoble objecte que notre manière de voir ne peut se concilier avec les dispositions de la loi au titre *des Successions;* puisque, si le créancier du défunt qui ne s'est pas inscrit dans les six mois du décès, était devenu à l'expiration de ces six mois, par un changement survenu en l'état des choses, un créancier désormais assimilé à un créancier de l'héritier, il serait déchu du bénéfice de séparation : le bénéfice n'appartenant qu'aux seuls créanciers du défunt (art. 879 et 880).

Nous répondrons aussitôt que la loi, tout en faisant déchoir le créancier héréditaire non inscrit dans les six mois du décès, du principal avantage attaché à son origine, lui a cependant réservé, dans l'art. 2113, l'un des droits résultant à son profit de la qualité qu'il n'a pas conservée dans toute sa plénitude; qu'on ne peut scinder la disposition de l'art. 2113, et considérer notre créancier comme un créancier de l'héritier, sans, en même temps, lui reconnaître le droit hypothécaire que cet article lui assure en mémoire de ce qu'il aurait pu être.

C'est là qu'est le vice de l'objection : elle divise ce qui est indivisible, pour ensuite signaler, dans notre système, une contradiction avec les dispositions des art. 879 et 880. Mais cette contradiction ne peut pas se rencontrer, parce que le législateur y a répondu au moyen de la réserve du droit hypothécaire consacré par l'art. 2113. D'ailleurs l'art. 879 n'a pas, comme on le prétend à tort, fondé une novation sur la simple reconnaissance de l'héritier, pour débiteur, sans intention de nover. Il n'a entendu parler que de la véritable novation, comme je crois l'avoir démontré (Ve Etude, n°s 334 et suiv.). Dans tous les cas, — il prévoit un cas particulier qui n'a aucun rapport avec le changement apporté dans l'état des choses, à l'expiration du délai de l'art. 2111, par l'art. 2113 combiné avec la fin du premier de ces articles. Comment, dès lors, ces deux dispositions, entendues comme nous les entendons, pourraient-elles être en opposition avec celles au titre *des Successions?* Quelle utilité d'ailleurs à établir cette contradiction ?

478. — Rappelons ici, que, si l'on adoptait notre idée première, d'après laquelle tous les créanciers du défunt, sauf leur privilége ou leur hypothèque sur certains biens, sont des créanciers de l'héritier par suite de la saisine, toutes ces subtilités disparaîtraient à l'instant même de la discussion.

479. — Mais, dit la cour de Grenoble, l'art. 2111 limite l'effet de l'inscription aux créanciers de l'héritier : donc cette inscription ne produit aucun effet à l'égard des créanciers du défunt entre eux... Si la cour ajoutait : *inscrits dans les six mois,* elle serait dans le vrai. Mais telle n'est pas la pensée de l'arrêt. Ce qu'il veut établir, c'est que l'inscription du bénéfice de séparation n'a jamais d'effet entre les créanciers du défunt, qu'ils soient ou non inscrits dans les six mois; et l'argument sur lequel il appuie sa doctrine est un argument *a contrario* de l'art. 2111. Examinons-en la valeur.

480. — Voici comment raisonne la cour. Dans l'art. 2111, il s'agit de la séparation des patrimoines; le patrimoine du défunt y est nécessairement mis en opposition avec le patrimoine de l'héritier, et les créanciers de celui-ci avec les créanciers du défunt. Or, la loi, par ces expressions, *conservent à l'égard des créanciers de l'héritier leur privilége,* par l'inscription faite dans les six mois du décès, limite aux créanciers de l'héritier les effets de l'inscription : donc elle exprime par là suffisamment et même irrésistiblement, que cet effet ne s'étend pas aux créanciers de l'hérédité entre eux. Puis, comme elle voit toujours dans le créancier hypothécaire de l'art. 2113, un véritable créancier du défunt, elle arrive à conclure que l'inscription faite, même dans les six mois du décès , ne peut donner aucune préférence sur les inscriptions faites après ce délai : parce que les deux créanciers sont créanciers du défunt , et que la loi a limité l'effet du bénéfice de séparation , rendu public par l'inscription , aux créanciers de l'héritier; d'où suit que les deux créanciers restent ce qu'ils étaient à l'égard l'un de l'autre, c'est-à-dire, deux créanciers cédulaires devant, par conséquent, venir en concurrence.

481. — Quelque répugnance qu'on éprouve à se jeter dans des arguments subtils de textes, il faut pourtant démontrer encore que celui-ci porte à faux, et que la cour de Grenoble fait dire à l'art. 2111 ce qu'il n'a jamais voulu dire.

Je réponds, d'abord, que l'argument *à contrario* est en général peu sûr; je n'en veux d'autre preuve que l'art. 2106 qui règle les priviléges en général. Cet article établit que les priviléges sur les immeubles n'ont d'effet *entre les créanciers* que par l'inscription. En conclura-t-on *à contrario* qu'ils ont effet à l'égard des acquéreurs et des détenteurs sans inscription? Évidemment, dans le système du Code civil et avant la prétendue abrogation du principe de la transcription, cette conséquence eût été absurde; et pourtant, le raisonnement qu'on ferait sur l'art. 2106 serait le même que celui fait par la cour, sur l'art. 2111.

Mais il y a plus; on voit, si l'on examine attentivement l'art. 2111, que l'argument *à contrario* qui nous est opposé, est fautif, même au point de vue de la logique grammaticale.

En effet, la cour raisonne comme si l'art. 2111 était ainsi conçu : *les créanciers conservent leur privilége qui n'existe qu'à l'égard des créanciers de l'héritier, sur les immeubles de la succession, par les inscriptions faites dans les six mois.* Puis, partant de cette rédaction, elle établit son syllogisme en disant : l'art. 2111 limite l'effet de l'inscription aux créanciers de l'héritier, donc l'inscription ne produit aucun effet à l'égard des créanciers du défunt entre eux. Je comprends parfaitement que, si la cour commence par faire la loi, son raisonnement sera exact. Mais la loi ne dit pas cela du tout; elle s'exprime ainsi : *les créanciers du défunt conservent* (à l'égard des créanciers de l'héritier) *leur privilége sur les immeubles de la succession, par les inscriptions faites dans les six mois du décès,* et, par ces expressions, elle énonce une pensée fort juste; car il est certain que les créanciers de la succession, inscrits dans les six mois du décès, priment tous les créanciers de l'héritier quels qu'ils soient.

Mais en résulte-t-il que l'inscription faite dans les six mois ne doive pas primer les inscriptions prises après ces six mois, par les créanciers du dé-

funt dégénérés en simples hypothécaires, suivant
l'art. 2113 ? Nullement. Ce qui pourrait tout au
plus résulter de cet argument, s'il était fondé, c'est
que Primus ne serait pas obligé de s'inscrire, ou,
d'une manière générale, que les créanciers de la
succession ne seraient pas tenus de s'inscrire dans
les six mois du décès, pour conserver leur privilége à l'égard de leurs cocréanciers héréditaires.
Cette conséquence serait aussi mauvaise que celle
de la cour de Grenoble; car il est certain que les
priviléges sur les immeubles, sauf quelques exceptions (art. 2107), ne produisent d'effet entre les
créanciers quels qu'ils soient, que par l'inscription
(art. 2106). Et puis, à supposer que le raisonnement de la cour soit conforme au texte de la loi,
ira-t-on, pour un argument *à contrario*, fort nua-
geux d'ailleurs, et alors que la proposition directe
a un sens parfait et qu'il n'apparaît nullement que
la loi ait voulu dans ses termes procéder par voie
d'exclusion, renverser toute une théorie dont l'en-
chaînement repose sur les textes les plus précis ?

482. — Les mots de l'art. 2111, *à l'égard des
créanciers de l'héritier,* se réfèrent tout à la fois aux
créanciers dont les droits ont pris naissance dans la
personne de l'héritier, et à ceux qui ont commencé
par avoir le défunt pour obligé, mais qui ne s'étant
pas inscrits dans les six mois du décès, sont assi-

milés, par une conséquence irrésistible des art. 2111 *in fine* et 2113, aux créanciers hypothécaires de l'héritier.

L'art. 2111 n'avait, d'ailleurs, à s'occuper que des rapports entre les créanciers du défunt et ceux de l'héritier. Le règlement des créanciers du défunt, entre eux, est fait par l'art. 2113 combiné avec l'article 2111 *in fine*.

Qu'a voulu l'art. 2111? Assurer le sort des créanciers du défunt par le régime hypothécaire. Pour cela, il fallait fixer un délai, afin de donner, à tous les créanciers du défunt, le temps de venir régulariser leur privilége, et empêcher les créanciers de l'héritier d'acquérir des droits réels au préjudice des créanciers de la succession, avant l'expiration de ce délai. La loi déclare donc que tous les créanciers du défunt, inscrits dans les six mois, priment tous les créanciers de l'héritier. Comme dans son esprit le délai de six mois appartient à tous les créanciers du défunt, et comme tous ceux inscrits dans les six mois doivent venir en concurrence, que fait-elle? elle se tait relativement au rang, entre eux, de tous les créanciers du défunt inscrits dans les six mois. Elle avait agi ainsi à l'égard des copartageants (art. 2109). La règle générale est, en effet, que tous les créanciers doivent venir en concurrence, à moins de disposition contraire. Tous les créanciers inscrits dans les six mois, privilégiés au même titre, viennent donc en concurrence (article 2096). Arrivée ensuite à ceux qui s'inscrivent après les six mois, elle règle leur rang d'après les dates de leurs inscriptions, suivant l'art. 2111 *in fine.*, et, de la manière la plus formelle, dans l'article 2113 : d'où suit cette conséquence irrésistible que les créanciers, inscrits dans les six mois du décès, priment nécessairement ceux qui ne s'inscrivent qu'après cette époque.

Je dis conséquence irrésistible des art. 2111 et 2113 : car, malgré toutes les subtilités qu'on oppose, il est certain que c'est à l'inscription faite dans les six mois du décès qu'est attaché un privilége, et sur les créanciers de l'héritier, et sur les créanciers retardataires du défunt : puisque, autrement, il faudrait décider que le créancier du défunt, inscrit dans les six mois, primerait un créancier hypothécaire de l'héritier qui prime un autre créancier dégénéré du défunt, et que cependant il ne primerait pas ce dernier. Ce qui est absurde !...

483. — Le texte de l'art. 2113 vient encore rendre plus palpable notre manière de voir. Au cas de l'art. 2113, les deux créanciers du défunt qui ne se sont pas inscrits dans les six mois du décès, sont dégénérés en simples créanciers hypothécaires venant chacun à la date de son inscription. Cela est évident, puisque la loi dit que leur hypothèque *ne date, à l'égard des tiers, que de l'époque* des inscriptions. Or, comme je l'ai déjà établi, ils ne sont pas, apparemment, des ayants cause l'un de l'autre; par conséquent, au cas de l'art. 2113, le premier inscrit l'emporte, sur son concurrent inscrit après lui. Eh bien, si le créancier premier inscrit, même après les six mois du décès, l'emporte sur son concurrent inscrit après lui, *à fortiori*, l'emportera-t-il sur lui, s'il s'est inscrit dans les six mois du décès suivant l'art. 2111. La nécessité de l'inscription à l'égard des créanciers du défunt, dans les six mois du décès, est donc incontestable. C'est à cette inscription que la loi attache le privilége, et ce privilége prime les créanciers de l'héritier, à quelque époque qu'ils se soient inscrits, et les créanciers du défunt qui, ayant négligé leurs intérêts, sont venus s'inscrire tardivement, c'est-à-dire, après le délai de faveur accordé à tous.

484. — Aussi la cour de Grenoble, sentant la force de l'argument qu'on peut tirer contre sa doctrine de l'art. 2113, cherche-t-elle à y répondre en disant, « que si l'art. 2113 ne se fût rapporté qu'à « l'art. 2111, on eût pu s'étonner que le législateur « n'eût pas exprimé sa pensée plus nettement, et « n'eût pas répété que *l'hypothèque ne produirait*

« *effet à l'égard des créanciers de l'héritier* » (ces expressions sont la conséquence de la mauvaise interprétation de l'art. 2111) « qu'à compter de la « date de l'inscription ; mais qu'il faut observer « que l'art. 2113 est le corollaire de tous les ar- « ticles qui précèdent, à partir de l'art. 2106 ; qu'il « les régit tous ; » (cela est en effet incontestable malgré tout ce qu'ont pu dire les puritains du sys- tème ancien) « qu'il était donc nécessaire que la « rédaction fût conçue en termes assez généraux « pour qu'il s'accordât avec les cas prévus par les « dispositions précédentes ; que c'est pour cela que « l'expression générique *tiers* y a été employée, et « non pas pour modifier les principes et les effets « (tels que les entend la cour) de la séparation des « patrimoines et de la préférence qu'elle établit. »

485. — On voit à cette explication embarrassée. malgré toutes les ressources de la dialectique du rédacteur de l'arrêt, combien elle est peu fondée. Ce que la cour veut établir, c'est que l'art. 2113, dans ses rapports avec l'art. 2111, n'a voulu dési- gner, par le mot *tiers* qui s'y trouve, que les créan- ciers dont les droits ont commencé dans la personne de l'héritier, c'est-à-dire, les créanciers propre- ment dits personnels à l'héritier. Pour cela, il faut faire plier le texte de l'art. 2113 à sa doctrine, et, comme il y répugne, elle se tire d'affaire en disant que l'art. 2113 se réfère à tous les articles précédents, et que voilà pourquoi cette expression générique *tiers* se trouve dans la loi ; mais que c'est là une mauvaise expression qu'il faut traduire par, *les créanciers de l'héritier*.

A tout cela la réponse est bien simple : l'art. 2113, comme le reconnaît la cour, est le complément de l'art. 2111. Il l'explique et ne le modifie pas. Or, l'art. 2113 dispose que le créancier du défunt qui ne s'est inscrit qu'après les six mois, *n'a pas cessé d'être hypothécaire ;* donc il était hypothécaire au cas de l'art. 2111 : il était plus, il était privilégié. Eh bien, s'il était privilégié hypothécaire, il l'était vis-à-vis des tiers, c'est-à-dire de tous les créanciers. Comment comprendre un privilége hypothécaire, c'est-à-dire, un droit réel sur la chose, qui ne serait que relatif ? Ce serait, s'il en était ainsi, le bouleversement de toute la théorie des droits réels. Au cas de l'art. 2113, le privilége n'existe plus, mais il reste une hypothèque. L'hypothèque, comme le privilége, appartient à la théorie des droits réels ; cette hypothèque existe donc aussi, vis-à-vis de tous, dès qu'elle s'est produite par le signe public, et par conséquent elle a effet aussi bien à l'égard des créanciers du défunt entre eux qu'à l'égard des créanciers de l'héritier. Le texte de la loi peut-il, à cet égard, laisser dans l'esprit, l'ombre même d'un scrupule !

486. — Enfin, pour démontrer encore d'une manière plus palpable, si cela est possible, le bien-fondé du système que nous adoptons, nous terminerons par une comparaison entre deux copartageants et deux créanciers de la succession.

Le privilége du copartageant est un privilége hypothécaire (art. 2109). Cela ne fait pas question. Le privilége de l'art. 2111 est également un privilége hypothécaire. Cette proposition, pour tout homme qui veut examiner les textes seuls et ne pas se traîner à la remorque des noms propres, ne peut pas non plus être douteuse.

Maintenant, supposons deux cohéritiers ayant besoin d'user de leur privilége de copartageants, et deux créanciers de la succession ayant besoin d'user également du bénéfice de séparation.

L'un des deux cohéritiers s'est inscrit dans les soixante jours du partage (art. 2109), et l'autre, en vertu de l'art. 2113, ne s'est inscrit qu'après cette époque.

L'un des créanciers héréditaires s'est inscrit dans les six mois du décès (art. 2111), et l'autre ne s'est inscrit qu'après les six mois (art. 2113).

Qu'arrivera-t-il? La position est la même pour les deux copartageants et les deux créanciers du défunt. Cela est évident. D'un autre côté, les deux art. 2109 et 2111 sont le fruit de la même pensée.

Leur voisinage dans l'économie du Code, leur création contemporaine (car ils n'avaient pas de précédents dans la loi de brumaire an VII, qui a servi de type à la section *des Priviléges*), leurs textes mêmes qui forment, tous deux, exception à la règle de l'art. 2106, *d'après laquelle les priviléges doivent en général se produire au moment même de la mutation de propriété,* tout prouve qu'ils sont le résultat de la même idée. Le doute, s'il peut exister, disparaît bien vite dès qu'on remarque que la loi relie la théorie de ces deux articles par la disposition commune de l'art. 2113.

487. — Cela posé, poursuivons notre comparaison. L'un des copartageants s'est inscrit dans le délai de faveur de l'art. 2109, et par là il a conservé ou acquis un privilége hypothécaire dans toute son étendue. L'autre copartageant, au contraire, n'a pas satisfait aux prescriptions de l'art. 2109. Il ne s'est inscrit qu'après les soixante jours du partage. Il est dégénéré en simple créancier hypothécaire, suivant l'art. 2113.

Il en est incontestablement de même à l'égard des créanciers du défunt, dont l'un s'est inscrit dans les six mois du décès, et l'autre après ces six mois ; à moins de dire avec M. Tarrible que l'art. 2113 ne se réfère pas tout aussi bien à l'art. 2111 qu'à l'art. 2109 : ce qui est une erreur reconnue aujourd'hui, même par nos adversaires (*Voy.* notamment M. Troplong sur l'art. 2113).

Lequel des deux copartageants sera préféré? S'ils s'étaient inscrits tous deux dans les soixante jours du partage, ils seraient venus en concurrence, puisque tous deux eussent été privilégiés au même titre (art. 2096). Mais l'un a laissé périr son privilége, en ne le notifiant pas au public dans le délai utile, il est tombé au rang de simple hypothécaire dont le droit s'estime *ex tempore*. Il sera donc primé par son concurrent qui, plus diligent, a satisfait aux prescriptions de la loi, et a acquis, en s'inscrivant dans les soixante jours du partage, un privilége qui s'estime *ex causa*. Cette solution est assurément incontestable.

Eh bien, comme les deux copartageants, les deux créanciers de la succession, s'ils s'étaient inscrits dans les six mois du décès (art. 2111), auraient été tous deux privilégiés au même titre, et seraient venus en concurrence; mais l'un n'a pas conservé son privilége, il est dégénéré, suivant l'article 2113, en simple créancier hypothécaire qui ne prend rang, à l'égard des tiers, que par l'inscription; il sera donc primé par son concurrent, par la même raison qui fait que le copartageant inscrit dans les soixante jours du partage l'emporte sur son copartageant, qui ne s'est inscrit qu'après le délai, suivant l'art. 2113. On voit comme l'ensemble de la théorie de la loi s'harmonise parfaitement.

488. — Et puis enfin, à ceux qui nous diront que tel n'est pas le sens de la loi au titre des successions, nous répondrons que les art. 2111 et 2113 sont introductifs d'un droit nouveau, dont il n'existait aucune trace dans la législation au moment de la rédaction du titre des successions, si ce n'est peut-être dans les coutumes qui déclaraient hypothécaires, au moment du décès, tous les créanciers d'une succession ; que les dispositions de la section des priviléges, relatives à la séparation des patrimoines, appartiennent à l'école moderne, tandis que celles du titre des successions appartiennent à l'école romaine, disons mieux à l'école de Lebrun et de Pothier ; qu'on ne doit pas, dès lors, s'étonner si l'on rencontre quelques disparates dans la fusion toujours incomplète d'éléments qui n'ont pas la même origine. Le Code civil n'est-il pas le plus souvent l'image vivante d'une transaction entre les anciens et les nouveaux principes ? C'est de là que vient cette multitude de contradictions qui passent inaperçues pour le jurisconsulte superficiel, mais qui frappent celui qui médite profondément sur cette partie de nos institutions. On explique sans doute toutes ces antinomies à l'aide de subtilités, car on peut tout expliquer par ce moyen ; mais ces contradictions n'en sont pas moins des contradictions. Comme je l'ai déjà dit, un Code civil ne peut être que l'ouvrage d'un seul homme à tête dogmatique et puissante. Quelque étrange que puisse paraître cette idée, elle n'en est pas moins vraie. Mais vouloir concilier notre Code civil avec lui-même dans tous les cas, c'est, il faut le dire, se livrer à une tâche au-dessus des forces de l'homme; c'est entreprendre un travail impossible ! La séparation des patrimoines en est bien la preuve !...

Comment voudrait-on qu'un ouvrage créé par des assemblées délibérantes pût s'harmoniser parfaitement avec lui-même !

APPENDICE RELATIF AUX LÉGATAIRES.

489. — Quoique les légataires n'aient pas été compris dans les dispositions relatives à la séparation des patrimoines, au titre *des Successions*, il n'est cependant pas douteux qu'ils ne puissent jouir des mêmes garanties que celles établies en faveur des créanciers du défunt.

La loi romaine s'exprimait ainsi : *Hœreditariarum actionum loco habentur et legata, quamvis ab hœrede cœperint* (l. 40, ff. *de obl. et act.*). Ils étaient payés sur ce qui restait des biens, après les créances de la succession acquittées (l. 4, § 1 ; et l. 6, ff. *de separation.*).

490. — L'art. 2111 a réparé, au titre *des Priviléges,* la lacune qu'on remarquait au titre *des Successions.* Les légataires sont donc assimilés aux créanciers du défunt. Ils deviennent au décès du testateur créanciers de l'héritier qui accepte. Je pense que l'art. 2111 n'a entendu parler que des légataires à titre particulier.

491. — Du principe que les légataires sont assimilés par la loi aux créanciers de la succession,

Il résulte :

1° Que, pour acquérir un privilége sur les immeubles provenant du défunt, suivant l'art. 2111, ou une hypothèque, suivant l'art. 2113, ils sont tenus de s'inscrire, soit dans les six mois du décès, soit au plus tard dans la quinzaine de la transcription faite par l'acheteur de l'héritier, après ces six mois, aux termes de l'art. 834 du Code de procédure.

2° Que ces privilége ou hypothèque, notifiés au public en temps utile, leur donnent, malgré le principe de la division, le droit de s'adresser à chacun des héritiers ou débiteurs des legs, hypothécairement pour le tout (art. 1017).

3° Qu'à l'égard des tiers détenteurs, ils jouissent de tous les avantages attachés au droit de suite.

4° Qu'ils jouissent également de tous les avantages attachés au droit de préférence.

De ce dernier principe combiné avec les besoins de la publicité, telle que la loi l'a réglée,

Il résulte :

1° Que si tous les légataires se sont inscrits dans les six mois de l'art. 2111, ils sont tous censés avoir pris inscription le jour même du décès ; que par conséquent, privilégiés au même titre, ils viennent tous en concurrence (art. 2095-2111), à moins que le testateur n'en ait ordonné autrement.

2° Que si les uns se sont inscrits dans les six mois, et les autres après les six mois en vertu de l'art. 2113, ceux inscrits dans les six mois étant privilégiés, priment ceux qui sont dégénérés en simples créanciers hypothécaires.

3° Que si tous se sont inscrits après les six mois à des dates différentes, chacun ne vient qu'à la date de son inscription (art. 2113-2134).

4° Que si les légataires inscrits dans les six mois du décès sont en concours avec des créanciers du défunt, également inscrits dans les six mois (art. 2111), ces légataires sont évidemment primés par les créanciers, puisque le privilége de ces derniers est préférable à celui des légataires, et que le rang des priviléges est réglé par les différentes qualités de priviléges (art. 2096).

5° Que si les légataires, toujours inscrits dans les six mois du décès , viennent en concours avec des créanciers du défunt inscrits après les six mois , ils l'emportent nécessairement sur ces derniers. En effet, les créanciers du défunt non inscrits dans les six mois, sont dégénérés en simples créanciers hypothécaires de l'héritier , assimilés aux propres créanciers du représentant du défunt, et le privilége l'emporte toujours sur la simple hypothèque.

La maxime *nemo liberalis nisi liberatus* a eu le temps de son application ; il fallait en profiter. La publicité exige cette solution rigoureuse. D'ailleurs, pourquoi rejetterait-on cette conséquence du système , quand il est admis que le légataire , au cas d'acceptation pure et simple (arg. de l'art. 809), n'est pas tenu de rapporter aux créanciers non payés et qui ne peuvent obtenir leur payement intégral, le montant de son legs que l'héritier lui aurait remis? N'est-il pas certain que l'art. 809 est spécial au bénéfice d'inventaire, sous le régime duquel les créanciers ou légataires du défunt ne peuvent acquérir des causes de préférence au préjudice les uns des autres? Si, comme cela n'est pas douteux, cet article n'est qu'une exception, les légataires peuvent donc, vis-à-vis des créanciers, obtenir des causes de préférence sous *le régime d'acceptation pure et simple* (*Voy.* art. 2146).

6° Que si les légataires se sont inscrits après les six mois de l'art. 2111, et les créanciers du défunt également après ces six mois, tous sont alors assimilés à des créanciers hypothécaires de l'héritier (art. 2113), et par conséquent ils viennent aux dates de leurs inscriptions respectives.

7° Que si les légataires, inscrits dans les six mois du décès, sont en concours avec des créanciers de l'héritier inscrits même avant eux, ils les priment tous en vertu de l'art. 2111 : puisque d'une part ils sont privilégiés, et que d'autre part les biens du défunt ne sont entrés dans les mains de l'héritier que moins la rétention du privilége qui s'est produit en temps utile.

Remarquons que si la loi n'avait pas compris les légataires dans la disposition de l'art. 2111, il n'y aurait eu aucun texte dans le Code qui eût donné à ces légataires la préférence sur les créanciers hypothécaires de l'héritier inscrits avant eux.

8° Que si les légataires ne se sont inscrits qu'après les six mois, et viennent en concours avec des créanciers hypothécaires ou des créanciers privilégiés de l'héritier, ils sont primés par ces derniers et par les créanciers hypothécaires inscrits avant eux; mais qu'ils priment les créanciers hypothécaires inscrits après eux (art. 2113, 2111 *in fine*).

9° Enfin, que si, ni les créanciers du défunt, ni les

légataires, ni les créanciers de l'héritier n'ont pris aucune inscription sur les immeubles de la succession, tous sont indistinctement créanciers cédulaires de l'héritier, et qu'ils viennent par conséquent au marc le franc sur les biens confondus des deux patrimoines (1).

TROISIÈME SECTION.

Des rapports du régime individuel avec le bénéfice d'inventaire.

492.— Nous pourrions nous arrêter ici ; mais il faut encore énoncer quelques propositions qui ne sont que des conséquences forcées et nécessaires de tout le système.

493.— Du principe que la séparation individuelle des patrimoines n'est qu'une composition faite avec l'héritier par la loi qui n'a pas voulu le déposséder des biens héréditaires, il résulte que tout le système ci-dessus exposé ne s'applique qu'au cas d'acceptation pure et simple de la succession ; que par conséquent les inscriptions des créanciers du défunt, qu'ils feront toujours bien de prendre, tombent, si la succession est acceptée sous bénéfice d'inventaire (C. civil, art. 2146). En effet, la succession est

(1) *Voy.* Cass., 9 décembre 1823.

alors soumise à un régime collectif. Elle a un administrateur auquel n'appartient pas le droit de libre disposition, et qui doit rendre compte de sa gestion. Dès lors, aucun des créanciers ne peut acquérir des causes de préférence au préjudice des autres. En un mot, les privilége et hypothèque accordés par la loi (art. 2111 et 2113) aux créanciers du défunt, n'étant qu'un contre-poids au pouvoir, dont l'héritier est investi par la saisine et dont il pourrait profiter à l'effet de ruiner les créanciers du défunt, ces moyens sont inutiles lorsqu'il n'y a pas d'héritier pur et simple; lorsqu'il n'y a pas de droit de libre disposition, si ce n'est sous la protection de formes conservatrices (art. 805, 806); lorsqu'en un mot, en ce qui touche les créanciers du défunt, il n'y a qu'un administrateur, qu'un séquestre (art. 803). Le bénéfice d'inventaire, sous certains rapports, n'est, en effet, autre chose que l'antique séparation des patrimoines (1).

494. — Appliquons les mêmes principes, *à fortiori*, au cas de successions vacantes (C. civ., art. 814).

495. — Du principe que le sort des créanciers du défunt est réglé, au cas du bénéfice d'inventaire, par

____

(1) *Voy.* à cet égard un arrêt de Cassation du 18 juin 1833, et surtout l'ouvrage de M. Blondeau, p. 503 à 512. — *Voy.* aussi Cass., 10 décembre 1839 (*Palais*, 1840, t. Ier, p. 191).

une administration comptable, il résulte que des faits postérieurs ne peuvent porter atteinte à leurs droits fondés sur cet état de choses; que par conséquent le régime de la succession étant une fois déterminé, il ne peut plus être modifié. En effet, il y a trop d'intérêts engagés dans la fixation du régime successif, pour qu'il soit permis à l'héritier de le changer suivant son caprice. Si donc l'héritier bénéficiaire fait acte d'héritier pur et simple et s'il est condamné en cette qualité, il pourra bien être personnellement tenu *etiam ultra vires,* à l'égard des créanciers qui auront obtenu jugement contre lui (C. civil, art. 1351, 1165); mais le régime de la succession, n'en continuera pas moins d'être le bénéfice d'inventaire. Je rappellerai ici ces paroles de Cujas qui trouvent leur application, comme au cas de l'antique séparation des patrimoines: *Separationi quam postulavit stare debet nec eludere beneficium legis.* S'il n'en était pas ainsi, ce serait donner, à l'intendant, le pouvoir exorbitant de tromper toutes les attentes conçues par les copropriétaires du corps de la succession. *Nec obstat* la maxime *hœreditas pro parte adiri nequit.*

· Concluons de là que l'hypothèque judiciaire résultant du jugement qui aura condamné l'héritier, ne pourra atteindre les immeubles héréditaires, au préjudice de la masse (art. 2146). Elle ne pourra grever, en ce qui concerne les créanciers du défunt, que les biens personnels de l'héritier (1).

496. — Je pense qu'il en est de même au cas de succession vacante. Les motifs étant identiques, la solution doit en effet être la même dans les deux espèces. Si donc l'héritier se présente après la déclaration de vacance, il ne peut prendre les choses que dans l'état où il les trouve. Il devient un administrateur pour le profit de tous; mais il n'est pas en son pouvoir de mettre à néant les droits acquis, c'est-à-dire, la séparation collective résultant du régime de la succession. La question est sans doute très-délicate sous le Code civil, qui ne paraît pas avoir soupçonné qu'il est des cas, rares il est vrai, mais enfin qu'il est des cas, dans lesquels les créanciers du défunt ont plus d'intérêt à voir la succession soumise au régime du bénéfice d'inventaire ou à celui de la vacance qui est la même chose en ce qui les concerne, qu'à la voir soumise au régime de libre disposition, c'est-à-dire, à l'acceptation pure et simple ; mais il n'en faut pas moins accepter notre solution comme vraie, parce qu'elle est la conséquence forcée de tout le système. Au surplus, elle n'a rien que de très-raisonnable et elle pourvoit à tous les intérêts sans blesser personne. Si l'on n'était pas ar-

(1) *Voy.* Cass., 10 décembre 1839 (*Palais*, t. I, 1840, pages 191, 192, 193).

rêté par la prétendue indivisibilité de la qualité d'héritier, la question ne souffrirait pas de difficulté (1).

497. — J'en dirai autant de l'heritier apparent ; le véritable héritier, qui vient ensuite exercer la pétition d'hérédité, ne peut davantage modifier le régime établi par l'héritier apparent, dont les actes sont ratifiés aux yeux du public de bonne foi.

498. — *Quid juris*, au cas de faillite de l'héritier? Les créanciers du défuut peuvent-ils, en s'inscrivant, conserver leur privilége de l'art. 2111 ?

Cette question, qu'on discute beaucoup, ne me paraît pas véritablement en être une. En effet, tous les priviléges, qui ont leur base dans les transmissions, subsistent nécessairement, en cas de faillite, avec tous leurs effets, par la raison toute simple que, s'il n'en était pas ainsi, la masse de la faillite s'enrichirait aux dépens d'autrui.

Je m'explique : le vendeur d'un immeuble fait une opération avec l'acheteur, qui était en état de cessation de payement et dont la faillite, déclarée ensuite, remonte à une époque antérieure à la vente. Le vendeur transmet à l'acheteur ses droits sur la chose vendue, mais il ne les lui transmet que moins ce qu'il en retient, c'est-à-dire, moins la fraction de propriété appelée privilége. L'acheteur

____

(1) *Voy.* M. Blondeau, *loc. cit.*

n'est propriétaire que sous la condition de payer ce qui forme l'importance du privilége. L'immeuble, au moyen de la transcription, n'entrant dans son domaine, au regard des tiers, qu'avec le signe public de la rétention, il est bien évident que cette rétention oblige les créanciers de l'acheteur, et que, par conséquent, le vendeur, qui peut exercer l'action résolutoire pour défaut de payement du prix, sera colloqué dans l'ordre sur l'immeuble en distribution. En effet, celui qui peut revendiquer la propriété entière, peut, *à fortiori*, en revendiquer une fraction.

En un mot, la masse de la faillite ne peut avoir la chose et le prix. Il n'y a pas de fraude possible dans ce cas, et les dispositions du Code de commerce ne s'appliquent que pour éviter les connivences frauduleuses.

499. — Il en est de même, au cas de la création d'une plus-value par les ouvriers, si cette création n'a passé dans le domaine du propriétaire qu'avec le signe public de la rétention. L'ouvrier doit également pouvoir exercer son privilége dans la distribution. Qu'on remarque donc que, s'il n'en était pas ainsi, les maisons du failli pourraient tomber en ruine, et qu'on ne trouverait personne qui voulût les reconstruire ou réparer, ni prêter des fonds pour cet objet.

500. — Il en est de même à l'égard des copartageants dont les inscriptions, faites dans les délais utiles, sont censées retenir, le jour même du partage, ce que le copartageant n'a pas aliéné.

501. — Il en est, par conséquent, de même des créanciers de l'art. 2111, qui n'apportent les biens du défunt dans le domaine de l'héritier que moins la rétention du privilége à leur profit, laquelle rétention peut se manifester dans le délai de faveur. Les créanciers de l'héritier, c'est-à dire de l'acheteur, ne peuvent donc appréhender les immeubles du défunt que moins les droits du vendeur, c'est-à-dire, du défunt représenté par ses créanciers.

Mais il faut bien remarquer que, si les créanciers de la succession laissent les six mois de l'art. 2111 s'écouler sans s'inscrire, ils ne peuvent plus dégénérer en simples créanciers hypothécaires de l'héritier suivant l'art. 2113, parce que le niveau de la faillite passe sur tous les créanciers du même individu. L'inscription qu'ils prendraient ensuite serait une acquisition nouvelle désormais impossible à raison de l'état de faillite; ils se trouveraient dans la position d'un créancier qui, ayant stipulé une hypothèque avec le débiteur, ne l'aurait pas inscrite en temps utile. En effet, suivant la fin de l'art. 2111, les créanciers de l'héritier peuvent appréhender valablement les biens du défunt au préjudice des créanciers de la succession après l'expiration des six mois, et la faillite remplace ici l'inscription. Du reste, la jurisprudence se conforme, au fond, à ces décisions, quoiqu'elle les justifie par d'autres raisons.

502. — Ces matières mériteraient sans doute un examen plus étendu ; mais comme je me propose de les traiter spécialement, ainsi que la fixation des différents régimes de successions, dans des études particulières (1), je me borne quant à présent à exposer le résultat de la théorie que je considère comme la seule admissible, malgré les graves objections qu'on peut y faire, au point de vue de l'interprétation de la loi actuelle.

QUATRIÈME SECTION.
Mobilier provenant du défunt.

503. — On a vu dans les études précédentes, que le privilége des créanciers du défunt s'exerçait sur les meubles et les immeubles formant le patrimoine de la succession. On sent qu'en ce qui touche les meubles, la protection des créanciers héréditaires ne peut être plus solide que le gage lui-même. En effet, les meubles ne comportent pas le droit de suite ; ils ne sont pas susceptibles d'hypothèques.

____

(1) Elles appartiennent plutôt au titre _des Successions_ qu'au titre _des Priviléges_ du Code civil.

D'après cela, il est clair que les créanciers de la succession, qui veulent profiter de leur privilége sur les meubles, ne doivent pas les laisser s'envoler. Pour arriver à leur but, ils ont à leur disposition tout l'arsenal des mesures conservatoires. Ils produisent ensuite aux distributions, en demandant collocation par privilége, attendu leur qualité de créanciers du défunt, et alors ils sont colloqués d'après les principes précédemment exposés.

RÉFLEXIONS GÉNÉRALES.

504. — Tel me paraît être le système général de la loi. Ce système satisfait-il la raison ? oui. Cependant il est susceptible de quelques améliorations. Pour le mobilier, il faudrait, ce me semble, donner, par exception aux principes du Code de procédure, le droit d'exécution aux créanciers à terme et sous condition, ou au moins les autoriser à exiger de l'héritier une caution capable de les rassurer, et de leur garantir la représentation des objets ou de leur valeur.

En ce qui touche les immeubles, le système est bien conçu, il est éminemment protecteur ; il atteint donc son but, car quand on veut protéger, il ne faut pas protéger à demi, il faut que la protection soit puissante. Mais il me paraît conduire à la rigueur dans quelques circonstances, c'est-à-dire, lorsque les légataires inscrits dans les six mois, et les créanciers du défunt inscrits ou non inscrits après les six mois du décès, concourent ensemble pour obtenir le payement de leurs créances et de leurs legs.

Voilà le premier reproche que je lui adresse. Il en est un autre. Ne favorise-t-il pas trop les créanciers du défunt au préjudice des créanciers de l'héritier ? Le privilége de l'art. 2111 n'empêche pas les créanciers du défunt de concourir avec les créanciers de l'héritier sur le patrimoine de ce dernier. Sous ce rapport la doctrine romaine était plus équitable. L'idée de Papinien mérite assurément qu'on s'en occupe sérieusement. S'il y avait possibilité, en France, de la mettre à exécution avec le système individuel, ce serait peut-être le meilleur parti à prendre, au moins sous certains rapports.

505. — Mais cet ordre d'idées entraîne avec lui tant d'inconvénients qu'il vaut mieux encore adopter le régime individuel, qu'un régime collectif. Il faut voir, dans la pratique, les conséquences désastreuses du bénéfice d'inventaire, des faillites et de toutes ces administrations par masses, que le législateur doit restreindre autant que possible !... Justinien a cru avoir fait une magnifique découverte lorsqu'il a inventé le bénéfice d'inventaire. Eh bien, cette institution, que les interprètes ont encore singulièrement torturée, jette des embarras partout ! Qu'est-ce que c'est que des successions soumises partie au régime d'administration comptable, et partie au régime d'acceptation pure et simple? Qu'est-ce que c'est que des représentants du défunt qui tantôt le représentent et tantôt ne le représentent pas? L'héritier bénéficiaire est dans notre législation une espèce d'*être douteux* qui est vraiment insaisissable. Aussi, dans la pratique, bénéfice d'inventaire et faillite sont deux idées qui, la plupart du temps, aboutissent au même point. Ruiner les créanciers et enrichir l'héritier, voilà, en définitive, malgré toutes les précautions de la loi, le résultat du bénéfice d'inventaire. Qu'on suppose deux frères acceptant la succession de leur père, l'un purement et simplement, et l'autre sous bénéfice d'inventaire, les créanciers, lors même que la totalité de l'hérédité sera suffisante pour les désintéresser, recevront de l'héritier pur et simple la moitié de leurs créances, et ils ne recevront pas en définitive le quart de ce qui leur est dû, de la partie de la succession acceptée bénéficiairement. Aussi je me prends quelquefois à me demander s'il n'y aurait pas plus d'avantage à supprimer cette institution, ou au moins à l'organiser d'une manière plus sévère contre l'héritier, qu'à la conserver telle qu'elle existe aujourd'hui. Les Romains, nos maîtres en législation, s'en passaient bien dans le beau temps de leur jurisprudence!... Ce n'est pas une peine que de déclarer l'héritier bénéficiaire héritier pur et simple dans les cas où il fait acte d'héritier. Cela n'arrive que quand l'héritier est lui-même insolvable, et alors les créanciers sont obligés de rétorquer contre lui un bénéfice introduit en sa faveur. Aussi la cour de cassation a-t-elle reculé devant les conséquences de la loi, et cela avec raison. C'est au surplus un point que je me réserve d'examiner dans des études particulières sur les successions. Cette partie du Code demande, à mon sens, une révision plus urgente que le titre des hypothèques, qui, la transcription admise, se déroule avec assez de logique, et atteint à peu près le but proposé (1).

506. — D'après ces considérations, il me paraît que l'on doit rejeter autant que possible les administrations collectives, et par conséquent consacrer, malgré quelques inconvénients, du reste faciles à éviter au moyen de l'inscription de l'art. **2111**, le système de séparation *individuelle* des patrimoines. C'est, du reste, le vœu de l'excellent rapport de la Faculté de Paris.

507. — On pourrait l'organiser de la manière suivante, sans changer le numérotage du Code civil (2).

Théorie en ce qui touche le Mobilier.

ART. 878.

Les créanciers de la succession quels qu'ils soient

—————

(1) Il faudrait aussi la publicité des hypothèques légales.
(2) Au moins pour le fond des idées, car la loi doit s'exprimer plus laconiquement.

et quels que soient leurs titres, ainsi que les légataires après les créanciers, sont privilégiés pour le payement de leurs créances et de leurs legs sur les biens meubles laissés par le défunt, et qui se trouvent encore dans les mains de l'héritier soit en nature, soit convertis en créances.

ART. 879.

Ils sont autorisés, même ceux à terme et sous condition, à requérir tous actes conservatoires de leurs droits, à saisir-arrêter les créances du défunt contre les tiers, ainsi que le prix non encore payé des objets vendus par le représentant du défunt.

Ils sont de plus autorisés à poursuivre la vente du mobilier, suivant les formes du Code de procédure, pour ensuite le produit leur être attribué à l'exclusion des créanciers de l'héritier.

La poursuite ne pourra toutefois s'exercer sur chacun des héritiers que jusqu'à concurrence de sa part héréditaire dans la dette.

ART. 880.

Lorsque les poursuites auront été commencées par des créanciers à terme ou sous condition, ou lorsque les créanciers à terme ou sous condition resteront seuls intéressés dans les poursuites, l'héritier pourra obtenir leur suspension jusqu'à l'échéance du terme ou l'événement conditionnel, mais en fournissant caution pour la représentation des valeurs mobilières suivant la prisée de l'inventaire, et s'il n'y a pas eu d'inventaire, suivant l'estimation faite soit amiablement, soit par expertise (1), des objets provenant du défunt et qui pourront être démêlés d'avec ceux de l'héritier.

ART. 881.

Le privilége des créanciers et légataires du défunt sur le mobilier se prescrit par trois ans à compter du décès. Il ne fait pas obstacle à ce que les créanciers et légataires exercent leurs droits suivant l'art. 2093, sur les biens personnels de l'héritier.

La simple acceptation de l'héritier pour débiteur ne fait pas tomber le privilége. La renonciation à ce droit ne peut résulter que d'une novation, ou de tout autre acte attestant clairement de la part des créanciers leur intention à cet égard.

Théorie en ce qui touche les Immeubles.

ART. 1017.

Ils seront tenus hypothécairement pour le tout jusqu'à concurrence de la valeur des immeubles de

---

(1) La solvabilité de la caution pourrait être appréciée, et l'expert nommé par le président seul, sur une simple requête qui lui serait présentée collectivement par les parties de l'instance.

la succession dont ils sont détenteurs, *sauf ce qui sera établi dans l'art.* 2113.

AJOUTER A L'ART. 2103.

6° Les créanciers et légataires du défunt qui usent du bénéfice de la séparation individuelle des patrimoines.

ART. 2111.

Les créanciers du défunt qui, ayant acquis une hypothèque, ne l'auront pas inscrite avant le décès de leur débiteur, pourront encore pendant un délai de quinzaine, à partir de l'ouverture de la succession, s'inscrire, en ce qui touche les créanciers cédulaires et légataires du défunt, et tous les créanciers de l'héritier, comme si leur débiteur était encore vivant, sans préjudice des autres droits attachés à leur qualité de créanciers du défunt.

Tous les créanciers du défunt quels qu'ils soient et quels que soient leurs titres, ainsi que les légataires à titre particulier, conserveront leur privilége de séparation individuelle des patrimoines sur les immeubles de la succession, par les inscriptions faites sur chacun des biens, dans les six mois, à compter de l'ouverture de la succession. Avant l'expiration de ce délai, aucune aliénation totale (le domaine) ou fractionnaire (usufruit, servitudes, hypothèques) ne peut être consentie avec effet sur ces biens, par l'héritier, au préjudice de ces créanciers et légataires qui priment tous les créanciers de l'héritier quels qu'ils soient.

ART. 2113.

Toutes les créances privilégiées soumises à la formalité de l'inscription, à l'égard desquelles les conditions ci-dessus prescrites pour conserver le privilége n'ont pas été accomplies, ne cessent pas néanmoins d'être hypothécaires; mais l'hypothèque ne date, à l'égard des tiers, que de l'époque des inscriptions qui auront dû être faites, ainsi qu'il sera ci-après expliqué.

Si le privilége des créanciers du défunt qui, suivant l'art. 2111, subsiste avec tous les effets de l'indivisibilité, n'est pas inscrit dans les six mois du décès, il dégénère également en simple hypothèque; mais ceux qui s'inscrivent après les six mois et en temps utile (c'est-à-dire tant que les biens sont réellement, ou sont réputés exister encore à leur égard, dans la main de l'héritier) ne peuvent obtenir cette hypothèque que jusqu'à concurrence de la part et portion héréditaire à la charge de chaque héritier détenteur; et cela, que le partage ait été ou non consommé.

Dans le cas où le partage n'aura pas encore été

fait, l'inscription vaudra opposition de la part des créanciers qui la prendront, et les héritiers ne pourront y procéder qu'en leur présence ou eux dûment appelés.

———

508.— Arrivée à ce point, notre tâche est terminée. Nous avons examiné et posé les bases fondamentales des matières que nous avons traitées.

Nous croyons avoir rempli notre but qui était de ramener à l'unité le système de la loi. Chaque institution a généralement une idée dominante de laquelle découle un ensemble de conséquences plus ou moins éloignées qui, suivant une comparaison empruntée au langage des artistes, forment un véritable orchestre. La symphonie est plus ou moins bonne, suivant que l'idée principale est plus ou moins développée. C'est là qu'est le secret de l'art. Il n'est pas ailleurs. Toutefois l'unité finirait par se rompre, si le développement du sujet était poussé au delà des justes bornes. Il faut donc savoir s'arrêter ; ainsi, nous ne chercherons pas à multiplier davantage les espèces particulières. Cela serait inutile. Quelque loin que nous pourrions, à cet égard, pousser nos investigations, nous resterions toujours nécessairement incomplet. Quand un système est établi sur des bases solides, les questions spéciales ne sont qu'une affaire de dialectique. Il y a alors une atmosphère de *oui* et de *non* que l'esprit saisit par intuition. Dans notre manière de voir, la plupart de nos jurisconsultes modernes manquent sous ce rapport à leur mission. Il faut laisser cela aux arrêts et se contenter de les critiquer chaque fois qu'ils osent franchir la limite des principes.

Comme le malheureux Alban d'Hauthuile enlevé trop tôt à la science, je suis convaincu qu'on peut expliquer bien des institutions encore obscures, en recomposant le droit modèle des stoïciens, en le suivant à travers les innovations souvent inintelligentes du Bas-Empire, et en relevant les erreurs des premiers commentateurs dont l'influence se fait encore sentir dans la pratique d'aujourd'hui, pour ensuite arriver à la grande école de Cujas et surtout de Doneau, et relier par Domat, d'Aguesseau et Pothier, le Code civil aux véritables principes de la jurisprudence romaine : le tout en profitant des nouvelles découvertes et des travaux prodigieux de l'Allemagne. Mais la pratique en France n'a plus foi au droit romain. Les tribunaux ne le connaissent pas, ou le connaissent très-peu ; dès lors l'autorité du vieux trésor de la science s'en va !... quelquefois même un dédaigneux sourire accueille une citation de Papinien ou de Paul ! En cela on me paraît singulièrement ressembler au renard de la fable !... Cependant il ne faut pas se décourager. Comme l'a dit M. Benech : « La vie du jurisconsulte est une vie militante. » Une nouvelle école se lève. Elle a son origine dans *la Thémis,* elle développera les conséquences du germe qui lui a été transmis. On verra par soi-même !... Et la seconde partie du dix-neuvième siècle sera peut-être au Code civil, ce qu'ont été au droit romain, le milieu et la fin du seizième.

La philologie, l'histoire et la critique qui en est la compagne inséparable, finiront par débrouiller nos institutions, et alors le droit sera régénéré en France.

501. — On parle de reviser le Code civil dans l'une de ses parties les plus importantes ; il y a certainement beaucoup à faire. Mais le titre hypothécaire n'est pas encore assez connu pour cela ; l'abandon de la transcription a été l'une des causes principales pour lesquelles on l'a peu compris. Les ouvrages de nos jurisconsultes, quel que soit leur mérite d'ailleurs, ont fait dans cette matière, plus de mal à la science qu'ils ne lui ont rapporté de profit. Jusqu'à présent, ils n'ont amassé que des matériaux. Il faut soumettre tout cela au creuset de la critique et de l'histoire. Il faut séparer le bon grain de l'ivraie. Le Pothier moderne n'est pas encore venu.

Depuis vingt-cinq ans à peine, les études juridiques, en France, ont pris un développement sérieux. Nous ne connaissions point les travaux de l'Allemagne, nous sommes encore loin de les connaître ; la plupart de nos jurisconsultes n'étaient, avant cette époque, que des glossateurs. Attendez donc, au moins, la chrestomathie du Code civil. Quand on pourra se dire, en entrant dans une matière quelconque, comme cela peut se dire dans les matières du droit romain qui nous sont parvenues intactes : du principe fondamental résultent telles ramifications, de telles ramifications résultent telles conséquences ; quand on verra que tous les chemins de traverse aboutissent à la grande route, à l'artère principale, et en dérivent, alors seulement, il sera facile de faire une nouvelle Codification.

Mais vouloir aujourd'hui reviser le Code civil (1) ! Oh ! c'est certainement à mon sens une idée dont les conséquences peuvent être bien graves. Car de deux choses l'une : ou la révision sera sérieuse, et alors il faut adopter une charpente nouvelle de l'édifice, celle du Code est évidemment défectueuse. Il faut organiser un vaste système de publicité, et par conséquent revoir toutes les matières qui, jusqu'à présent, ont été régies par un système clandestin.

---

(1) Pour refaire le titre *des Hypothèques*, il faut opérer un remaniement de tout le Code. Il faut modifier une foule d'articles.

Il faut traiter les matières omises. Il faut aussi couper à droite et à gauche, et retrancher bien des branches parasites de l'arbre qu'elles énervent. Le Code civil renferme évidemment une foule de textes inutiles, et par cela même dangereux. Faire ce travail immense sous le feu croisé des amendements des Chambres, est assurément une utopie !... Les textes qu'on modifiera donneront naissance à des controverses nouvelles, et nos conquêtes de quarante ans d'expérience seront perdues ; il faudra recommencer sur nouveaux frais !

Ou la révision ne sera qu'une révision de détails, et alors il faut se contenter, quant à présent, de modifier le texte de l'art. 834 du Code de procédure. De cette manière, on nous laissera notre arche sainte, qui, toute défectueuse qu'elle puisse être, pourra encore longtemps suffire à nos besoins. Le législateur ne doit toucher à son œuvre que pour en changer les bases fondamentales, et lorsqu'il est convaincu que sa loi première n'est plus en rapport avec les mœurs. Mais marcher entre ces deux idées, consacrer quelques réformes mitoyennes et timides, c'est se jeter dans les demi-mesures, c'est-à-dire, dans tout ce qu'il y a de plus désastreux en législation.

510. — La loi de l'an VII n'a eu que quelques années de vie. Tout le monde se rallie à la transcription , l'expérience est facile à faire ; jamais plus belle occasion ne s'est présentée , puisque le Code civil est conçu dans le système. Il ne s'agit que de lui restituer matériellement ce qui lui appartient intellectuellement. Expérimentons donc la transcription ; mais ne l'expérimentons qu'avec un simple changement de rédaction dans l'art. 834 du Code de procédure. Une expérience de dix ans nous fera voir les vices qu'on pourra reprocher à ce système ; car cette transcription à la tête de laquelle nous nous jetons tous, peut-être n'en apercevonsnous pas les défauts au moment de l'espérance (1). Si ensuite il est démontré que la transcription ne suffit pas aux besoins de notre époque, eh bien, on pourra recommencer l'enfantement d'une nouvelle codification avec de nouveaux systèmes. Pendant ce temps, les études historiques qui prennent un développement plus grand chaque jour, auront encore éclairé bien des institutions obscures. Les erreurs des auteurs du Code (car ils en ont commis beaucoup ; en 1804, le droit n'était pas représenté en France comme au seizième siècle), apparaîtront plus éclatantes, et la masse des connaissances acquises se faisant science sous la main des artistes remarquables

(1) Le système de la transcription ne peut pas rendre propriétaire, l'acheteur *a non domino*. Nous n'avons en France que l'occupation qui soit de nature à constituer une véritable propriété.

que renferment nos Facultés d'aujourd'hui, la magistrature et le barreau, pourra se résumer dans un Code, qui aura moitié moins d'articles que le nôtre, qui sera plus complet que le nôtre, qui vaudra mieux que le nôtre.

Telles sont les idées qui sont passées chez moi à l'état de conviction, dans la crainte d'un plus grand mal. Plaise à Dieu que les Chambres les partagent!

FIN DU SECOND VOLUME.